www.ingramcontent.com/pod-product-compliance
Lightning Source LLC
Chambersburg PA
CBHW051751200326
41597CB00025B/4519

تونل

تاریکیِ ناشناخته‌ای‌ست که ندانسته پا به آن
می‌گذاری، اما باید آگاهانه از آن بیرون بیایی!

مهدی سروریان

سریال کتاب: P۲۵۴۵۱۰۰۲۶۳
عنوان: تونل
زیرنویس عنوان: تاریکیِ ناشناخته‌ای‌ست که نادانسته پا به آن می‌گذاری، اما باید آگاهانه از آن بیرون بیایی!
نویسنده: مهدی سروریان
ویراستار: نغمه کشاورز
صفحه‌آرایی: نرگس تاج‌الدینی
طراح جلد: محبوبه لعل پور
شابک: ISBN: ۱-۱-۲۵۴-۷۷۸۹۲--۹۷۸
موضوع: کسب و کار، طلا وجواهر،
مشخصات کتاب: قطع وزیری، جلد مقوایی
تعداد صفحات: ۲۹۶
تاریخ نشر ادیشن فارسی: جون ۲۰۲۵
انتشارات در کانادا: انتشارات بین‌المللی کیدزوکادو

KIDSOCADO PUBLISHING HOUSE
VANCOUVER, CANADA

تلفن: ٨‎٧٢٤ ٣٣٣ (٨٢٣) ١+
واتس آپ: ٧٢٤٨ ٣٣٣ (٢٣٦) ١+
ایمیل: info@kidsocado.com
وب‌سایت: https://www.kidsocado.com

این کتاب، فانوس من است؛ شاید فانوس تو هم باشد. اگر خواستی، راه بیفت. این تونل، پایانش با توست

فهرست

پیشگفتار

این کتاب درباره‌ی تونل‌هاست.

اما نه تونل‌هایی در کوچه‌های شهر یا میان کوه‌ها، بلکه تونل‌هایی درون ذهن، درون روان، درون ما. تونل‌هایی که وانمود می‌کنند ما را به جلو می‌برند، اما در واقع، ما را درجا نگه می‌دارند. که ما را ظاهراً موفق می‌کنند، اما از درون خالی. که ما را خوب، محترم و حتی محبوب جلوه می‌دهند، اما نه برای خودمان، بلکه برای دیگران.

این کتاب، سفری‌ست درون همین تونل‌ها.نه برای مقصر دانستن دیگران، نه برای خودسرزنشی، بلکه فقط برای یک کار: فهمیدن.

اگر چیزی در این صفحات، تو را به گریه انداخت، به فکر برد، و یا حتی آزرد، شاید آن‌جا همان نقطه‌ای‌ست که باید بیشتر مکث کنی. بیشتر بمانی. بیشتر بپرسی.

هیچ‌کس از این تونل سالم بیرون نمی‌آید، اما هرکسی که از آن عبور کند، دیگر همان آدم قبلی نیست.

و همین، یعنی آغاز آزادی.

چطور این کتاب را بخوانید؟

این کتاب، مثل نسخه‌ی دارویی نیست که بگویی: «هر شب یک فصل بخوان.» مثل کلاس آموزشی هم نیست که بگویی: «یاد بگیر و برو جلو.»

این کتاب، بیشتر شبیه تونلی تاریک است که هر فصلش، بخشی از مسیر درون تو را روشن می‌کند، و گاهی حتی جاهایی را که سال‌ها از دیدنش فرار کرده‌ای.

هر فصل، درباره‌ی یک «تونل» روانی‌ست؛ نه فقط تعریفش، بلکه داستانِ عبور از آن. تونلی که شاید شبیه تو باشد. شاید شبیه کسی که دوستش داری. و یا شاید شبیه خودت، وقتی هنوز بلد نبودی نقش بازی کنی.

اینجا قرار نیست قضاوت شوی. نه به‌خاطر تَرسَت، نه به‌خاطر ساکت ماندنت، نه به‌خاطر جا زدن‌هایت. اینجا فقط دعوتی‌ست: که نگاه کنی. که بایستی. که بفهمی.

نه برای «عوض شدن»، بلکه برای «دیدن».

و این، خودش شروع همه‌ی تغییرهاست.

آنچه مهم است:

و بگذار چیزی را روشن بگویم: هر تونلی که در این کتاب از آن گفته‌ام، با داستانی پرداخته شده همراه است؛ داستان‌هایی که شاید رنگ واقعیت گرفته‌اند، اما همه زاده‌ی ذهن و پردازش نویسنده‌اند. هر نامی، تمثیلی‌ست و هر شخصیتی، غیرواقعی. آن‌چه می‌خوانید، نه بازگویی زندگی فرد یا افرادی خاص، بلکه انعکاسی‌ست از فهم و تجربه‌ی من از مسیرهایی که پیموده‌ام.

اگر تشابهی در شخصیت‌ها، رویدادها یا روایت‌ها با زندگی واقعی کسی یافتید، پیشاپیش از این هم‌زمانی ناخواسته پوزش می‌طلبم. چنین تشابهاتی کاملاً تصادفی‌ست و نویسنده از هرگونه سوءنیت مبراست.

پیشنهادهایی برای خواندن بهتر:

◄ لازم نیست از اول تا آخر به ترتیب بروی. اگر تونلی هست که بیشتر با آن احساس نزدیکی می‌کنی، از همان‌جا شروع کن.

◄ بعد از هر فصل، چند دقیقه ساکت بمان. نه برای تحلیل، فقط برای لمس.

◄ اگر جایی خسته شدی، بگذار زمین و وقتی آمادگی‌اش را داشتی، برگرد.

◄ شاید بد نباشد آن‌را با دوستی بخوانی. کسی که با او بتوانی گفت‌وگو کنی، کسی که به جای نصیحت، گوش بدهد.

◄ بعضی تونل‌ها تاریک‌اند. اگر بغض کردی، بمان. بغض، همیشه فقط مقدمه‌ی گریه نیست؛ گاهی صدای خفیف شکستن زنجیرهای قدیمی‌ست.

◄ اگر با خودت روبه‌رو شدی و ترسیدی، یادت باشد: هیچ‌کس قرار نیست کامل باشد—فقط کافی‌ست واقعی باشد.

◄ اگر حس کردی درگیر چند تونل ذهنی هستی—چند درد به‌طور همزمان— سعی نکن همه را یک‌جا حل کنی. عبور از هر تونل، حتی اگر کوچک باشد، اثربخش است.

گاهی تنها کاری که لازم است، تمرکز روی یک نقطه است. یک زخم. یک فصل. و همین تمرکز، می‌تواند در را به روی ده‌ها گره دیگر باز کند.

قدم اول را بردار، فقط یکی. بعد، دومی خودبه‌خود پیدا می‌شود. و اگر جایی میان راه، خواستی برگردی، فقط یادت باشد: تو پیش از این، با پای خودت وارد تونل شدی. و همین یعنی شجاعت، همین یعنی آغاز.

این کتاب، چراغ را به تو می‌دهد. اما راه را خودت باید بروی.

تونل اول:
سه، دو، یک... آتش!

تونل اول: سه، دو، یک... آتش!

مقدمه

همه‌ی ما با این عبارت آشنا هستیم: «۳...۲...۱... آتش!»

صدایی تیز، کوبنده و فوری. یک اعلان آغاز، یک قطعیت بی‌رحم.

شاید بیشتر آن را از میدان‌های نبرد شنیده باشیم؛ جایی که لحظه‌ای درنگ می‌تواند به قیمت جان تمام شود. اما بیایید صادق باشیم—زندگیِ روزمره نیز چیزی کم از میدان نبرد ندارد. نبردی بی‌صدا اما پیوسته. در هر تصمیمی که گرفته نشده، هر فرصتی که به تعویق افتاده، هر پروژه‌ای که در کشوی ذهن خاک می‌خورد، یک تونل پنهان وجود دارد: تعلل در شروع کردن.

لحظه‌ی شروع، مثل پریدن از صخره‌ای بلند و بی‌انتها به درون آبی ناشناخته است. آبی که در سکوتش فریاد می‌زند. نه عمقش پیداست، نه دمایش، نه حتی می‌دانی که بعد از پرش، آیا تو شناور خواهی شد و یا سنگی می‌شوی به عمق کشیده می‌شوی. قلبت تند می‌زند، ذهنت هزار سناریو می‌سازد، زانوانت می‌لرزند، اما همان لحظه، لحظه‌ای است که همه چیز تغییر می‌کند.

درست همان‌جا، میان ترس و شجاعت، در آن یک‌نفس پیش از پرش، سرنوشت نوشته می‌شود. اما پیش از آن، موجودی پنهان در ذهن ما بیدار می‌شود؛ نامش دودلی‌ست. دودلی، هیولایی‌ست آرام، نجواگر، اما نیرومند. آهسته می‌گوید: «حالا نه... شاید بعداً...» و آن‌قدر در گوشمان می‌پیچد که باورش می‌کنیم.

دودلی نه فریاد می‌زند و نه می‌ترساند:

دودلی با سکوتی نرم و موذیانه وارد می‌شود. مثل بادی که پنجره‌ای نیمه‌باز را می‌لرزاند، بی‌صدا ولی پیوسته، درونت را می‌لزاند. او فقط تردید نمی‌کارد، بلکه به آرامی ریشه‌هایش را در دلِ رویاهایت می‌دواند. تصویر شکست را با رنگ‌هایی تیره‌تر از واقعیت در ذهن نقاشی می‌کند، خاطرات ناکامی‌ها را با بزرگ‌نمایی مرور می‌کند، و با لحنی آرام اما نافذ، می‌گوید: «مبادا دوباره بیهوده بجنگی...»

او خیالِ امنیتِ بی‌حرکت ماندن را مانند پتویی گرم و فریبنده روی تو می‌اندازد، طوری که نه از ترس، بلکه از دل‌سوزیِ خودساخته، در جا می‌زنی.

و بیشتر ما، به‌جای پرش، تسلیم همین زمزمه می‌شویم. نه می‌پریم، نه می‌رویم. فقط می‌ایستیم، می‌لرزیم، و به سیاهی خیره می‌شویم. انگار مغزمان، مثل صفحه‌ای مات‌شده از ترس، دیگر اجازه‌ی دیدن نمی‌دهد. قلبمان از شدت تپش به شقیقه‌هایمان می‌کوبد، اما پاهایمان از زمین کنده نمی‌شود.

با خود می‌گوییم: «شاید وقتش نیست... شاید فردا... شاید اصلاً لازم نباشد.» این «شاید»ها، خنجری نرم‌اند که اعتماد به نفس را آرام آرام ذوب می‌کنند.

و در نهایت، به‌جای پریدن، آرام روی سنگی در لبه‌ی صخره می‌نشینیم، خیره به ژرفای تاریکی، و خود را با رؤیای امنیتی دروغین می‌فریبیم. ما از بی‌ارادگی نیست که کاری را انجام نمی‌دهیم، بلکه از رقص موذیانه‌ی شک و ترس در ذهنمان است. هزار صدای نامرئی در ذهن ما زمزمه می‌کنند:

«اگر شکست بخوری چه؟»،

«اگر دیگران قضاوتت کنند؟»،

«اگر همه چیز از هم بپاشد؟»

ترس از قضاوت، ترس از شروع اشتباه، ترس از طرد شدن، ترس از دیده نشدن...

این ترس‌ها فقط آغاز ماجراست. ترس از بی‌کفایتی، ترس از موفقیت و مسئولیت‌هایش، ترس از تنهایی در مسیر، ترس از دست دادن امنیت فعلی، ترس از ناشناخته‌ها، ترس از شکست تکراری، ترس از قضاوت خانواده، ترس از مقایسه شدن با دیگران... هر کدام مثل بندی نازک اما محکم، دست و پایمان را می‌بندند.

این ترس‌ها مانند سایه‌هایی نامرئی، هر جا که می‌رویم با ما همراه‌اند. آن‌ها در اتاق‌های ساکت ذهنمان پنهان شده‌اند، و هر وقت بخواهیم حرکت کنیم، آرام بیرون می‌آیند، روبه‌رویمان می‌ایستند و با لبخندی خونسرد، می‌پرسند: «مطمئنی؟»

گاهی در دل شب، در سکوت لحظه‌ای قبل از خواب، در جلسات مهم یا حتی پای تلفن، صداهایشان را می‌شنویم: نجواهایی کوتاه، ولی اثرگذار. از بیرون شاید شبیه آدمی باشیم که آرام و منطقی فکر می‌کند، ولی درونمان جنگی بی‌صدا در جریان است. جدالی میان آرزویی که در دل می‌سوزد، با وهمی که با لحنی زمزمه‌وار ولی قاطع تکرار می‌کند: «همین‌جا امن‌تر است.»

ترس‌ها آن‌قدر در لباس عقل ظاهر می‌شوند که تشخیصشان دشوار می‌شود.

گاهی شبیه احتیاط‌اند، گاهی شبیه واقع‌بینی، اما در اصل، نگهبانانی هستند که مأمورند ما را در حیطه‌ی امن گذشته نگه دارند، نه به‌خاطر بدخواهی، بلکه از سر ترس خودشان از تغییر. همین‌جاست که بسیاری از رویاها دفن می‌شوند؛ نه با طوفان، بلکه با آرامش ظاهری تصمیم نگرفتن.

وقتی که هیچ‌وقت نمی‌آید:

وقتی به گذشته نگاه می‌کنیم، ذهن‌مان مانند یک بایگانی خاموش، صفحاتِ خاک‌خورده‌ای از کارهایی را ورق می‌زند که قرار بوده انجام شوند ولی یا هرگز آغاز نشده‌اند یا نیمه‌کاره رها شده‌اند. لحظه‌هایی که می‌توانستند آغازگر مسیرهای جدید باشند، اما نشدند. ایده‌هایی که در نیمه‌شب روشن شدند و صبحگاه خاموش ماندند. دعوت‌نامه‌هایی که هرگز پاسخ داده نشد، تماس‌هایی که هرگز گرفته نشد، تصمیم‌هایی که به تعویق افتادند تا «وقتی بهتر»—وقتی که هیچ‌وقت نیامد، انجامشان دهیم.

با کمی دقت می‌بینیم که نقطه‌ی مشترک همه‌ی این خاطراتِ نیمه‌تمام، همان لحظه‌ی اول است. لحظه‌ای که ذهن ما، به‌جای حمایت، شروع به ساختن دیوارهای تردید می‌کند. قبل از آنکه اجازه‌ی شروع دهد، وارد مرحله‌ی «اگر و اما» سازی می‌شود. و همین چند ثانیه‌ی به ظاهر بی‌اهمیت، گاهی تمام یک زندگی را از مسیرش منحرف می‌کند.

ذهن انسان، با همه‌ی هوشمندی‌اش، در برابر ناشناخته‌ها محافظه‌کار است. ابتدا خطرات را بررسی می‌کند، بعد احتمالات را، و سرانجام وارد قلمروی خیال‌بافی و منفی‌نگری می‌شود. آن‌قدر سناریوهای منفی می‌سازد که ما را قانع کند دست به هیچ کاری نزنیم. خیال ذهن، وقتی آسوده می‌شود که ما از حرکت بایستیم.

اما واقعاً چرا همیشه می‌گوییم «۳...۲...۱...»؟ چرا این شمارش معکوس تا این اندازه در ذهن ما جاافتاده؟ مگر «۱...۲...۳» ساده‌تر و طبیعی‌تر نیست؟ یا شاید... قرار است چیزی را از ذهن‌مان پنهان کنیم؟

پاسخش را خانم «مل رابینز[1]» در کتاب قانون پنج ثانیه می‌دهد. او نظریه‌ای ساده اما انقلابی مطرح می‌کند: ما فقط پنج ثانیه فرصت داریم تا پس از شکل‌گیری یک تصمیم، حرکتی عملی انجام دهیم. اگر این زمان بگذرد، مغز شروع به درگیر شدن با مکانیسم دفاعی‌اش می‌کند—تحلیل‌های بی‌پایان، شک، سناریوهای منفی، و در نهایت انفعال.

او می‌گوید: «مغز شما طراحی نشده تا شما را شاد یا موفق کند. بلکه طراحی شده تا شما را زنده نگه دارد.» یعنی وظیفه‌ی اصلی مغز، محافظت از ماست، حتی اگر این محافظت مانع رشد و پیشرفت‌مان شود. برای مغز، هر تغییری، هر ناشناخته‌ای، هر حرکتی به‌سوی چیزی نو، بوی خطر می‌دهد. حتی اگر آن خطر، تنها یک سخنرانی، یک تماس، یا شروع یک پروژه‌ی جدید باشد.

مل رابینز باور دارد که در برابر این واکنش طبیعی مغز، باید راهی برای غافل‌گیر کردن آن پیدا کرد. شمارش معکوس از ۵ به ۱، درست مثل یک ترمز اضطراری برای قطار افکار منفی و تحلیل‌های بی‌پایان است. این شمارش باعث می‌شود بخشی از مغز به نام "قشر پیش‌پیشانی" فعال شود—همان قسمتی که مسئول تصمیم‌گیری‌های منطقی و آگاهانه است.

در واقع، این تکنیک ساده ذهن را از حالت واکنشی و خودکار خارج کرده و به وضعیت آگاهانه‌ی اجرا می‌برد. شبیه فشردن دکمه‌ی پرتاب موشک است، نه به این خاطر که ما باید منفجر شویم، بلکه چون باید بلند شویم، حرکت کنیم، و از جای خود بیرون بزنیم.

وقتی به عدد ۱ می‌رسید، مغز شما با فرمانی ناگهانی از حالت «تحلیل» خارج شده و وارد وضعیت «حرکت» می‌شود. این لحظه، مانند فعال‌سازی کلیدی پنهان در ساختار ذهنی ماست—لحظه‌ای که تصمیم دیگر در حد فکر باقی نمی‌ماند. شمارش معکوس، با ماهیتی خاص و اضطراری، مغز را شوکه می‌کند، به او فرمان می‌دهد که دیگر زمان واکنش فرا رسیده است. درست مثل پرتاب موشک، که پس از رسیدن به صفر، دیگر امکان لغو وجود ندارد.

---

۱. Mel Robbins /مل رابینز نویسنده، سخنران و مربی انگیزشی آمریکایی است که با قانون «۵ ثانیه» خود، میلیون‌ها نفر را به عمل‌گرایی و غلبه بر تردید و تنبلی ذهنی ترغیب کرده است.

مل رابینز این لحظه را «پایان شک» می‌نامد. همان جایی که دیگر «اگر»ها و «نکند»ها جایی ندارند. فقط تصمیم است و اجرا. و اینجاست که «۳...۲...۱...» دیگر نه یک شمارش ساده، بلکه کلیدی برای عبور از ذهنیتِ تردید است — و بعد از آن، فقط آتش!

پس شاید این شمارش معکوس، ترفندی ظریف برای عبور از کمینگاه ذهن باشد—یک راهِ هوشمندانه برای عبور از مرزِ تحلیل‌های بی‌پایان و ورود به سرزمینِ عمل. این تکنیک، مثل پرتاب طنابی از دلِ آتشِ تردید است، به سمت ساحلِ حرکت. شمارش معکوس، خیال‌بافی را می‌بُرد، تردید را قطع می‌کند، و مغز را با قدرتی قاطع در وضعیت «الان، همین لحظه، همین‌جا» قرار می‌دهد. نه فردا، نه هفته‌ی بعد، نه زمانی که آماده شدی. بلکه الآن. همین حالا.

چون هرچه بیشتر فکر کنیم، ذهن‌مان راه‌های بیشتری برای نرفتن می‌سازد؛ از کوه مشکل، تپه‌ای می‌سازد که آن‌قدر پیچیده و ترسناک به نظر می‌رسد که حتی اولین قدم هم برداشته نمی‌شود. در مقابل، هرچه زودتر بجنبیم، مغز فرصت توطئه‌چینی نمی‌یابد، و ما با جسارتی ناگهانی خود را در میانه‌ی میدان می‌بینیم—زنده، در جریان، در نبض زندگی.

زندگی را هم باید همین‌طور شروع کرد:

بی‌مقدمه، بی‌تحلیلِ بیش از حد. با نگاهی جسورانه به همان نقطه‌ای که همیشه عقبش نشسته‌ایم. جایی که ایده‌ها خاک می‌خورند، رؤیاها رنگ می‌بازند، و تردیدها با لحنی آرام اما مسموم می‌گویند: «نه حالا».

تنها راه نجات از این باتلاق ذهنی، برداشتن یک قدم کوچک است. قدمی که نه نیاز به آمادگی دارد، نه کامل بودن، نه حتی اطمینان. فقط شهامتِ همین لحظه را می‌خواهد. نه فردا، نه وقتی که «وقت مناسب» از راه برسد. چون وقت مناسب هرگز نمی‌رسد. فقط یک حرکت، هرچند لرزان، اما واقعی؛ و همین، آغاز تغییر است.

نتیجه:

اگر امروز کاری هست که مدت‌هاست به تعویق افتاده—هرچند کوچک، هرچند ناتمام، هرچند ترسناک—همین حالا برای چند ثانیه سکوت کن، چشم‌ها را ببند، و به چیزی فکر کن که مدام از انجامش طفره می‌روی.

بگذار ترس‌ات درونت زوزه بکشد. بگذار شک، خودش را نشان دهد. اما تو، برخلاف همیشه، این بار فرار نکن. بایست، نفسی عمیق بکش، قدمی بردار، حتی یک قدم لرزان.

و با تمام قدرت و اراده‌ای که در وجودت هست، بگو:

سه، دو، یک... آتش!

تونـل دوم
تقلید کورکورانه

تونل دوم: تقلید کورکورانه

مقدمه:

گاهی گم شدن، نه با گام اشتباه آغاز می‌شود، بلکه با تماشای چراغی قرمز که نمی‌دانی تو را به کجا خواهد برد. این فصل، قصه‌ی گم شدن نیست، قصه‌ی نفهمیدن است. قصه‌ی دنبال کردن، تقلید کردن، بی‌آن‌که بپرسی: چرا؟ تا آن‌جا که مه، نه بیرون، بلکه درون تو جا خوش می‌کند. و همه‌چیز از همان‌جا شروع می‌شود...

در دل مه، در جاده‌ای که دیده نمی‌شود

شب، آرام‌آرام به درون پوست جاده خزیده بود؛ مثل حیوانی سیاه‌رنگ که نفسش بوی سرد خاک می‌داد. جاده، آن‌قدر ساکت بود که انگار سال‌هاست صدایی نشنیده. ناگهان مهی سنگین، با دستانی نامرئی، اطرافم را در آغوش گرفت. غبار مه، نه می‌بارید و نه می‌نشست؛ فقط می‌چرخید، می‌لغزید،

می‌پیچید میان نور ضعیف چراغ‌های جلو، و منظره‌ای می‌ساخت از وهم، بی‌پایان، بی‌منطق، بی‌رحم.

نور ماشین من، مثل شمشیری خسته، فقط چند قدم جلوتر را می‌بُرید؛ نه برای نجات، فقط برای آنکه بگوید: «هنوز زنده‌ای.» جاده زیر چرخ‌ها مرطوب بود و سُر. هر بار فرمان را می‌چرخاندم، دست‌هایم عرق کرده، لیز می‌خوردند روی فرمان؛ نه از گرما، بلکه از اضطراب بی‌پایان.

داخل ماشین، مثل سلول انفرادی زندانی تاریک بود. صدای بخاری بی‌جان، خش‌خش می‌کرد و بوی پلاستیک نیم‌سوخته‌اش به ته حلقم چنگ می‌زد. نفس‌های سنگین و نگران سرنشینان، با بخار پنهان می‌شد روی شیشه‌ها. نور داشبورد، سبز و کم‌جان، مثل آخرین نفس چراغی در حال خاموشی، روی چهره‌ها سایه انداخته بود.

صدای تق‌تق انگشتانم بر فرمان، مانند ساعت شومی بود که به عقب می‌شمرد. نگاه من، بی‌هدف، به آن‌سوی تاریکی دوخته شده بود. دلم می‌خواست کسی چیزی بگوید. حتی فریادی، اعتراضی، لعنتی. ولی سکوت، همچون پتک، روی ذهن همه‌مان فرود آمده بود.

من فقط می‌راندم. نه راهی می‌دیدم، نه مقصدی را حس می‌کردم. فقط می‌دانستم که باید حرکت کنم. این جاده، قانون خودش را داشت: در آن، ایستادن خطرناک‌تر از رفتن بود.

نور کافی نبود:

بارها سعی کردم خودم را آرام کنم، نگاهم را دقیق‌تر کنم، شاید میان همین حجم بی‌رحم از مه، چیزی، نشانه‌ای، خطی کم‌رنگ از آسفالت ببینم. اما فایده‌ای نداشت. نور چراغ‌های ماشینم، انگار تسلیم شده بودند؛ نه روشنایی می‌دادند، نه امید. فقط در فاصله‌ای دو قدم جلوتر می‌مردند؛ جایی میان بودن و نبودن، مثل نفس آخر یک شمع در حال خاموشی.

هرچه بیشتر نور بالا می‌زدم، تاریکی بی‌رحم‌تر می‌شد. گویی مه، با هر نوری

که می‌تابیدم، بیشتر عصبانی می‌شد و تنوره می‌کشید. مثل هیولایی در حال مکیدن دید، در حال بلعیدن تصمیم. نه سقف آسمان معلوم بود، نه خطوط کنار جاده، نه حتی انتهای کاپوت.

جاده، به چیزی شبیه تونلی بی‌انتها تبدیل شده بود؛ دهانی تاریک، خاموش، ناشناس، که هر لحظه ممکن بود آن‌چه باقی مانده بود از ما را ببلعد. تمام امیدم بسته به نوری بود که دیگر کافی نبود؛ و این، ترسناک‌ترین قسمت ماجرا بود.

نور قرمز و آغاز وسوسه‌ی پیروی:

در دل همان تونل بی‌انتها، در همان لحظه‌ای که انگار دیگر هیچ امیدی باقی نمانده بود، دو نقطه‌ی ضعیفِ قرمز از میان مه نمایان شدند. اول شک کردم. شاید انعکاس نور خودم بود، یا بازیِ نوری گم‌شده در میان این حجم سرد و خفه‌کننده. اما آن دو نقطه حرکت کردند. با هم، با فاصله، با نظمی عجیب.

چشم‌هایم خشک شده بود از خیره‌ماندن، ولی این نورها را از دست ندادم. مثل دو چشم نیمه‌جان در تاریکی. مثل ردِ خون در دل برف. نمی‌دانستم این‌ها چیستند، اما بدنم بی‌اجازه‌ی عقلم تصمیم گرفته بود: "دنبالشان برو."

پدال گاز را فشار دادم، آرام، محتاط، اما نه با امید؛ با درماندگی. چون مطمئن بودم، چون هیچ راه دیگری نمانده بود. احساس می‌کردم هر میلی برای انتخاب، هر جرقه‌ای از تصمیم، پیش از من در این مه دفن شده. دیگر به مقصد فکر نمی‌کردم، فقط به نجات از این لحظه. آن دو چراغ قرمز، با نوری که به زحمت از میان مه نفس می‌کشید، شبیه ریسمانی از دل تاریکی بود، نه برای بالا کشیدن، بلکه برای این‌که در بی‌وزنی ناامیدی سقوط نکنی. گویی از جهنمی معلق آویزان شده بودند، و من، بی‌پناه، چنگ زدم به آن سراب رنگی.

نمی‌دانستم کی پشت فرمان آن ماشین است. نمی‌دانستم دارد به کجا می‌رود، یا حتی آیا راهی هست که به جایی برسد. فقط حرکتی می‌دیدم و سکوت خودم را با سکوت آن ماشین پر می‌کردم. حسی مبهم و ناپایدار درونم می‌گفت که

باید بروم، اما نه از سر اطمینان؛ از ترسی بی‌نام. شاید چون حس کردم اگر حتی برای لحظه‌ای متوقف شوم، در دل این مه ناپدید خواهم شد، نه به شکل مرگ، که به شکل فراموشی.

دنبال کردنش شبیه راه رفتن در خواب بود، بی‌صدا، بی‌وزن، و بی‌منطق. نه اشتیاقی برای پرسیدن داشتم، نه توانی برای فهمیدن. صدای درونم خاموش شده بود؛ نه از ترس، بلکه انگار خودش هم منتظر بود تا بفهمد چه می‌شود. همه‌چیز رنگ تردید گرفته بود، اما نه آن تردیدی که مانع شود، بلکه از آن جنس که انسان را ساکت می‌کند و به تماشاگر تبدیل می‌کند.

گویی بخشی از من، بخشی ناشناس و بی‌نام، زمام را گرفته بود. بخشی که نه می‌پرسید، نه هشدار می‌داد، فقط می‌رفت. انگار جاده صدایی داشت که فقط آن بخش می‌شنید؛ صدایی که آرام می‌گفت: «بیا... همین راه را برو...»

و من رفتم. بی‌آنکه بدانم این جاده، جاده‌ی کیست.

لغزش از مسیر:

زمان دیگر معنا نداشت. ثانیه‌ها پشت ثانیه‌ها می‌گذشتند و من نه در گذشته بودم، نه در آینده. کیلومترشمار تیک می‌زد، انگار ماشین وظیفه‌اش را انجام می‌داد، اما ذهن من، بی‌حرکت، سرد و ساکن، در نقطه‌ای میان انکار و خلسه ایستاده بود. فقط می‌رفتم، آرام، بدون مقصد، در همان مسیر، در همان پیروی خاموش. دیگر نه به مقصد فکر می‌کردم، نه به فاصله‌ای که آمده‌ام. فقط جلو می‌رفتم، چون برگشتن مفهومی نداشت و ایستادن هم جرئتی می‌خواست که دیگر نداشتم.

هیچ نشانی از تغییر نبود، یا شاید هم بود و من آن‌قدر با تکرار خو گرفته بودم که دیگر توان دیدن نداشتم. خطوط کمرنگ کناره‌ی جاده مدتی بود محو شده بودند. تابلوها مثل ارواح بی‌صدا از کنارم عبور می‌کردند و ناپدید می‌شدند، بدون اینکه چیزی بخوانم یا بفهمم.

در جایی از مسیر، جاده کمی پیچ خورد. نه آن‌قدر که فرمان بلرزد یا مسافران

متوجه شوند؛ پیچش آرام و خزنده‌ای بود، شبیه تغییر در نگاه کسی که لبخندش اندکی سردتر شده. جاده خم شد، نه برای هدایت، بلکه گویی برای پنهان کردن چیزی. هیچ تابلویی هشدار نداد، هیچ خط سفیدی تغییر نکرد، اما فضا عوض شد. مه، غلیظتر شد، صدایش تغییر کرد. سکوتی دیگر در دل سکوت اول زاده شد.

و بعد، آسفالت زیر چرخ‌ها عوض شد. نرم‌تر بود، اما نه آن نرمی خوشایند که آرامش بیاورد. بیشتر شبیه این بود که پا را روی زمین غریبه‌ای گذاشته باشی؛ جایی که هنوز نمی‌دانی امن است یا نه. چرخ‌ها صدای متفاوتی می‌دادند، مثل ناله‌ی کسی که نمی‌خواهد شنیده شود. شاید مسیر خاکی شده بود، شاید راه را تازه ریخته بودند، شاید اصلاً این راه، راه من نبود.

آن لحظه، چیزی در دل جاده تغییر کرده بود. بی‌آنکه بایستد، بی‌آنکه فریاد بزند. فقط آرام، همان‌طور که مه نفوذ می‌کند، جاده نیز جهتش را عوض کرده بود.

نوری در افق نبود. فقط همان دو چراغ قرمز جلو بودند، مثل دو نقطه‌ی ثابت در جهانی بی‌تعریف. من پشت سر، در حال حرکت، ولی بی‌هیچ درک واقعی از اینکه چرا. کورکورانه، بی‌پرسش، بی‌مقاومت. هر قدم، هر متر، نه با تصمیم، که با بی‌تصمیمی برداشته می‌شد.

در ذهنم حتی سؤالی شکل نمی‌گرفت. نه از آن رو که سؤالی نبود، بلکه از آن‌که ذهنم در مهی درونی دفن شده بود؛ مهی که سنگین‌تر از جاده، درونم را بلعیده بود. اگر سؤالی هم بود، آن‌قدر در لایه‌های عمیق‌تری از ذهنم گیر کرده بود که دیگر صدایش نمی‌رسید. «کجا هستم؟ این مسیر مال من است؟ یا مال کسی دیگر؟ چرا هنوز دنبالش می‌روی؟ آیا انتخابی کرده‌ای یا فقط از نبود انتخاب، این‌جایی؟»

همه‌چیز شبیه خواب نیمه‌شب شده بود. نه آن خوابی که آرامش دارد، بلکه آن نوع خوابِ نیمه‌کابوس، نیمه‌فراموشی، که انگار در میان دو جهان گیر افتاده‌ای.

نه بیداری‌ات کامل است، نه خوابت آرام.

احساس می‌کردم چیزی را جا گذاشته‌ام. نه کلید یا کیف یا مقصد، بلکه بخشی از خودم را، لابه‌لای پیچ جاده، زیر لایه‌ای از مه، جایی در سکوتی که از آن گذشته بودم. شاید صدایی را، شاید تردیدی را، شاید انتخابی را که هیچ‌گاه نکردم.

و حالا، آن خلأ، آن جای خالی، همچون سکوتی میان فریاد، در من طنین انداخته بود. گویی ذهنم سعی می‌کرد چیزی را به یاد آورد، اما چیزی نبود جز حس غریبی که زمزمه می‌کرد: «چیزی درست نیست... چیزی جا مانده... تو، شاید، جا مانده‌ای.»

و حس غریبی که می‌گفت: شاید... شاید مدت‌هاست که از مسیرت دور شده‌ای.

بیداری از مه:

و ناگهان، اتفاقی افتاد.

مه، برای لحظه‌ای – فقط یک لحظه – شروع به نازک شدن کرد. انگار کسی پرده‌ای را کمی کنار زد، فقط به اندازه‌ی یک نگاه. نه کامل، نه اطمینان‌بخش، اما کافی بود تا چیزی در دوردست پدیدار شود: تابلویی نیمه‌پنهان، سایه‌ای از درختان ناآشنا، شکلی مبهم از یک جاده‌ی منشعب شده. حس کردم چرخ‌هایم دیگر روی مسیر قبلی نمی‌غلتند. این مسیر... بافتش فرق داشت. حسش فرق داشت. بوی خاکِ خیسش فرق داشت.

ضربانی در قلبم شدت گرفت؛ نه آرام، نه معمولی—بلکه تپشی خشن، بی‌نظم، مثل کوبیدن مشت بر در بسته‌ای که هیچ‌کس آن را باز نمی‌کند. ترس نبود، این شک بود. شکِ عمیق، استخوان‌سوز. از همان لحظه‌های لعنتی که ذهن ناگهان از خواب دروغینی بیرون می‌پرد و با خشونت تمام، سؤال‌هایی را مثل خنجر به سینه‌ات می‌کارد:

«کجایم؟ چرا اینجایم؟ کِی این پیچ را پیچیدم؟ اصلاً کِی از مسیر منحرف شدم؟

آیا کسی فهمید که من دیگر خودم نیستم؟ کسی هست که بداند من این راه را انتخاب نکردم؟ یا شاید هیچ‌کس نباید بداند؟ اصلاً... آیا راهی جز این بود؟ آیا من، از همان ابتدا، گم‌گشته بودم؟»

پشت سر را نگاه کردم. مه، مانند موجودی بی‌چهره، همه‌چیز را بلعیده بود. هیچ نشانی از رد پایم نبود؛ نه نوری، نه صدایی، نه حتی خاطره‌ای روشن.

ایستادم. دستم هنوز روی فرمان بود ولی ذهنم دور، سرگردان، غرق در یک مکث بی‌انتها. لحظه‌ای شد برای تماشا، نه برای تصمیم. تماشا از دور، به خود، به مسیر، به جاده‌ای که شاید هیچ‌گاه انتخابش نکرده بودم. زمان کش آمد. سکوت، ضخیم شد. افکار، مثل قطرات سنگین مه، آرام‌آرام بر ذهنم نشستند.

آیا می‌توانم بازگردم؟ آیا اصلاً راهی برای بازگشت هست؟ یا این جاده، فقط راهی یک‌طرفه است برای فراموش کردن؟ و اگر برگردم، به کجا؟ به کی؟ به خودم؟ یا کسی که دیگر نمی‌شناسمش؟

و حالا، تنها چیزی که داشتم، همین لحظه بود. لحظه‌ای میان ترس و فهم. اما نه فهمی روشن، و نه ترسی قابل تعریف. ترسی بود شبیه ایستادن لب پرتگاهی که زیر مه پنهان شده؛ نمی‌دانی پرتگاه هست یا نه، اما زانوانت می‌لرزند، قلبت بی‌نظم می‌تپد، و نفست جایی میان سینه و گلویت گیر می‌کند.

لحظه‌ای شد که همه‌چیز درونم بی‌وزن شد. انگار جاذبه‌ی زمین، قانونِ آشنا، برایم کار نمی‌کرد. مغزم پر از صداهایی بود که یکی می‌گفت: «برگرد» و دیگری نجوا می‌کرد: «الان وقتش نیست.» این فهم، بیشتر شبیه لمس یک حقیقت خاموش بود تا درک آن. حسی که از دل تاریکی به تو خیره می‌شود، بدون اینکه چیزی بگوید، فقط منتظر است ببینی‌اش.

من آنجا ایستاده بودم، نه در دل تصمیم، که در آستانه‌ی سقوط، و این لحظه—— همین لحظه——تبدیل شد به نقطه‌ای که می‌توانست همه‌چیز را بشکند یا بازسازد. می‌دانستم، نه با منطق، که با لرزشی عمیق در استخوان‌هایم: این راه، راه من نیست.

تصمیم

دستم هنوز روی فرمان بود. فشار انگشتانم، بی‌حرکت اما لرزان، نشانه‌ای از درگیری درونم بود. ذهنم فریاد می‌زد که بایست، که برگرد، اما جسمم سال‌ها عادت کرده بود فقط ادامه دهد. انگار دو نفر درونم جنگ داشتند. یکی می‌خواست همان مسیر را ادامه دهد—چون آسان‌تر بود، چون آشنا شده بود. و دیگری، تازه بیدار شده بود، با صورتی خیس از حقیقت، با چشمانی باز شده از کابوس.

نفسی کشیدم. عمیق. و برای اولین‌بار نه از سر عادت، بلکه برای لمس «اراده». دستم را آرام از روی فرمان برداشتم. نه سریع، نه قاطع—مثل کسی که با احتیاط زخم کهنه‌ای را باز می‌کند. چرخیدم. نه فقط ماشین را، بلکه خودم را. نگاهم را، درکم را، مسیرم را.

و چرخ‌ها، آهسته، روی مسیر ناشناخته‌ی برگشت، شروع کردند به چرخیدن.

نمی‌دانستم به کجا می‌روم. نمی‌دانستم چند کیلومتر اشتباه رفته‌ام. فقط یک چیز را مطمئن بودم: دیگر کورکورانه نمی‌خواهم بروم.

و آن لحظه، لحظه‌ای که فرمان را به‌سمت خلاف کشیدم، لحظه‌ای بود که زمین زیر چرخ‌هایم صدا داد. نه صدای آسفالت، صدای جانم بود که ترک می‌خورد. گویی دیواری بلند که سال‌ها درونم ساخته بودم، با همین چرخش ساده، ترک برداشت.

برای لحظه‌ای، قلبم خواست بایستد. مغزم فریاد کشید که اشتباه می‌کنی، دیر شده، بازگشتی نیست. اما در عمق آن لرزش، نوری دیده می‌شد. نوری که از مه نمی‌گذشت، از درونم می‌تابید. از جایی که هنوز زنده بود.

همان‌جا، در دل مه، در سکوتی که دیگر آشنا نبود، تصمیمی ساده، آهسته و خاموش گرفته شد. نه قهرمانانه، نه حتی شجاعانه. فقط انسانی. انسانی که بعد از سال‌ها دنباله‌روی، بالاخره ایستاده بود تا راه خودش را برود.

و شاید، فقط شاید، این همان آغازِ نجات بود. اما نه نجاتی از خطر یا مرگ—

که نجاتی از محو شدن. نجاتی از تکرارِ بی‌سؤال، از بی‌جهتیِ محترمانه، از راه رفتن‌های آرام در جاده‌هایی که مال دیگران است.

نجات، این‌بار نه در رسیدن، که در برگشتن بود. در پرسیدن. در ایستادن. در انتخاب دوباره. و آن‌چه در من بیدار شد، نه پاسخ، بلکه شجاعت طرح سؤال بود.

نتیجه‌گیری:

گاهی تنها چیزی که ما را از سقوط بازمی‌دارد، نه دانستن راه درست، بلکه ایستادن و پرسیدن است. هر نجاتی با یک سؤال آغاز می‌شود: «آیا این راه، واقعاً راه من است؟»

تونل سوم:
کمال گرایی

تونل سوم: کمال‌گرایی
مقدمه: زیبایی ناتمام

هیچ‌کس از کودکی کامل نبوده است. هیچ اثری شاهکار نبود تا زمانی که خلق شد. اما ما، فرزندان عصر مقایسه، پیش از آن‌که قلم را روی کاغذ بگذاریم، آن را کنار می‌گذاریم. می‌خواهیم آغاز کنیم، اما نه تا وقتی که مطمئن باشیم آغازمان بی‌نقص است.

ما اسیرِ رؤیای شروعِ بی‌خطا شده‌ایم. اما هرچه بیشتر می‌مانیم، رؤیا بیشتر می‌پوسد. و گاهی، تنها چیزی که میان ما و شکوفا شدن ایستاده، جمله‌ای‌ست که با لبخندی فریبنده در گوش‌مان زمزمه می‌شود: «هنوز نه...»

سنگی به نام «بهترین زمان»

نخستین قدم، همیشه کوچک است. اما وقتی کمال‌گرایی در کمین نشسته باشد، همین قدمِ کوچک، وزنی سنگین‌تر از کوه می‌گیرد. مثل زمانی که بخواهی چیزی را که دوستش داری، بی‌نقص آغاز کنی—نه به‌خاطر کمال، بلکه از ترسِ آن‌که نکند با یک حرکت نادرست، چیزی درونت بشکند.

می‌خواهی دست ببری به چیزی که دلت با آن زندگی کرده، رؤیایی که شب‌ها برایش بیدار مانده‌ای، اما انگار دستی درونت آرام می‌گوید: «صبر کن... هنوز نه...»

نه به‌خاطر تنبلی. نه به‌خاطر ناتوانی. فقط چون حس می‌کنی شروع کردن، شاید شکستن باشد. و شاید تمام‌شدنِ چیزی که سال‌هاست با خیالِ ناتمامش زنده‌ای.

ما سال‌هاست کنار پروژه‌ای نشسته‌ایم، هدفی را نوشته‌ایم، کاری را در دل داریم، اما هر بار که می‌خواهیم آغاز کنیم، چیزی آرام اما قطعی در درون‌مان زمزمه می‌کند: «صبر کن، هنوز وقتش نیست... باید بهتر باشد، زیباتر، دقیق‌تر.» این صدا مثل بادی ملایم است که شمعِ اراده را خاموش نمی‌کند، فقط آن‌قدر تکانش می‌دهد که شعله‌اش لرزان بماند.

و ما می‌نشینیم. فقط می‌نشینیم. شاید روز اول با شور، روز دوم با تردید، و از روز سوم به بعد... با عادت. عادت به منتظر بودن، به آماده نبودنِ همیشگی. روزها می‌گذرند، و ما با هر «فردا»، یک قدم از امروزِ ممکن، دورتر می‌شویم. شور اولیه، آن انرژی خام و صادق، کم‌کم رنگ می‌بازد. دیگر یادمان نمی‌آید چرا اصلاً این ایده را دوست داشتیم. فقط یک پوشه‌ی خاک‌خورده مانده، یک پیش‌نویسِ ناتمام، یک جمله‌ی نیمه‌کاره که هرگز پایان نگرفت.

ما نه به‌خاطر شکست، که به‌خاطر شروع‌نکردن، رویاهایمان را دفن می‌کنیم. بی‌آن‌که حتی کفنی برایشان دوخته باشیم. نه اشک می‌ریزیم، نه خداحافظی می‌کنیم، فقط وانمود می‌کنیم که زمانی دوست‌شان نداشتیم.

آن رؤیا، همان طرح نیمه‌تمام، همان صفحه‌ی خالی، و همان گفت‌وگوی نانوشته، هر شب از پشت چشمان بسته‌ات به تو خیره می‌شود. گاهی در خوابت پچ‌پچ می‌کند. گاهی از درون قفسه‌ی قدیمی فایل‌هایت ترا صدا می‌زند. اما تو، باز هم نمی‌روی سمتش.

همه‌چیز آماده است—یا شاید کافی‌ست. اما ذهن، دروغی آرام و منطقی تحویلمان می‌دهد: «صبر کن، بعداً بهتر شروعش می‌کنی.» و آن «بعداً»، می‌شود هفته، ماه، سال... و گاهی، ابدیت. ما شروع نمی‌کنیم. چون به‌جای آن‌که عاشق راه باشیم، درگیر رؤیای رسیدنِ بی‌نقص شده‌ایم.

صدای ساز ناتمام

اوایل بهمن بود. هوای خانه او سرد و ساکت بود، مثل دلش. اتاق کوچکش پنجره‌ای قدیمی داشت با شیشه‌هایی مات که بخار نفس‌های شب‌هنگام را روی خود نگه می‌داشتند. شوفاژ همیشه خاموش بود؛ نه از سر صرفه‌جویی، بلکه چون خودش هم باور داشت این اتاق باید سرد بماند، مثل همان ویولن ناتمام. دیوارهای ترک‌خورده، و ساعت دیواری همیشه پنج دقیقه عقب‌تر بود. انگار همه‌چیز در آن فضا معلق مانده بود، درست در مرز میان "شروع" و "ناتمام".

هر شب، در همین اتاق، روبه‌روی آن ویولن نیمه‌کاره می‌نشست. به چوب‌هایی را سال پیش با وسواس خاصی انتخاب کرده بود، می‌نگریست. به سیم‌هایی که خریده بود، و طرح اولیه با دقت وسواس‌گونه‌ای روی کاغذی زردرنگ کشیده شده بود که حالا گوشه‌اش پیچیده بود. همه‌چیز آماده بود. حتی بوی چسب خشک‌شده و زبری کاغذ سنباده‌ای که کنار میز بود، نشان می‌داد که فقط یک جرقه، فقط یک لحظه شهامت کافی‌ست تا ساختن آغاز شود.

اما همین لحظه، همین جرقه، نمی‌آمد. می‌نشست، نگاه می‌کرد، با خودش زمزمه می‌کرد، ولی دست جلو نمی‌رفت. گاهی تا نوک انگشتانش هم می‌رسید، اما آن‌جا متوقف می‌شد. مثل کسی که پایش را تا لبه‌ی پرتگاه آورده، اما جرئت

ندارد یک قدم جلو بگذارد—نه به‌خاطر ارتفاع، بلکه به‌خاطر ندانستن اینکه پایین چه خبر است.

ذهنش پر بود از «اگر خراب شود چه؟»، «اگر بهتر از آن یکی نشود چی؟»، «اگر چیزی کم باشد و بعدها بفهمم؟» ولی این‌ها فقط فکر نبودند؛ صدا بودند، حضور بودند. صدایی که گاهی آرام می‌گفت: "هنوز نه... هنوز خوب نیستی... هنوز وقتش نیست..." و صدایی دیگر، ضعیف‌تر، که زیر لایه‌ی تردیدها زمزمه می‌کرد: «ولی اگر نکنی، هیچ‌وقت نمی‌فهمی.»

همه‌چیز آماده بود، جز دلش. دلی که میان شوق و شک، میان خواستن و ترس، مثل تارِ سیمی کشیده‌شده میان دو دیوار، بی‌صدا می‌لرزید. او در میدان نبردی بی‌صدا ایستاده بود؛ یک قدم تا انجام، یک قدم تا عقب‌نشینی. و این دو قدم، هزار بار در دلش تکرار می‌شدند، بی‌آنکه به جایی برسد.

هر شب می‌آمد، نگاهی می‌کرد، دستی روی گردن ساز می‌کشید، و آرام زمزمه می‌کرد: «نه هنوز... اگر امروز دست بزنم، شاید خرابش کنم.» دستش چند لحظه‌ای در هوا معلق می‌ماند، بی‌آنکه لمس کند یا حرکت کند. انگار خودش هم نمی‌دانست بیشتر از چه می‌ترسد: از بد ساختن؟ یا از تمام‌شدنِ چیزی که هنوز در خیالش بود؟

چشمانش در تاریکی اتاق می‌درخشید. نه از اشتیاق، بلکه از اضطرابی پنهان که مثل بادی سرد از میان استخوان‌هایش می‌گذشت. گاهی حس می‌کرد ساز دارد نگاهش می‌کند. نه با چشم، با خجالت. با زخم. با انتظار.

بعد چراغ را خاموش می‌کرد، و همان‌جا، در تاریکی، صدای ساز ناتمام را می‌شنید. نه صدایی از سیم یا چوب، بلکه صدایی از درون خودش. سازی که هنوز کوک نشده، هنوز حتی متولد نشده، ولی انگار سال‌ها با جانش حرف زده بود و حالا آه می‌کشید. یک آهِ بلند و بی‌صدا؛ شبیه دلی که می‌دانست، شاید دیگر هرگز شنیده نشود.

گاهی در خواب می‌دید که آن را ساخته، نواخته، و جمعی در سکوت گوش

دادهاند. دستی بر ویولن میکشید، آوایی بیرون میآمد که حتی خودش هم باور نمیکرد از دل دستان خودش باشد. جمع، خاموش اما خیره، غرق در نوایی که هیچوقت واقعاً به دنیا نیامد.

اما صبح که بیدار میشد، فقط همان تختههای چوبی سرد بودند، تکیهزده به دیوار، و رویشان گردی از عادت. نوری کج و کمجان از پنجره عبور میکرد و روی ساز نیمهکاره میافتاد، درست شبیه نگاهی که هنوز در انتظار است. رؤیا هر روز دورتر میشد، اما خاموش نمیشد. امیدی مانده بود—کمرنگ، شکننده، اما زنده. نه آنقدر قوی که حرکتش دهد، نه آنقدر ضعیف که رهایش کند. امیدی که نه میمرد، نه میرسید. فقط بود. فقط نفس میکشید، در همان کنجِ اتاق، در همان نگاه، در همان خوابهای نیمهشب.

و این «فردا»، هیچوقت نرسید.

نه با قاطعیت، نه با پایان، بلکه با ماندن. ماندن در یک حلقهی تکرار. صدای ویولن هیچوقت شنیده نشد، اما همیشه در آن اتاق حضور داشت. گاه مثل آوایی محو در ذهن، گاه مثل سنگینی نگاه کسی که منتظر مانده، بیصدا، بیقضاوت. او نه رهایش کرد، نه ساختش؛ و این، سختترین شکلِ ناتمام بودن بود.

امیدی که نمرده، اما زاده هم نشده—ساز ناتمام، رؤیای ناتمام، انسانی که خود را نیمهکاره گذاشته بود. هر شب، همهچیز سر جای خودش بود، اما خودش نبود. خودش میان بودن و نبودن، میان جرئت و تعویق، تبدیل به سکوتی شده بود که نه فریاد میزد، نه میرفت. فقط مانده بود. تا شاید...

و در دل این سکوت، چیزی بود که او را بیشتر از خاموشی میترساند: صدای عادت. عادتی که نه از آغاز آمده بود، نه از پایان، بلکه از برزخی میان این دو. عادتی که با او بزرگ شده بود، در جانش ریشه دوانده بود، و حالا دیگر صدایش را نمیشنید، چون بخشی از صدای خودش شده بود. صدای نشستن، صدای صبر کردن، صدای نگفتن. سکوتی که سالهاست جای تمام نتهای

نواخته‌نشده را پر کرده بود.

او در دل آن اتاق، نه زندگی می‌کرد، نه مرده بود. فقط بود. میان نفس‌هایی که با امید نفس کشیده می‌شدند، اما هیچ‌گاه به عمل نرسیدند. آن ساز، آن نگاه، آن امیدِ بی‌انجام، مثل نخی نازک و نامرئی او را بسته بود به جایی که هیچ راهی به جلو نداشت، و هیچ جسارتی برای بازگشت. و این، شاید مرگ نبود—اما قطعاً زندگی هم نبود.

نتیجه‌گیری:

کمال‌گرایی، گاهی نقابی از عشق بر چهره دارد، اما درونش ترسی است که ما را میان «آغاز نکردن» و «پایان ندادن» زندانی می‌کند. مثل همان ویولن نیمه‌کاره‌ای که همه‌چیزش آماده بود—چوب، سیم، طرح—اما صدایش هیچ‌وقت شنیده نشد. نه به‌خاطر ناتوانی، بلکه از ترسِ آن‌که نکند کامل نباشد. ما منتظر لحظه‌ی بی‌نقص می‌مانیم، بی‌آن‌که بدانیم خودِ آغاز، تنها راه رسیدن به کمال است.

آن مرد هر شب به سازش نگاه می‌کرد، بی‌آن‌که دست به آن بزند؛ و ما هم سال‌هاست به رویاهایمان نگاه می‌کنیم، بی‌آن‌که شروعشان کنیم. چون بهتر می‌دانیم چطور با امیدی نیمه‌زنده کنار بیاییم، تا اینکه خطر شروع و تمام‌شدن را بپذیریم.

رؤیا شاید یک قطعه ساز نیمه‌تمام باشد، یا یک جمله‌ی نانوشته در دل یک کتاب. شاید یک کسب‌وکار شخصی باشد، یا فقط گفتن یک جمله به کسی که سال‌هاست دوستش داریم. بعضی رویاها کوچک‌اند، آن‌قدر که به چشم نمی‌آیند، اما در دل، سنگین‌اند. بعضی بزرگ‌اند، ترسناک، گیج‌کننده. اما همه‌شان، اگر نادیده گرفته شوند، شکلِ یک جای خالی می‌گیرند. جای خالی‌ای که در سکوت با ما زندگی می‌کند.

و اگر جرئت نکنیم گام برداریم، روزی می‌رسد که نه فقط رویایمان، بلکه بخشی از خودمان—آن بخش خلاق، مشتاق، و زنده‌مان—برای همیشه نیمه‌کاره باقی

می‌ماند. بخشی از ما که هر شب از پشت پلک‌های بسته صدایمان می‌زند، بی‌فریاد، بی‌گلایه، فقط با نگاهی که می‌پرسد: «آیا هنوز منتظری؟»

و ما، بی‌پاسخ، با عادتِ خاموشی آرام می‌گیریم. چون گاهی دردِ ناتمام ماندن، قابل‌تحمل‌تر از ترسِ شروع است. این، شاید مرگ نباشد—اما سکوتی‌ست که در دلش، زندگی آرام‌آرام از معنا تهی می‌شود.

تونل چهارم:
هدف بزرگ و قدم‌های کوچک

تونل چهارم: هدف بزرگ و قدم‌های کوچک
مقدمه: آن‌قدر دور که نروی

گاهی هدف، آن‌قدر بزرگ است که وحشت‌زده‌ات می‌کند. نه چون غیرممکن است، چون در چشم‌هایت، مثل هیولایی بی‌چهره جلوه می‌کند—بی‌رحم، دور، بی‌نهایت. آن‌قدر دور است که هر گامی، مثل رفتن به دل تاریکی است، بی‌چراغ، بی‌نقشه. و آن‌قدر بلند است که انگار هرچه بالا بروی، سقوط دردناک‌تری در انتظار توست. چشم از نگاه کردن می‌گریزد، پا از برداشتن بازمی‌ماند، و دل... دل ترجیح می‌دهد آرزو را دفن کند تا این‌که با ترسِ نرسیدن روبه‌رو شود.

ما رؤیای صعود داریم، اما کافی‌ست فقط یک‌بار چشم‌مان به قله بیفتد تا لرزه در زانوهایمان بیفتد. قله، آن بالا، میان ابرها پنهان است، دور از دسترس، سرد، سنگی، بی‌رحم. گویی نگاه کردنش هم جرات می‌خواهد. قبل از آن‌که حتی بند کفش را ببندیم، مغزمان هزار دلیل می‌سازد برای نرفتن. «سخته»،

«زمان‌بره»، «نمی‌صرفه»، «مطمئنی از پسش برمیای؟»

و ما، با تمام رؤیاهایی که در سر داریم، آرام می‌نشینیم. چون ترس، از خود قله بزرگ‌تر شده. این فصل، قصه‌ی کسانی‌ست که نه از نرسیدن، که از شروع کردن هراس داشتند. آن‌هایی که ایستادند، فقط چون قله، شبیه پایانِ غیرممکن بود.

قله‌ای در مه (داستان نیما)

اولین بار که نیما قله را دید، هوا گرگ‌ومیش بود. آسمان، پرده‌ای نازک از نور پریده‌رنگ را روی زمین کشیده بود؛ نه روز بود، نه شب. مه، سنگین و خاکستری، مثل ارواح خاموشی که از زمین برخاسته‌اند، دره‌ها را بلعیده بود و لابه‌لای شاخه‌های درختان کاج می‌لغزید. صدای پرنده‌ها قطع شده بود، تنها صدای ضعیف باد می‌پیچید که گه‌گاه شاخه‌ای خشک را می‌لرزاند.

قله‌ی کوه، تنها بخش قابل رؤیت از آن توده‌ی عظیم، مثل نیزه‌ای فرو رفته در آسمان ایستاده بود. اما این نیزه نه نماد صلابت، که مظهر تهدید بود. نوکِ نقره‌ای‌اش می‌درخشید، اما نوری که از آن ساطع می‌شد، سرد بود، بی‌احساس، بی‌رحم؛ مانند اخطاری از جانب طبیعت.

نه تنها برای نیما، بلکه برای هر کسی که آن روز آن‌جا ایستاده بود، قله چیزی بیش از یک مقصد بود—هیولایی خاموش، بی‌صدا اما هولناک. شکلی از عظمت که به‌جای انگیزه، خوف می‌آورد. در ذهن‌ها، قصه‌هایی زمزمه می‌شد از کسانی که دل به صعود سپردند اما هرگز بازنگشتند. از جوانی که یخ زد، از مردی که سقوط کرد، از زنی که در مه گم شد.

قله، شبیه گورستان آرزوهای ناتمام بود؛ نقطه‌ای که میان رویا و مرگ مرزی نامرئی داشت. همه‌چیزش داد می‌زد: «جرأت داری نزدیک شوی؟» مثل چشمی که از بالا نه فقط نگاه، که قضاوت می‌کرد. کوه نه فقط سرد، که سنگ‌دل بود. نه فقط دور، که عبوس. و برای نیما، و شاید برای همه، بیشتر شبیه یادبودی برای شکست‌خوردگان بود تا نمادی برای پیروزی.

نیما ایستاده بود. کوله‌اش روی زمین، کفش‌های کوه‌نوردی‌اش بند شده، لباس گرم تنش، همه‌چیز فراهم. جز دلش. دلش میان اضطراب و اشتیاق تاب می‌خورد، مثل پرچمی که میان دو باد سرد گرفتار شده باشد. نگاهش به قله، لحظه‌به‌لحظه طولانی‌تر می‌شد، مثل کسی که در تاریکی، چهره‌ی شبحی را تشخیص داده و نمی‌داند باید نزدیک‌تر شود یا پا به فرار بگذارد.

چشم‌هایش قله را می‌کاویدند، اما تصویر آن نوک نقره‌ای و ساکت، هر لحظه بیشتر شبیه یک هشدار بود تا یک دعوت. احساس می‌کرد با هر نگاه بیشتر، کوه زنده‌تر می‌شود، با هیبتی افسانه‌ای که او را زیر نظر دارد. سینه‌اش سنگین بود، نفس‌کشیدن سخت. اضطراب، مثل ماری بی‌صدا، دور ستون فقراتش پیچیده بود.

تازه از دانشگاه فارغ‌التحصیل شده بود، ماه‌ها روی خودش کار کرده بود، هدفش روشن بود—رسیدن به قله. اما حالا، در این فضای خاکستری و مرموز، با کوهی که نفس می‌کشید و قضاوت می‌کرد، دلش... هنوز نه.

نیما آدمی بود که همیشه بیشتر می‌دانست تا بیشتر برود. کتاب‌خوان، باانگیزه، دقیق. همیشه می‌گفت: «اگر کاری رو شروع می‌کنی، باید تمومش کنی.» اما حالا، در برابر قله‌ای که مثل یک دیو ساکت در مه ایستاده بود، خودش را کوچک‌تر از همیشه حس می‌کرد. انگار تمام آن دانستن‌ها، یک‌باره در برابر بزرگی سکوت کوه، پوچ شده بودند.. مه، سنگین و خاکستری، بخشی از کوه را بلعیده بود و فقط نوکش، مثل نیزه‌ای فرو رفته در آسمان، دیده می‌شد. او بعد از ماه‌ها کار کردن روی خودش، تصمیم گرفته بود بالاخره به رویای قدیمی‌اش برسد اما پا جلو نمی‌رفت. نه از خستگی، بلکه از آن نوع ترسی که بی‌صدا می‌خزد در استخوان‌ها و صدایت را می‌گیرد. اطرافیانش یکی‌یکی به راه افتادند. سامان، با کلاه قرمزش، مدام شوخی می‌کرد تا اضطراب جمع را بشکند. نازنین، با شال‌گردن بلند خاکستری، بی‌صدا اما با نگاهی مصمم، جلوتر از همه حرکت کرد. حمید، آرام و بی‌حرف، عینکش را روی بینی‌اش جابه‌جا کرد و فقط لبخند زد.

همه کوله‌های حرفه‌ای داشتند. کفش‌ها واکس‌خورده، لباس‌ها چندلایه، عصاهای کوهنوردی بسته‌شده به کناره‌ی کوله‌ها. صدای خش‌خش قدم‌ها در برف، همراه با بخار نفس‌ها، منظره‌ای می‌ساخت شبیه رؤیایی که در حال زنده‌شدن بود. اما نیما همان‌جا ایستاده بود. دستانش در جیب کاپشنش یخ کرده بود. صورتش گُر گرفته بود، نه از سرما، بلکه از نبردی درونی.

نه بازمی‌گشت، نه جلو می‌رفت. فقط نگاه می‌کرد. دلش کشیده می‌شد به بالا رفتن، به قدم گذاشتن روی مسیر پوشیده از برف، به رسیدن. اما هم‌زمان، حس تهی و بی‌پناهی مثل ابری سیاه روی سینه‌اش نشسته بود. ترسی پنهان از اینکه نکند همه‌چیز به‌هم بریزد، نکند نتواند ادامه دهد، نکند دوستانش ببینند که در نیمه‌ی راه، کم آورده.

او نه شکست خورده بود، نه پیروز، فقط معلق مانده بود. در سرزمینی میان عزم و تردید. در برزخی که سکوتش از هر فریادی سهمگین‌تر بود. و سرمایی که احساس می‌کرد، از برف و باد نبود، بلکه از شک، از خالی شدن امید، و از سایه‌هایی بود که در دل خودش راه می‌رفتند.

در ذهنش تصویر سقوط بود. نه افتادن از ارتفاع، بلکه شکستن در میانه‌ی راه. اینکه بروی و نرسی. اینکه دیده شوی، و بعد شکست بخوری. این ترس، آن‌قدر واقعی بود که زانوها سست شدند. و همان‌جا، کنار سنگی نم‌زده، نشست و به قله خیره ماند. و گفت: «امروز نه... شاید فردا.»

اما درست همان لحظه که نیما با خودش زمزمه می‌کرد «امروز نه...»، صدای قدم‌هایی آرام از پشت سر آمد. سامان برگشت، دست‌به‌کمر ایستاد و گفت: «داداش، نمیای؟ راه می‌افتیم.» صدایش گرم بود، اما در انتهای آن رگه‌ای از ناآرامی شنیده می‌شد. نازنین بدون توقف، فقط سر چرخاند و نگاهی انداخت، پر از سؤال و اندکی دلخوری. حمید لحظه‌ای مکث کرد، کلاهش را کشید پایین، و گفت: «راه قله فقط با رفتن باز می‌شه.» بعد بی‌صدا ادامه داد.

نیما چیزی نگفت. نگاهش در مه گم بود. دهانش نیمه‌باز، ولی کلامی بیرون

نیامد. سامان یک قدم دیگر جلو آمد، نگاهی دقیق به چشمان نیما انداخت، صدایش پایین‌تر آمد: «فکر نکن ما همیشه منتظر می‌مونیم. یه جا باید راه خودتو پیدا کنی.»

نازنین مکث کرد، ایستاد، برگشت و با صدایی کمی لرزان اما محکم گفت: «نیما... اگه منتظر لحظه‌ی کامل باشی، هیچ‌وقت نمی‌ری. قله به انتظار کسی نمی‌مونه.» لبخند تلخی زد، بعد برگشت و به مسیر ادامه داد.

حمید کمی عقب‌تر ایستاده بود. عصایش را توی برف فرو کرد، نگاهش را از نیما برنداشت و گفت: «بعضی وقتا باید با ترس بری، نه بعد از اینکه ترس بره.» حرفش را زد و بدون هیچ حرف دیگری، آرام دور شد.

اما آن جمله، مثل پتکی نرم اما مداوم، در ذهن نیما فرود آمد. اول آهسته، بعد بلندتر. «با ترس برو... با ترس برو...» واژه‌ها در ذهنش می‌چرخیدند، تکرار می‌شدند، انگار که مغزش می‌خواست معنایشان را بجود و هضم کند، اما گیر کرده بود.

پاهایش یخ کرده بودند، نفس‌هایش کوتاه‌تر شده بود. صداها محو می‌شدند، ولی آن جمله، شفاف‌تر از هر صدایی، درون سرش تکرار می‌شد. بارها. و بارها. و بارها.

«با ترس برو... با ترس برو...»

نیما خشکش زده بود. نه می‌توانست گریه کند، نه حرکت کند. فقط می‌شنید. فقط تکرار می‌شد. و در میان تکرار، در سرمایی که از درونش می‌آمد، چیزی درونش آرام آرام از حرکت ایستاد.

سامان آخرین بار صدایش زد، این‌بار آرام‌تر، انگار از روی احترام یا شاید خداحافظی: «باشه نیما... مراقب خودت باش.» لحظه‌ای همان‌جا ماند، انگار دلش نمی‌آمد برود. لب پایینش را گزید، نگاهی کوتاه به قله انداخت و بعد دوباره به چشم‌های بی‌رمق نیما خیره شد. او همیشه پایه شوخی بود، اما حالا در چهره‌اش چیزی شبیه اندوهی خاموش دیده می‌شد. دستکشش را محکم‌تر

کشید، زیر لب گفت: «اگه روزی تصمیم گرفتی بیای، بدون هنوز دیر نشده.» بعد بدون اینکه برگردد، آرام به‌دل مه قدم گذاشت.

و رفتند. یکی‌یکی، صداهایشان دورتر شد، صدای خنده‌های بریده‌بریده، صدای برخورد کفش با برف. تا وقتی همه‌چیز ساکت شد. مه دوباره قورت‌شان داد. و نیما، در همان‌جا، کنار سنگ، در سرمایی که از درون می‌آمد، باقی ماند. با قله‌ای که هنوز آن‌جا بود. و با درونش، که آرام‌آرام باورش را از دست می‌داد.

و فرداها آمدند و رفتند. و او، هر بار، فقط تماشاگر بود. کوه هنوز همان‌جا بود. اما درون او، باوری کوچک اما مهم، هر بار اندکی بیشتر فراموش شد: باورِ اینکه می‌توانی.

و در هر بار، آن جمله‌ی حمید دوباره برمی‌گشت. «بعضی وقتا باید با ترس بری، نه بعد از اینکه ترس بره.» در صبح‌ها، میان باز کردن چشم و دیدن سقف اتاق. در شب‌ها، قبل از خواب، وقتی بالش‌اش هنوز بوی آن سفر را می‌داد. در نگاهش به پنجره‌ای که روبه‌روی کوه بود.

جمله تکرار می‌شد. بارها. و بارها. و بارها. آن‌قدر که انگار بخشی از تنفسش شده بود. در پیاده‌روی‌های بی‌هدف، در سکوت اتاق، در لحظاتی که روبه‌روی آینه می‌ایستاد و خودش را نگاه می‌کرد. گاهی در سکوت می‌شنیدش، گاهی با صدای حمید، گاهی حتی از دهان خودش، وقتی بی‌اختیار زمزمه‌اش می‌کرد: «با ترس برو... با ترس برو...»

اما چیزی درونش می‌لرزید. نه فقط ترس، بلکه خجالت. خجالت از اینکه هر بار آن جمله را می‌شنید، باز هم هیچ‌چیز تغییر نمی‌کرد. صدای جمله مثل پاندول ساعت می‌چرخید و زمان را تکه‌تکه در دلش می‌تکاند.

او دیگر نمی‌دانست این تکرار، امید است یا نفرین. فقط می‌دانست که در هر تکرار، بخشی از او می‌خواست برخیزد، حرکتی بکند، حتی به اندازه یک قدم کوچک. اما پایش نمی‌رفت. فقط می‌نشست. فقط نگاه می‌کرد. و جمله، مانند یک متهمِ همیشه حاضر در جایگاه ذهن، مدام حکم می‌خواند: «با ترس

برو...»

و او آهسته به این فکر می‌کرد: شاید قله را نمی‌شود با یک جهش فتح کرد، اما می‌شود با قدمی کوچک، لرزان، حتی با تردید، به‌سوی آن رفت. شاید نخستین گام، فقط یک برداشتن باشد، نه فتح؛ فقط یک تصمیم، نه پیروزی. اما همان، آغاز راه است.

اما نیما هرگز آن گام را برنداشت. نه از ناتوانی، بلکه از واهمه‌ای پنهان که در دل هر شروعی پنهان است. از همان قدم کوچک حذر کرد—نه به‌خاطر بزرگی قله، بلکه به‌خاطر کوچکیِ اولین گام، که به‌ظاهر بی‌ارزش، اما درواقع سرنوشت‌ساز بود. و شاید، همین حذر، سنگین‌ترین باری بود که هرگز برنداشت.

نتیجه‌گیری:

گاهی آن‌چه ما را از آغاز بازمی‌دارد، بزرگی هدف نیست، بلکه بزرگیِ ترسی‌ست که در سایه‌ی آن ایستاده‌ایم. نیما همه‌چیز داشت—دانش، انگیزه، همراه، مسیر. اما یک گام برنداشت.

ما اغلب منتظر لحظه‌ای هستیم که ترس از بین برود، اما ترس هیچ‌گاه به‌طور کامل نمی‌میرد. تنها با حرکت، آرام می‌گیرد. تنها با قدم‌های کوچک، هدف‌های بزرگ شکل می‌گیرند. کوه، با هر قدمی که برداشته می‌شود، اندکی کوتاه‌تر به نظر می‌رسد.

و اگر این گام نخست برداشته نشود، رؤیاها نه با شکست، بلکه با ایستادن می‌میرند. در سکوت. در تماشای ممتد. و در دل کسانی که می‌خواستند، اما نرفتند.

تونـل پنجم :
وسواس تصمیم گیری

تونل پنجم: وسواس تصمیم‌گیری
مقدمه: تصمیم‌هایی که جان می‌گیرند

تصمیم نگرفتن، گاهی دردناک‌تر از اشتباه تصمیم گرفتن است. در دنیای پرسرعت ما، هر انتخابی بهایی دارد. اما بهای انتخاب نکردن، چیزی‌ست که به‌آرامی از درون ترا می‌تراشد. درست شبیه ایستادن در چهارراهی بی‌تاب، که هر مسیر به جایی می‌رسد، اما تو آن‌قدر به تابلوها خیره مانده‌ای که جاده‌ها یکی‌یکی از بین می‌روند.

شبیه راه رفتن روی یخ نازک است. نه آن‌قدر محکم که اعتماد کنی، نه آن‌قدر نازک که بی‌درنگ سقوط کنی. آدم‌هایی هستند که ساعت‌ها به یک منو نگاه می‌کنند و غذا سفارش نمی‌دهند. هفته‌ها یک پیشنهاد را بالا و پایین می‌کنند و هیچ‌وقت پاسخ نمی‌دهند. نه از ندانستن، بلکه از دانستنِ بیش از حد؛ از تجزیه و تحلیل آن‌قدر زیاد که دیگر توان حرکت نمی‌ماند.

این فصل، روایت کسانی‌ست که تصمیم‌گیری برایشان بدل شده به میدان مین؛ هر گام، می‌تواند آخرین باشد. کسانی که آن‌قدر با احتمال‌ها زندگی کرده‌اند که زندگی واقعی از دستشان لغزیده. و تصمیم، دیگر انتخاب نیست؛ فقط خاطره‌ای‌ست که هیچ‌گاه ساخته نشد.

آذر در تقاطع سردرگمی

آذر پشت میز چوبی کافه نشسته بود. میز، لبه‌هایی فرسوده و رگه‌های چوبی داشت که مثل خطوط دست یک پیرزن، خاطره‌دار به نظر می‌رسید. روبه‌رویش پنجره‌ای بخار گرفته بود که گاه‌به‌گاه رد انگشت کسی بر آن ظاهر می‌شد و بی‌صدا ناپدید می‌شد. نور زرد گرم از لامپ‌های آویز بر چهره‌اش سایه انداخته بود، و بخار قهوه—که دیگر سرد شده بود—بیشتر حکم حافظه‌ای محو را داشت تا نوشیدنی.

کافه پر از جزئیات ریز بود که چشم را می‌ربود: رومیزی‌های چهارخانه‌ی کرم و سبز، گلدان‌هایی کوچک با شمعدانی‌های پژمرده، و صدای ملایم موسیقی جاز که در پس‌زمینه جاری بود، انگار برای زنانی تنها نواخته می‌شد. زن مسنی در گوشه‌ی کافه نشسته بود، با روسری گلداری که پشت سرش رها شده بود و فنجانی از چای سبز که دانه‌های لیمو روی سطحش می‌چرخیدند؛ نگاهش، گویی به سال‌هایی دور دوخته شده بود. دو دختر جوان‌تر در میز کناری، آرام صحبت می‌کردند و هر چند لحظه یک‌بار، خنده‌ای آهسته بینشان ردوبدل می‌شد؛ طوری که انگار سعی می‌کردند حال یکدیگر را از لابه‌لای کلمات حدس بزنند. مردی تنها، با لپ‌تاپی روشن، پشت میز کوچکی نشسته بود و هر از گاهی نگاهی کوتاه و بی‌صدا به آذر می‌انداخت. همه چیز، هم‌زمان زنده و ساکت بود—مثل تپشی زیر پوست فضا، بی‌هیاهو اما پرماجرا.

در دست آذر فنجانی بود، و مقابلش سه رزومه، سه پیشنهاد شغلی، و سه ایمیل بازنشده در موبایل بود. یکی از رزومه‌ها مربوط به یک شرکت بین‌المللی بود با عنوانی درخشان و حقوقی بالا، اما دور از خانه‌اش. دومی، موقعیتی در یک استارتاپ فرهنگی با محیطی صمیمی‌تر ولی آینده‌ای نامعلوم. سومی، کار

در مؤسسه‌ای دولتی، امن و باثبات، اما بدون هیجان.

هر کدام از ایمیل‌ها با لحنی رسمی اما وسوسه‌انگیز نوشته شده بود. «خانم آذر عزیز، خوشحال خواهیم شد همکاری‌مان را آغاز کنیم...» و «امیدواریم تصمیم‌تان را به‌زودی بشنویم...». واژه‌ها، به‌ظاهر مهربان بودند اما زیرشان ضرب‌آهنگ ضرب‌العجل می‌تپید.

و او، به‌شدت به یکی از آن‌ها نیاز داشت. نه فقط برای استقلال مالی، بلکه برای اثباتی درونی—که هنوز می‌تواند بدرخشد، که هنوز توان ساختن دارد. اجاره‌خانه عقب افتاده بود، حساب بانکی‌اش لب مرز بود، و نگاه اطرافیان کم‌کم داشت رنگ دلسوزی می‌گرفت. آذر شغل نمی‌خواست؛ آینده می‌خواست، امنیت، احترام، و حس زنده‌بودن.

اما هیچ‌کدام را انتخاب نکرده بود. نه به خاطر بی‌علاقگی، بلکه به‌خاطر فلجی که از درون به جانش افتاده بود. هر تصمیم، در ذهنش به شکلی ترسناک بزرگ می‌شد. او از اشتباه کردن وحشت داشت، از پشیمانی بعد از انتخاب، از قضاوت دیگران و حتی قضاوت خودش. ذهنش مثل میدان مین شده بود؛ هر گام ممکن بود انفجاری در پی داشته باشد. پس ایستاده بود. ایستاده و درمانده. چرا؟ خودش هم نمی‌دانست. یا شاید... خیلی خوب می‌دانست.

«اگه اینو انتخاب کنم چی از دست می‌دم؟ اگه اون یکی بهتر باشه؟ اگه یه انتخاب، همه‌چی رو خراب کنه؟»

صداها در سرش می‌چرخیدند، نه با لحن خودش، بلکه با آواهایی غریبه، شک‌برانگیز و گاهی سرزنش‌گر. یکی در گوشش زمزمه می‌کرد: «یادت رفت دفعه‌ی پیش چی شد؟» دیگری طعنه‌زن می‌پرسید: «باز می‌خوای احمقانه انتخاب کنی؟» و صدای سوم، مثل پژواکی از آینده، فقط می‌خندید؛ آرام و بی‌رحم.

در جمجمه‌اش جنگی خاموش در جریان بود. مثل دو ارتش نامرئی که یکی وعده می‌داد، و آن یکی هشدار می‌داد. میان این همه صدا، صدای خودش گم شده بود. آذر حتی مطمئن نبود هنوز خودش تصمیم‌گیرنده است یا قربانی

جدال صداهایی که هرکدام ادعای درست‌گویی داشتند.

ذهنش مثل اتاق پر از آیینه بود. هر تصمیم، خودش را در ده نسخه منعکس می‌کرد. در هر کدام، آذر یک نسخه‌ی دیگر از خودش می‌شد—یکی موفق، یکی پشیمان، یکی تنها، یکی تحسین‌شده. و میان این همه بازتاب، خودش را گم کرده بود.

صدای قاشق‌ها، بخار فنجان‌ها، خنده‌ی میزهای کناری؛ هیچ‌کدام به او نمی‌رسید. انگار کافه در خاموش غرق شده بود و او در جزیره‌ای تنها، گوشه‌ای از آن شناور بود. نگاهش به جایی دوخته شده بود که نمی‌دانست کجاست، شاید به هیچ‌جا. فنجان سرد در دستش مانده بود، اما دیگر حتی وزنش را حس نمی‌کرد. همه‌چیز محو بود، رنگ‌ها، صداها، حرکت‌ها. در عوض، درون ذهنش غوغایی بود. صدای ذهنش مثل موجی دائمی بالا و پایین می‌رفت. «هنوز وقت هست... فقط یکم دیگه فکر کن... نه الان، هنوز نه...» این صداها نه آرامش‌بخش بودند، نه هشداردهنده؛ فقط مبهم، خسته‌کننده و گمراه‌کننده. انگار ذهنش خودش را درون مارپیچی بی‌پایان انداخته بود. و او می‌دانست که این جمله، دروغی‌ست که بارها خودش را با آن فریب داده. اما باز هم به آن گوش می‌داد.

دستش لرزید. برای چند ثانیه انگشتش رفت سمت دکمه‌ی "Reply" (پاسخ) یکی از ایمیل‌ها... اما مکث کرد. نه یک مکث ساده؛ بلکه توقفی عمیق، کش‌دار، سنگین. ذهنش فوراً پر شد از صدها «اگر». اگر آن یکی بهتر بود؟ اگر این یکی نقطه‌ی پایان بود؟ اگر جواب می‌داد و بعد از یک هفته پشیمان می‌شد؟ یا بدتر—اگر جواب نمی‌داد و فرصت می‌سوخت؟

انگار با هر میلی‌متری که انگشتش نزدیک‌تر می‌شد، یک لشکر تردید در دلش پا می‌کوبید. وسوسه‌ی انتخاب، درست کنار وسوسه‌ی انصراف ایستاده بود. یکی می‌گفت: «تمومش کن، حالا یا هیچ‌وقت»، دیگری زمزمه می‌کرد: «نه هنوز، یه کم دیگه فکر کن...»

گفت‌وگو با مادر

ساعت نزدیک ۸ شب بود. آذر تازه از کافه بیرون آمده بود، باران نم‌نم می‌بارید و خیابان‌ها بوی خاک خیس گرفته بودند. وقتی به خانه رسید، لباس‌هایش خیس شده بود ولی حتی متوجه نشد. وارد شد، سلام نگفت، مستقیم رفت داخل اتاق. گوشی در دستش بود. همان‌جا نشست، روی تخت، بی‌آن‌که چراغ را روشن کند. اتاق نیمه‌تاریک بود و نور تلویزیون از پذیرایی، لرزان روی دیوار افتاده بود. صدای سریال قدیمی به گوش می‌رسید؛ همان سریالی که مادرش همیشه دنبال می‌کرد.

مادر صدایش زد: «آذر، شام نمی‌خوای؟»

آذر مکثی کرد، بعد با صدای آرام گفت: «مامان... اگه تو جای من بودی، کدومو انتخاب می‌کردی؟»

مادرش آمد و بی‌صدا روی لبه‌ی تخت نشست. دست‌های گرم و ترک‌خورده‌اش را با مهری آرام روی زانوی آذر گذاشت، انگار می‌خواست طوفان درونش را فقط با لمس فرونشاند. نگاهی عمیق و پرمهر به صورت دخترش انداخت؛ چشمانی که سال‌ها تردید را در آن دیده بود. مادر از جزئیات چیزی نمی‌دانست—نه اسم شرکت‌ها، نه رقم حقوق‌ها—فقط دخترش را می‌شناخت. می‌دانست که آذر همیشه در لحظات انتخاب، گرفتار دو دلی‌های عمیق می‌شود؛ بارها این صحنه را دیده بود.

با صدایی نرم، پر از سال‌های مادری، گفت: «دخترم، من خیلی از چیزایی که تو داری باهاشون کلنجار می‌ری رو نمی‌فهمم. نه اسم این شرکتا رو بلدم، نه می‌دونم کدوم آینده‌اش روشن‌تره. ولی می‌دونم که تو چقدر قلب بزرگی داری... چقدر خودتو خسته می‌کنی تا درست‌ترین رو انتخاب کنی. گاهی وقتا، آذر جان، درست‌ترین تصمیم همونیه که با دل صاف و نیت خوب برداشته می‌شه، نه اون که بی‌نقص به نظر می‌رسه.»

مکثی کرد، بعد آرام دست دخترش را فشرد. «هر گُلی که می‌کاری، اگر آب

بدی، سبز می‌شه. نترس از اینکه یه‌دفعه انتخاب کنی. همه‌چی رو نمی‌شه از اول دونست. بعضی راه‌ها تا قدم برنداری، خودشونو نشون نمی‌دن.»

آذر لبخند کمرنگی زد. حرف‌ها ساده بودند، ولی در دلش مثل زنگی دوردست طنین انداختند؛ یادآور چیزی که مدام فراموشش می‌کرد: اینکه هنوز می‌تواند قدمی بردارد. اما چیزی ته قلبش لرزید، نه از جنس امید، که از جنس تردید. احساسی شبیه خیس شدن ناگهانی در بارانی بی‌هوا. ترسی قدیمی در او نفس می‌کشید—ترسی که در هر تصمیم پیشین، سایه انداخته بود.

او هم متوجه تأثیر کلمات مادر شد، هم احساس کرد که می‌خواهد حرکت کند. اما پاهایش هنوز اسیر بودند. ذهنش هنوز قفل بود. دلش می‌خواست «بله» بگوید، کاری بکند، حتی اشتباه، ولی نمی‌توانست و درست همان‌جا، در تاریکی آرام اتاق، ذهنش به عقب برگشت؛ به آن‌روزِ خاص، به لحظه‌ای که همه‌چیز می‌توانست شروع شود و نشد. به خاطره‌ای که هنوز مانند زخم کهنه‌ای در سینه‌اش می‌سوخت...

خاطره‌ای که ریشه دواند

چند سال پیش، وقتی هنوز دانشجو بود، یکی از استادها فرصت کارآموزی در شرکتی معتبر را برایش فراهم کرده بود. همه‌چیز آماده بود—دعوت‌نامه، معرفی‌نامه، حتی پدرش موافقت کرده بود که هزینه‌ی رفت‌وآمدش را تقبل کند. اما آذر، مثل همیشه، خواست «یکم بیشتر فکر کند». می‌خواست مطمئن شود که بهترین تصمیم را می‌گیرد، که هیچ چیزی را از دست نمی‌دهد.

روزها گذشت. هر بار که خواست جواب بدهد، صدایی درونش گفت: «اگه این راه درست نباشه چی؟» یا «یه گزینه‌ی بهتر شاید فردا بیاد...» و در نهایت، فرصت از دست رفت. شرکت نفر دیگری را انتخاب کرد. استادش چیزی نگفت، فقط دیگر هیچ‌وقت پیشنهاد مشابهی نداد.

آذر بعدها بارها به آن روز فکر کرد. اینکه شاید مسیر زندگی‌اش از همان نقطه دو پاره شده بود. شاید اگر آن‌وقت قدم می‌گذاشت، الان آدم دیگری بود.

آن خاطره مثل خاری ریز، هر بار که به تصمیمی نزدیک می‌شد، زیر پوست ذهنش فرو می‌رفت. تصمیم نگرفته، اما احساس شکست کرده بود؛ پیشاپیش. همان ترس، همان تردید، همان وسوسه‌ی «شاید یه انتخاب دیگه بهتر باشه» نه فقط کنارش ایستاده بود، بلکه به بخشی از او بدل شده بود. هر زمان که زمان انتخاب فرا می‌رسید، این الگو دوباره خود را تکرار می‌کرد؛ با همان ترس، همان تحلیل‌های پایان‌ناپذیر، و همان عقب‌نشینی‌های بی‌صدا.

و او، سال‌ها بود که با این سایه زندگی می‌کرد، بی‌آن‌که بداند چطور از آن جدا شود؛ یا حتی تشخیص دهد کجای این تصمیم‌گریزی، خودش بوده و کجا، فقط عادتی مزمن.

نتیجه‌گیری

گاهی تردید از یک اتفاق کوچک آغاز می‌شود، اما اگر رهایش کنیم، به الگویی درونی تبدیل می‌شود که هر انتخابی را به بن‌بستی در ذهن بدل می‌کند. تونل وسواس تصمیم‌گیری، دلایل بسیاری می‌تواند داشته باشد—از ترس از قضاوت، تا کمال‌گرایی یا زخم‌های قدیمی. اما خطرناک‌ترین بخش این تونل آنجاست که فرد، حتی وقتی همه‌چیز را می‌داند، باز هم فلج باقی می‌ماند. چون تصمیم نمی‌گیرد. نه درست، نه غلط.

آنچه آذر را فلج کرده بود، اشتباه نبود؛ بلکه این بود که جرأتِ انتخاب را از دست داده بود. نه‌تنها ترس از اشتباه، بلکه ترس از حرکت. و این، آغاز انکار تدریجی زندگی بود.

و شاید برای رهایی از این تونل تاریک، کافی باشد یادمان بیاید که هر راهی با اولین گام آغاز می‌شود—نه با دانستن همه‌چیز، بلکه با جرأت ندانستن و رفتن. گاهی، تصمیمِ ناقص بهتر از بلاتکلیفیِ بی‌پایان است.

تونل ششم:
لذت از مسیر، به‌جای نتیجه

تونل ششم: لذت از مسیر، به جای نتیجه

«همه می‌دَوَند، اما بعضی‌ها نمی‌خواهند به مقصد برسند؛ چون آن‌جا باید ایستاد.»

وقتی حرکت می‌کنی و می‌سازی، فقط برای نفسِ حرکت... نه برای رسیدن.

مقدمه

بعضی‌ها از خودِ «شدن» لذت می‌برند، نه از «شدن چه». از بودن در مسیر، نه از تمام‌کردن آن. برایشان هر آغاز، شکوه دارد، هر حرکت، شعر است. اما پایان؟ پایان یعنی بستن در به روی احتمالات. یعنی امضا، یعنی تمام. و این، همان چیزی‌ست که از آن می‌گریزند. در نگاه اول، این عشق به مسیر، نشانه‌ی روحی پویاست. اما در عمق، ممکن است همان تونلی باشد که در آن، هرگز هیچ‌چیز به نتیجه نمی‌رسد. نه چون نمی‌توانی، بلکه چون نمی‌خواهی.

داستان

«ما آدم‌های نیمه‌راه‌ایم، چون از سکوت بعد از پایان، بیشتر از همهمه‌ی تلاش می‌ترسیم.»

ـ یادداشت شخصی روژین

ساحل، خاموش و گسترده، زیر مه تنفس می‌کرد. شن‌ها سرد بودند و خط افق محو. صدای کفش‌هایی که روی شن نرم می‌دوید، با صدای نازکِ ورق‌خوردنِ دفترِ طراحی درهم تنیده بود. دو دختر، روی صخره‌ای نم‌خورده نشسته بودند؛ یکی، با کتونی‌های ورزشی خیس و ساق پاهای زخم‌دیده؛ دیگری، با دستانی رنگی، موهای شل‌بسته، و دفتر طراحی‌ای پر از خطوط نیمه‌کاره.

ریحانه—دختر دونده—با چهره‌ای گندمگون و آفتاب‌سوخته، خطوطی محو از خستگی بر پیشانی‌اش داشت. موهایش را با کشی بی‌رنگ به عقب بسته بود، ولی چند رشته‌اش رها شده و روی گونه‌اش خوابیده بودند. چشم‌هایش درشت، اما جمع‌شده از تماشای دوردست، پر از سؤالات بی جواب بود. لباس ورزشی ساده‌ای به تن داشت؛ نه نو، نه نمایشی، بلکه کاربردی، مثل خودش. پاهایش قوی و خطدار بودند، آغشته به خراش‌هایی ریز، مثل نشان‌هایی از مبارزه‌ای روزمره.

رفتارش کم‌کلام، اما روشن بود. از آن‌دست زن‌هایی که بیشتر «حضور» دارند تا صدا. کسی که اگر از کنارت بگذرد، فقط صدای نفس‌های عمیقش در تو می‌ماند، و شاید ردی از عطر تنش.

پاهایش را در شن فرو کرده بود و به افق نگاه می‌کرد. نفس‌هایش آرام گرفته بودند، ولی چشمانش هنوز مثل زمین داغ، زیر خاکستر می‌سوختند. گفت:

«باز صبح تا ته جنگل دویدم. قلبم مثل دیوونه‌ها می‌کوبید. همه‌چی عالی بود. ولی وقتی رسیدم... دیدم بازم نمی‌خوام برم مسابقه. بازم نمی‌خوام وارد بازی عدد و رتبه بشم... نمی‌دونم، انگار اگه تمومش کنم، چیزی از دست می‌دم.»

روژین—دختر نقاش—چهره‌ای لطیف داشت، با پوستی رنگ‌پریده که زیر نور مه‌آلود صبح، بیشتر به آبرنگی محو می‌مانست تا صورت یک انسان واقعی. موهایش بلند و مواج بودند، به‌شکل شل و ناتمام جمع‌شده با یک مداد لای آن‌ها؛ گویی همیشه در میانه‌ی خلق باقی می‌ماند. چشم‌هایش قهوه‌ای روشن بود، اما اغلب، خیره به جایی می‌ماند که فقط خودش می‌دید. گاهی با پلک‌زدنی کند، انگار از خوابِ بیداری بگذرد. لب‌هایش باریک و پر فکر بودند؛ بیشتر برای گاز گرفتن در سکوت تا سخن‌گفتن.

هیکلش باریک، ظریف بود و شل‌نشسته بود؛ از آن‌دست زن‌هایی که انگار بدن‌شان برای نشستن پشت میز طراحی ساخته شده، نه برای ایستادن روی صحنه. شانه‌های افتاده‌اش، دفتر طراحی را طوری در آغوش گرفته بودند که انگار کودکِ زخمی‌ای باشد.

لبخند زد، اما تلخ. دفترش را بست و گذاشت کنار.

«می‌فهمم. منم دیشب تا صبح رو اون تابلو لعنتی کار کردم. ولی هنوز حس می‌کنم یه رنگش کمه. یه سایه‌ش ناقصه. می‌ترسم تمومش کنم. می‌ترسم بگم این دیگه همینه. تهشه. چون تهش... یعنی دیگه نمی‌تونم دست ببرم توش. یعنی دیگه زنده نیست.»

ریحانه خندید. خنده‌ای آرام، اما با لرزش در گوشه‌ی لب. از آن لبخندهایی که نه برای طنازی‌ست، نه از سرِ شوخی، بلکه نوعی اعتراف بی‌کلام است. شانه‌اش اندکی لرزید؛ شاید از باد، شاید از تردید. زانوهایش را در آغوش کشید، چانه‌اش را روی آن‌ها گذاشت و نگاهش را به جایی در دوردست دوخت. شن میان انگشتان پایش جمع شده بود، اما تکانش نمی‌داد—انگار نمی‌خواست ردی از حرکت بماند.

چشم‌هایش در آن لحظه، مثل زمین داغِ زیر خاکستر، می‌سوختند؛ ترسی مبهم از آن‌که اگر روزی برسد و مسابقه‌ای بدهد، شاید دیگر نیازی به دویدن نداشته باشد. و برای کسی که با دویدن نفس می‌کشد، بی‌نیازی می‌تواند مثل

پایان باشد.

بعد گفت: «عجیبه، ماها عاشق زنده بودن چیزای نیمه‌کاره‌ایم.»

روژین سر تکان داد.

«شاید چون نیمه‌کاره‌ها هنوز ممکن‌ند. هنوز می‌تونن بهتر شن. ولی وقتی یه چیز تموم بشه... می‌شه فقط یه خاطره. یه قاب بسته.»

ریحانه لبخندی زد، اما این‌بار با نگاه مهربان‌تری.

«راستش، خیلی وقتا حس می‌کنم فقط تو می‌فهمی منو. انگار دویدن من، با رنگ‌زدن تو یکیه. هردومون عاشق حرکتیم، نه نتیجه.»

روژین دستش را آرام روی بازوی ریحانه گذاشت، مثل مهر تأیید.

«آره... ما راهو زندگی می‌کنیم. ولی ته دل من یه ترس هست. که اگه یه روز بمیرم، هیچ‌کس ندونه چی می‌خواستم بگم. چون همه‌چی مونده ناتموم...»

ریحانه نگاهش را پایین انداخت.

«و من... می‌ترسم یه روز دیگه نتونم بدوم. و تا اون موقع، حتی یه بار هم خودمو تو میدون امتحان نکرده باشم...»

سکوت نشست میان‌شان. نه از جنس فاصله، که از جنس نزدیکی عمیق. سکوتی که مثل نخی نامرئی، افکارشان را گره می‌زد.

باد از سمت شمال برخاست. بوی دریا با خاطره‌ای محو از رنگ و عرق در هم آمیخت. هر دو در سکوت، لحظه‌ای به پشت سر نگاه کردند—انگار در ذهن‌شان به روزی برگشته بودند که برای اولین‌بار همدیگر را شناختند.

روژین گفت: «اون روز که اومدی تو کلاس طراحی من، با لباس ورزشی و کفشای خاکی... همه فکر کردن اشتباهی اومدی. ولی من فقط به فرمِ وایسادنِ تنت نگاه کردم. مثل یه جمله بودی، وسط یه پاراگرافِ ناتمام.»

ریحانه خندید. صادقانه، از ته دل.

«و تو، تنها کسی بودی که وقتی کنار زمین تمرین نشستی، به جای قضاوت، گفتی: "تو بدنتو مثل مداد می‌کشی، نه مثل ماهیچه." همون‌جا فهمیدم می‌فهمی چی می‌گم، حتی اگه نگم.»

روژین آرام سرش را پایین انداخت. «ما همیشه نصف‌نصف بودیم. تو نیمه‌ی حرکت، من نیمه‌ی سکون. ولی هیچ‌کدوم‌مون جرئت تموم کردن نداشتیم. شاید امروز... شاید این‌جا... وقتشه؟»

ریحانه با صدایی نیمه‌زمزمه گفت: «یادته اون روز که تو نمایشگاه، به‌جای تابلو، فقط یه صفحه‌ی سفید گذاشتی روی دیوار؟ من جلوش وایسادم، هیچی نگفتم. ولی تو چشم‌هام نگاه کردی و فقط سر تکون دادی... انگار فهمیدی منم هیچی برای تموم‌کردن ندارم.»

روژین لبخند زد. آرام، اما با چشمانی که برق اندکی از خاطره گرفت، گفت: «چون تو تنها کسی بودی که از ناتمامی نترسیدی. بقیه گفتن کار ناقصه... ولی تو موندی جلوی سکوتش.»

ریحانه زانوهایش را کمی کشید. باد آرامی از دریا برخاست و چند رشته از موهایش را به گونه‌اش چسباند. «ما مثل بادیم روژین. نه به‌خاطر بی‌جهتی، بلکه چون نمی‌خوایم از دیوار عبور کنیم. فقط می‌خوایم دورش بگردیم...». هنوز می‌تونن بهتر شن. ولی وقتی یه چیز تموم بشه... می‌شه فقط یه خاطره. یه قاب بسته.»

ریحانه لحظه‌ای ساکت شد. آفتاب داشت از میان مه بالا می‌آمد. نور طلایی و خسته‌اش، مثل پیامی از دوردست، بر سطح موج‌ها می‌لرزید. ریحانه، با نگاهی خیره به آن بازی نور و آب، درون خودش را می‌کاوید؛ چشم‌هایی که دیگر به منظره نگاه نمی‌کردند، بلکه به درون فکر می‌کردند.

در آن لحظه، مه بیرون و مه ذهنش یکی شده بودند. افکارش، همچون پرنده‌هایی سردرگم، میان گذشته و آینده در پرواز بودند.

«آیا اگر روزی برسم، چیزی از من کم می‌شه؟ یا تازه اون‌جاست که خودم رو کامل می‌کنم؟»

بعد نگاهش را پایین آورد، لبخند محوی بر لب نشست، و گفت: «ولی گاهی، همین قاب بسته‌ست که چیزا رو واقعی می‌کنه. اگه هیچ‌وقت خط پایان نزنی، هیچ‌کس نمی‌فهمه چقدر دویدی. اگه هیچ‌وقت امضا نزنی، نقاشت فقط یه آشفتگی باقی می‌مونه.»

روژین با نگاه گنگ به دریا خیره شد. اما در واقع، به چیزی ورای دریا نگاه می‌کرد—به تصویری که فقط خودش می‌دید، شاید نسخه‌ای نیمه‌تمام از خودش، آویخته در آبی بی‌مرز. برای لحظه‌ای کوتاه، دفترش را باز نکرد، رنگی نزد، فقط ماند و دید. گویی ذهنش تبدیل به یک بوم خام شده بود، پر از سؤال‌هایی که هنوز هیچ طرحی برشان ننشسته بود. قطره‌ی رنگی خشک‌شده‌ای را از روی انگشتش کند. باد، کاغذی از دفترش را برداشت و تا دوردست بُرد. هر دو با چشم‌های خیره دنبالش کردند، و سکوت.

«یعنی باید تمومش کنیم؟ هر دو؟»

ریحانه نفس عمیقی کشید، ماسه‌ها را با کف دست صاف کرد. گفت: «نه همیشه. ولی گاهی، باید بگیم "رسیدم"، حتی اگه در دل، هنوز راه ادامه داره. گاهی فقط برای اینکه بتونی به عقب نگاه کنی و بگی: این، کارِ منه. این، سهمِ من از بودن بود.»

روژین چیزی نگفت. فقط دستش را روی دفتر بست. ولی این‌بار، انگار بسته‌شدن دفتر، یک تعلیق نبود. یک تصمیم بود. مثل پایین آوردن قلم بعد از امضا.

ریحانه بلند شد. شن از پاشنه‌ی کفشش ریخت. برگشت و به روژین نگاه کرد. لبخند زد. گفت: «خط پایان ترسناکه... ولی گاهی، فقط با رد شدن ازش، می‌فهمی چقدر جلو اومدی.»

و هر دو، با قدم‌هایی آرام، در مه ناپدید شدند.

لحظه‌ای پیش از رفتن، ریحانه با نوک پایش طرحی ساده روی شن کشید— شبیه مسیر یک مسابقه، یا شاید فقط یک خط منحنیِ بی‌انتها. روژین خم شد، از دفترش برگ کنده‌ای برداشت و با انگشت، امضایی نمادین بر کناره‌ی آن گذاشت، سپس آن را آرام کنار همان نقش گذاشت.

نه برای اینکه کسی آن را ببیند، بلکه برای اینکه خودشان، در دل مه، بدانند: این‌بار، چیزی را شروع نکردند که نیمه‌کاره بماند.

ردّی روی شن، امضایی بر کاغذ، و سکوتی آرام. آغازِ یک پایان.

«مسیر، موسیقی‌ست؛ اما نتیجه، نت آخر است که آن را به قطعه‌ای ماندگار تبدیل می‌کند.»

نتیجه:

اگر تو هم مثل روژین و ریحانه، از آن‌هایی هستی که آغاز را بیشتر از پایان دوست دارند، اگر مسیر برایت مهم‌تر از مقصد است، این را بدان:

مسیر زیباست، ضروری‌ست، زنده است. اما پایان هم تقدس خودش را دارد. تمام‌کردن، نه قتل‌گاه آزادی‌ست، نه تهدیدی برای خلاقیت. پایان، اثبات راهی‌ست که آمده‌ای. ثبتی‌ست برای جهانی که گواه می‌خواهد.

تو می‌توانی عاشق دویدن باشی، عاشق رنگ‌زدن، عاشق نوشتن. اما اگر هرگز نقطه‌ای نگذاری، هیچ‌کس نمی‌داند چقدر زیبا می‌دوی، چقدر عمیق می‌نویسی، چقدر عاشقانه می‌سازی.

گاه باید گفت: «این کار من است.»

گاه باید تابلو را امضا کنی. گاهی باید از خط پایان بگذری، نه برای رقابت... بلکه برای احترام به خودت. و این، شاید اولین نقطه‌ی واقعی باشد.

نقطه‌ای که زندگی‌ات را از حرکتِ بی‌انتها، به حضوری ثبت‌شده بدل می‌کند.

و گاهی، پایان... زیباترین شکل ماندن است.

تونل هفتم:

توانا بود هرکه کارا بود، نه فقط دانا

تونل هفتم: توانا بود هرکه کارا بود، نه فقط دانا

در دنیای امروز، دانستن هیچ‌گاه آسان‌تر از این نبوده است. اطلاعات با سرعت نور در دسترس‌اند؛ از دوره‌های آنلاین و کتاب‌های دیجیتال گرفته تا ویدیوهای آموزشی و پادکست‌های تخصصی. ما در عصر بمباران اطلاعاتی زندگی می‌کنیم—دورانی که در آن، هر کس می‌تواند با چند کلیک، به هزاران ساعت آموزش دسترسی داشته باشد. اما همین سهولتِ دسترسی، گاهی توهمی از تسلط ایجاد می‌کند. ما گمان می‌کنیم چون «می‌دانیم»، پس «می‌توانیم». در حالی‌که دانستن، فقط یکی از پایه‌های توانستن است.

از سوی دیگر، جامعه‌ای مدرک‌محور شکل گرفته است؛ جهانی که گواهینامه‌ها و عناوین، اغلب بیشتر از شایستگی واقعی وزن دارند. این ساختار نه بر اساس نیاز واقعی افراد، بلکه بر مبنای سودآوری بازار آموزش طراحی شده است. هرچه بیشتر بیاموزی، مشتری وفادارتری هستی. دوره‌ای تمام نشده، دوره‌ی بعدی در راه است. این چرخه‌ی بی‌پایان، افراد را به جمع‌آوری دانایی سوق

می‌دهد، بی‌آن‌که فرصتی برای تجربه‌ی آن فراهم کند. دانش تبدیل شده به کالایی تجملی، و گاهی، انبوه اطلاعات، فقط مه غلیظ‌تری‌ست که مسیرِ عمل را مبهم‌تر می‌کند. و در این میان، یک حقیقت تلخ در سایه باقی مانده است:

دانش، به‌تنهایی مهارت نمی‌سازد.

هر روز افراد بیشتری به اشتباه تصور می‌کنند صرفِ دانستن مفاهیم، تئوری‌ها یا حفظ کردن تکنیک‌ها، به معنای توانمندی در اجرای آن‌هاست. این سوءتفاهم اغلب با تبلیغات آموزشی و نظام ارزیابی مدرک‌محور تشدید می‌شود. دانش، در بسیاری از موارد، به کالایی درخشان بدل شده—جذاب برای بازار، سودآور برای مؤسسات آموزشی، اما ناکارآمد در میدان واقعی. تجربه نشان می‌دهد شکاف عمیقی میان «فهمیدن» و «بلد بودن» وجود دارد؛ میان تماشای نحوه انجام کار و تسلط بر آن، میان سخنرانی دربارهٔ اجرا و عرق ریختن در عمل.

تونل دانش در برابر مهارت، زمانی فعال می‌شود که فرد به جای تمرین و تجربه عملی، در مدار یادگیری نظری باقی می‌ماند. ذهنش پر از مفاهیم پیچیده و اصطلاحات تخصصی‌ست، اما دستانش سال‌هاست که به کار عادت نکرده‌اند. آن‌ها به جای پینه، براق‌اند؛ بیشتر ورق زده‌اند تا ساختن، بیشتر تایپ کرده‌اند تا لمس کردن واقعیت. تصمیم‌هایش بیشتر در قالب تحلیل باقی می‌مانند تا اقدام. و ترس از ناکامی، او را در پناهگاه دائمیِ «مطالعه بیشتر» حبس می‌کند—جایی که ذهن درگیر است، اما دست‌ها بیکار؛ و در نهایت، عمل هیچ‌گاه آغاز نمی‌شود.

در ظاهر، چنین فردی آگاه به‌نظر می‌رسد. حتی ممکن است دیگران او را تحسین کنند. اما در عمل، او خود را از رشد واقعی محروم کرده؛ چرا که هرگز پا به میدان نگذاشته است.

این فصل، دعوتی‌ست به بازنگری در این باور قدیمی که می‌گفت: «توانا بود هرکه دانا بود.»

حقیقتِ امروز این است: توانا بود هرکه کارا بود.

در ادامه، وارد فضای یک کارگاه می‌شویم—جایی که گرمای ابزار و صدای ضربه‌ی چکش، معیار مهارت‌اند، نه تعداد کتاب‌هایی که خوانده‌ای. اینجا، دانش دیگر بر سطرهای چاپی نمی‌رقصد؛ بلکه باید در لرزش انگشتان، در داغی فلز، در پینه‌ی کف دست جا بگیرد.

در این فضا، قهرمان داستان ما با واقعیتی روبه‌رو می‌شود که سال‌ها از آن فرار کرده بود: دانستن، کافی نیست. چرا که دستان بی‌کار، مثل دفترهای بسته، فقط سکوت می‌نویسند؛ و جهان، برای حرکت، صدای کار می‌خواهد نه صرفاً زمزمه‌ی تئوری.

هوای کارگاه سنگین بود؛ سنگین از گرمایی که از درون کوره‌ها بیرون می‌زد و عطری فلزی که در رگ‌های فضا جریان داشت. بخار لحیم با رگه‌هایی از تیزاب و زمان، در هوا پخش بود و گاه با بوی شوره داغ‌شده درمی‌آمیخت. دیوارهای کارگاه، لکه‌دار از سال‌ها دود و گرما، شبیه صفحاتی از یک کتاب خاموش بودند؛ کتابی که با هر لکه و ترک، روایتی از اشتباهات، آزمون‌ها و پیروزی‌های ریز و درشت را ثبت کرده بود.

برخی دیوارها پوشیده از قفسه‌های چوبی قدیمی بودند که بر آن‌ها قالب‌های گچی، ابزارهای کوچک و ابزارهای برقی با سیم‌هایی درهم تنیده دیده می‌شد. هر ابزار، ردی از زمان بر خود داشت—دسته‌هایی زبر، تیغه‌هایی کندشده، و گوشه‌هایی که با نوارچسب مرمت شده بودند. دستگاه‌های لحیم‌کاری، با صداهایی تیز و بی‌وقفه، در گوشه‌ای از کارگاه زمزمه می‌کردند؛ مثل سازهایی در یک ارکستر صنعتی.

میز کارها از چوب‌های زمخت ساخته شده بود، خراش‌خورده، سوخته، اما همچنان ایستاده. درخشش نقره‌گون بُراده‌ها، نور زرد لامپ‌های مهتابی را منعکس می‌کرد. هر سطحی، پر بود از اثری از دست انسان: جای انگشت، جای سوهان، جای تفکر. این‌جا مکان ساختن بود؛ نه برای نمایش، که برای حقیقت.

سکوت میان غرش ممتد دستگاه نورد، فرصتی بود برای اندیشیدن؛ صدایی فلزی، خفه، و پیوسته که مثل زمزمه‌ای آهنی در پس‌زمینه می‌پیچید و گاه به خلسه‌ای صنعتی بدل می‌شد.

در گوشه‌ای از کارگاه، صدای خش‌خش کاغذ پوستی طراحی شنیده می‌شد؛ جایی که ذهن و دست قرار بود بالاخره آشتی کنند. آنجا آرمیتا نشسته بود، با مانتویی بلند، موهایی جمع‌شده با کلیپس و چشم‌هایی بیدار و تحلیل‌گر. او قهرمان بی‌ادعای این صحنه بود—نه چون بیشتر می‌دانست، بلکه چون بیشتر می‌دید.

کارگاه ترکیبی از مهارت و شخصیت بود. فرزانه، مخراج‌کار تیزچشم و کم‌حرف، همیشه با ذره‌بین به چشم و پیش‌بند چرمی‌اش، در گوشه‌ای روی سنگ‌های قیمتی تمرکز داشت؛ دست‌هایی که هر لرزشش می‌توانست ارزش میلیون‌ها تومان را کم یا زیاد کند. لیلا، طراحی جوان و پر از هیجان، گاه با آهنگی زیر لب طراحی می‌کرد و گاه با صدایی بلند بحث می‌کرد که چرا فرم، باید روایت داشته باشد.

در سوی دیگر، احمد، پیرمرد قلمزن، آرام و بی‌صدا، با دست‌های ترک‌خورده‌اش انگار شعر بر طلا می‌نوشت. در کنارش، سیاوش، تکنسین دستگاه‌ها، با لپ‌تاپی کهنه و عینکی باریک، گاه شوخی می‌کرد و گاه جدی راهکار فنی می‌داد. همگی بودند، مثل قطعات یک ارکستر بی‌رهبر؛ اما هماهنگ، اما زنده.

و آرمیتا، در میان آن‌ها، در سکوتی شاعرانه، ترکیب عجیبی بود از نرمیِ نگاه زنانه و اراده‌ای که از فلز سخت‌تر بود.

آرمیتا، دختری با دو مدرک دانشگاهی در طراحی صنعتی و هنرهای تجسمی، روی چهارپایه‌ی بلندی نشسته بود. دفتر طراحی‌اش را ورق می‌زد؛ صفحه‌هایی پر از اسکچ، نسبت، مقیاس و خیال. گاهی لبخندی محو می‌زد، گاهی با سرِ خودکار گوشه‌ای از طرح را می‌خراشید. چشم‌هایش برق علم داشت، اما دستانش هنوز بوی طلا نمی‌داد.

او شاگرد استاد اکبر شده بود؛ مردی با دستان زبر، پشت خمیده، و چشمانی که با یک نگاه، عیار فلز را تشخیص می‌داد. آرمیتا آمده بود تا یاد بگیرد، اما ذهنش پر از تئوری‌هایی بود که هنوز در میدانِ عمل نپخته بودند. مدام سوال می‌پرسید، تحلیل می‌کرد، با هیجان ایده می‌داد، اما هیچ‌گاه، چکش یا نورد را درست در دست نگرفته بود.

استاد با حوصله به طراحی‌هایش نگاه می‌کرد و می‌گفت: «خوبه دخترم، اما این طرح‌ها تا وقتی طلا نشن، فقط خیال‌نویسی‌ان.»

آرمیتا گاهی اخم می‌کرد، گاهی با لبخندی شیطنت‌آمیز چیزی در دفترش می‌نوشت. می‌خواست خلاق باشد، متفاوت باشد، بدرخشد—اما وقتی نوبت به اجرای طرح‌ها می‌رسید، عقب می‌کشید. با خود می‌گفت: «یه دوره‌ی دیگه... یه نرم‌افزار بهتر... هنوز نه... هنوز کامل نیست.»

و این‌گونه، ماه‌ها گذشت. ماه‌هایی که در آن آرمیتا بی‌وقفه طرح می‌زد، دفترهایش را با ایده‌هایی پر می‌کرد که روی کاغذ، زیبا، دقیق و الهام‌بخش بودند. گاه آن‌قدر غرق در طراحی می‌شد که زمان را فراموش می‌کرد، اما هیچ‌کدام از آن نقش‌ها رنگ آتش ندیدند، هیچ‌کدام طعم فلز نگرفتند. خطوطش، مثل رؤیایی بودند که هنوز جرئت بیدار شدن نداشت. او مدام می‌نوشت، تصور می‌کرد، مدل می‌ساخت، اما در لحظه اجرا، همیشه چیزی کم بود؛ یا یک ابزار جدید، یا یک مهارت ناقص، یا شاید تنها یک جرئت. آنچه روی کاغذ بی‌نقص می‌نمود، در دنیای واقعی غایب بود—و این خلا، رفته‌رفته او را از خودش دور می‌کرد. هیچ‌یک از آن نقش‌ها جانی نگرفته بودند. دانش، هنوز در فاصله‌ای سرد از مهارت ایستاده بود. و این شکاف، حالا در صدای پیوسته نورد، در چرخش آهسته چرخ‌ها، و در تأمل نگاه‌های دیگران، فریاد می‌کشید: «زمان تصمیم است.»

نقطه‌ی تغییر، روزی رخ داد که هوای کارگاه بوی تردید می‌داد؛ سکوتی سرد و مرموز همه چیز را پوشانده بود. ابزارها ساکت بودند، چشمان همه در انتظار، و فضای مه‌آلود گرما و دود، غلیظ‌تر از همیشه. استاد اکبر، با همان چهره‌ی

همیشه جدی‌اش، در میان آن سکوت ایستاد. طرحی را برداشت، کاغذ کمی در دستانش لرزید، شاید از سال‌ها وزن نگاه‌ها. نگاهی به جمع انداخت—نگاهی نافذ، بدون ذره‌ای شوخی.

با صدایی که در آن نه دعوت، که فرمان موج می‌زد، گفت: «هر کی فکر می‌کنه می‌تونه، همین حالا بیاد اجراش کنه.»

مکثی کرد. به چشم‌های جمع نگاه انداخت و دوباره، این‌بار با لحنی محکم‌تر، گفت: «می‌گم هر کی فکر می‌کنه می‌تونه، بیاد!»

و باز هم تکرار کرد، این بار آرام‌تر، اما آن‌قدر جدی که لرز در دل‌ها افتاد: «همین حالا. اجراش کن.» سپس نگاهی مستقیم به چشمان آرمیتا انداخت— نگاهی سنگین، پر از انتظار و بی‌رحمانه صادقانه—و گفت: «تو. خودت اجراش کن.»

و در آن لحظه، فضا شکافت؛ اما نه به‌سبب صدایی بلند، بلکه به‌دلیل سکوتی سنگین و ملموس. نگاه‌ها، یکی‌یکی روی آرمیتا جمع شد—چشم‌هایی که میان تردید و تشویق، کنجکاوی و قضاوت، در نوسان بودند. نور زرد و غبارگرفته‌ی کارگاه، رنگی کهنه به دیوارها داده بود و صدای نورد در پس‌زمینه، آرام و موزون، گویی تپش دل آرمیتا را تقلید می‌کرد.

استاد، همان‌طور که در سکوت به او نگاه می‌کرد، چهره‌ای داشت که میان استبداد و مهر، قفل شده بود. لبانش به سختی باز شده بود، اما نگاهش، محکم بود و مهربان، سخت‌گیر بود و پدرانه. همان نگاهِ کسی که هم انتظار دارد و هم می‌داند زمانِ درخشیدن، در سخت‌ترین لحظه‌هاست.

آرمیتا در مرکز صحنه ایستاده بود. دستانش خالی، اما سوزن‌سوزن‌شده از لرزش هیجانی مرموز؛ ذهنش پر از نقش‌هایی که به شکل جواهر در خیالش می‌درخشیدند و دلش میان تردید و شوق، تنگ و پرتلاطم. سایه‌ای از ترس، مثل شال ابریشمی دور قلبش پیچیده بود؛ همان ترسی که همیشه به او گفته بود: «شاید نشود... شاید نتوانی.» اما در دلش صدایی نرم، ولی محکم نجوا

می‌کرد: «الان وقتش است.»

او خودش را نه قوی‌تر از دیگران می‌دید، نه جسورتر؛ فقط می‌دانست که چیزی در درونش، زنانه و ظریف، مدت‌ها نادیده گرفته شده—حسی که می‌خواست لمس کند، بسازد، اشتباه کند و یاد بگیرد. استاد با آن نگاه استبدادیِ پدرانه‌اش، هم تهدید بود، هم فرصت. شاید اگر امروز نه بگوید، دیگر هیچ‌وقت صدایش شنیده نشود.

نور کارگاه روی چهره‌اش افتاده بود و صورتش را نیم‌روشن، نیم‌تار کرده بود؛ گویی خودش هم نمی‌دانست کدام نیمه‌اش در حال تصمیم‌گیری است. اما این را می‌دانست: این لحظه، شاید تنها شانسش برای عبور از دانستن به توانستن باشد.

او نفسی عمیق کشید و جلو رفت، در ذهنش مرور می‌کرد که از طراحی اولیه تا ذوب کردن فلز، از ریختن در قالب تا پرداخت، هر مرحله چطور انجام می‌شود. چشمانش از زیر مژه‌های بلندش باریک شده بودند، لبش را به‌آرامی می‌گزید. دست‌هایش، همان‌هایی که همیشه مداد طراحی در آن‌ها می‌رقصید، حالا باید چکش نگه می‌داشتند.

چکش را برداشت. سنگینی‌اش را حس کرد. فلز سرد و خشن زیر انگشتانش لغزید، اما عقب نکشید. یک لحظه چشم بست. ترس در دلش چرخ می‌خورد، اما جایی در عمق وجودش آتش کوچکی روشن شد. چکش را بالا برد... و فرود آورد—نه دقیق، نه حرفه‌ای، اما واقعی. صدای برخورد فلز، مثل اولین نت یک سمفونی خاموش، در فضا پیچید. و همان لحظه، چیزی درون آرمیتا شکفت: رهایی، جرئت، و آغاز.

ضربه‌ها ابتدایی بودند، اما هرکدام، همچون اعترافی عاشقانه بر پیکر فلز، تکه‌ای از ترس را فرو می‌ریختند. صدای برخورد، دیگر فقط فلز نبود—آمیخته‌ای بود از لرزش دل، عزم خاموش و نوازشی که انگار میان ابزار و انگشتان جاری می‌شد. صدای فلز، بیداری نبود، بوسه‌ای بود از سوی جهان بر دست‌هایی که

بالاخره دل به عمل سپرده بودند. همان لحظه، آرمیتا احساس کرد چیزی از جانش، نه فقط دانشش، در حال عبور به این تکه‌ی طلاست؛ گویی خودش را، لطیف و مصمم، ذره‌ذره به دستانش بخشیده باشد.

از آن روز به بعد، آرمیتا شروع کرد به ساختن. نه کامل، نه بی‌نقص، اما پیوسته. و هرچه بیشتر اجرا کرد، بیشتر فهمید. علمش دیگر باری سنگین نبود؛ شده بود منبعی برای پرواز.

و در پایان، او دانست که دانایی، آغاز راه است؛ اما تنها مهارت است که آن را به مقصد می‌رساند. دانایی، مثل نقشه‌ای دقیق بود—پر از خطوط و نشانه‌ها—اما تنها قدم گذاشتن در مسیر بود که آن نقشه را به مقصد می‌رساند.. و آرمیتا، حالا فهمیده بود: دانستن، روشن کردن است؛ اما ساختن، همان راه رفتن در نوری‌ست که خودت افروخته‌ای.

حالا دیگر صدای نورد، برایش زمزمه‌ی آشنایی بود؛ نه ترسناک، نه دور از دسترس. بوی لحیم، بوی حرکت شده بود. آرمیتا هر روز صبح زودتر می‌آمد، گاهی با شال پشمی دور گردنش و فنجانی قهوه در دست، قبل از بقیه، کنار میز چوبی‌اش می‌نشست و به طراحی‌اش نگاهی تازه می‌انداخت.

دیگر از آن ترس خاموشِ "نکند خراب کنم" خبری نبود. حالا در ذهنش صدایی دیگر بود: "باید تجربه‌اش کنم." گاه خودش را حین کار کردن در آیینه فلزات می‌دید و لبخند می‌زد—لبخندی از جنسی دیگر، شبیه لبخندِ کسی که بالاخره راه را انتخاب کرده، حتی اگر راه آسان نباشد.

و یک روز، همان استادی که ماه‌ها قبل گفته بود: «این فقط خیال‌نویسیه»، حالا طرحی را از روی میز برداشت، آن را در نور لامپ مهتابی بالا گرفت و گفت: «این طلاست. نه فقط به خاطر فلزش. چون تو ساختیش.»

و این، نه تنها پایان یک فصل، که آغاز درک تازه‌ای بود؛ از جنس لمس، از جنس تجربه. گویی تمام آن سال‌ها که دانش روی دوش آرمیتا سنگینی کرده بود، حالا با یک ضربه‌ی چکش، با یک درخشش زرد در نور، سبک شده بودند.

در جهان امروز، گاه تنها راهِ دیدن خود، آن است که دست‌ها را به خاک بمالیم، نه به کاغذ. مهارت، رقصِ دل و دست است؛ بازی عشق و اقدام. هر دانایی که با عمل گره نخورد، باری‌ست بی‌سرانجام. و شاید، رازِ مسیر همین باشد:

جهان به حرکت پاسخ می‌دهد، نه به حافظه.

«این طلاست. نه فقط به خاطر فلزش. چون تو ساختیش.»

تونل هشتم:
آسایش و آرامش

تونل هشتم: آسایش و آرامش

وقتی همه چیز خوب است، اما تو دیگر رشد نمی‌کنی...

مقدمه

هیچ‌کس با ناله وارد تونل آسایش نمی‌شود. برعکس...

همه با لبخند واردش می‌شوند: با فنجان قهوه‌ای در دست، یک حقوق ماهانه‌ی منظم، صندلی راحتی که به کمر فشار نمی‌آورد، و برنامه‌ی روزانه‌ای که هیچ دردسری در آن نیست.

اولین روزها شبیه جایزه است؛ شبیه آن‌چیزی که برایش جنگیده‌ای. همه چیز بالاخره روی روال است. نه خبری از اضطراب‌های قدیمی هست، نه شکست‌های تازه. نه هیجانی، نه افتی، نه حتی نقطه‌ی عطفی. فقط یک خط صاف.

و درست همین خط صاف، همان‌جاست که خطر آغاز می‌شود.

چون تونل آسایش، زخمی نمی‌زند؛ لمس نمی‌کند، اما آرام خفه‌ات می‌کند.

تو را می‌خواباند. در حالی که لبخند می‌زنی. در حالی که هنوز همه‌چیز خوب است. اما قلبت، آرام، فراموش می‌کند که تند بزند. چشم‌هایت دیگر برق نمی‌زند. ذهن، دیگر سؤال نمی‌پرسد.

و بدتر از همه: دلت دیگر نمی‌خواهد چیزی را به‌هم بزند.

چون "همین که هست" کافی‌ست. کافی برای زنده‌ماندن. نه برای زنده‌بودن.

آسایش، اگر بدون جهت باشد، به آرامش قبل از مرگ شبیه است— نه مرگی ناگهانی، که مرگی آرام، بی‌صدا، در لباسی از رضایت ظاهری.

در این فصل، می‌خواهیم از خطر این آرامش صحبت کنیم. از تونلی که به‌جای دیوارهای نمور و تاریک، بالش زیر سرت می‌گذارد. و از داستان‌هایی که شاید مثل تو، همه‌چیزشان خوب بود— جز یک چیز: شور برای ادامه دادن.

داستان: آپارتمان شماره ۲۱

باران بی‌صدا پشت شیشه‌های دو جداره می‌زد و دانه‌هایش مثل اشک، روی قاب پنجره سر می‌خوردند. آپارتمان شماره ۲۱ در طبقه پنجمِ ساختمانی نوساز در محله‌ای آرام و نسبتاً گران‌قیمت قرار داشت؛ با دیوارهایی به رنگ کرم روشن، کفپوشی چوبی و پنجره‌هایی بزرگ که رو به حیاط خلوتی پُر از درختچه‌های شمشاد و نیمکت‌های خیس از باران باز می‌شد.

پشت این سکوت بارانی، صدای گاه‌به‌گاه زندگی از دیگر پنجره‌ها شنیده می‌شد: زنی مسن در طبقه چهارم که هر عصر با لیوان چای کنار پنجره می‌نشست و به گربه‌ای قهوه‌ای در حیاط نگاه می‌کرد؛ خانواده‌ای جوان در طبقه دوم با صدای خنده‌ی بچه‌هایی که گاهی از پنجره فریاد می‌زدند "مامان آب‌پاش خراب شد!" و مردی تنها در طبقه سوم که همیشه چراغ اتاق کارش روشن بود، حتی نیمه‌شب‌ها.

همه‌چیز در این ساختمان، آرام بود. خیلی آرام. به سبک آدم‌هایی که می‌خواهند

دردسر نداشته باشند. لیلا این فضا را انتخاب کرده بود، نه فقط برای سکوت و نور پنجره‌ها، بلکه برای همین بی‌درگیری بودنش. اینجا کسی کاری به کار دیگری نداشت. همه محترمانه، بی‌صدا، و دور از هیاهو زندگی می‌کردند—و شاید همین، آن چیزی بود که ابتدا او را جذب کرده بود.

اما حالا، در دل همین سکوت دلنشین، چیزی گم شده بود. زندگی در میان این پنجره‌ها، گویی بدون نیاز به تصمیم‌های بزرگ می‌گذشت. لیلا گاهی از خود می‌پرسید: "آیا من هم مثل این چراغ‌های روشن و ساکت، فقط روشنم؟ یا واقعاً زندگی می‌کنم؟"

در اتاق نشیمن، همه‌چیز انگار با وسواس چیده شده بود. مبل خاکستری با کوسن‌هایی هماهنگ که رنگ‌شان با پتوی نرم انداخته‌شده روی دسته مبل هم‌خوانی داشت. کتابخانه‌ای کوچک کنار دیوار، با ردیف‌هایی از کتاب‌هایی که بیشتر تزئینی بودند تا خوانده‌شده. قاب‌های عکس سیاه‌وسفید—نه از عزیزان، بلکه از مناظر بی‌زمان و زنانی با چشمان بسته و لبخندهای آرام—چیزی شبیه خود لیلا.

نور زرد چراغ ایستاده‌ای که گوشه اتاق می‌درخشید، سایه‌هایی نرم و دلبرانه روی دیوار می‌انداخت—نه سایه‌هایی ترسناک، که شبیه آغوشی آهسته در دل شب. پرتوهای نور، چون نوازشی نرم، از لابه‌لای پرده‌ها می‌گذشتند و روی دیوار کاغذی لطیف با گل‌های محو، بوسه می‌زدند.

پرده‌های حریر سفید، آرام در نوسان نسیمی بی‌نام حرکت می‌کردند، مانند زنانی خسته از مهمانی شب قبل، با پیراهن‌هایی سبک که هنوز بوی عطر دارند و حسی از لمس را در هوا رها کرده‌اند. پنجره باز بود، نه به خاطر تهویه، بلکه چون لیلا دوست داشت نسیم شب از لای موهایش بگذرد، بوی باران را با خود بیاورد، و خانه را از حس زندگی سیراب کند، هرچند آرام و قطره‌چکان.

در آن لحظه، همه‌چیز در فضا نفس می‌کشید: نور، پرده، سکوت. اما نفس‌کشیدنی خفه، سنگین و درونی؛ مثل کسی که لبخند می‌زند اما در دلش

گریه خفه می‌شود. زنِ درون این خانه، با تمام زنانگی‌اش، با آن عطر کم‌رنگ روی پوستش، با ظرافتی که زمانی دلش را گرم می‌کرد، حالا بی‌صدا در میان این لطافت‌ها غرق بود—اما نه به نشانه لذت، بلکه چون وزنه‌ای نامرئی او را ته‌نشین کرده بود.

نه عاشق، نه تنها—بلکه در آستانه‌ی درک چیزی گمشده. چیزی که اسم نداشت اما حس داشت؛ حسی از خاموشی، از بی‌دلیل بیدار ماندن شب‌ها، از نگاه‌هایی که به هیچ‌جا نمی‌رسید، از حرف‌هایی که نگفته ماند. گاه با خودش فکر می‌کرد: «نکنه من فقط یاد گرفتم قشنگ زندگی کنم، اما یاد نگرفتم زندگی کنم؟» و در دلش چیزی آه می‌کشید، مثل مهی که از دل شیشه‌های بخارگرفته بالا می‌رفت—نامرئی، اما حضورش را نمی‌شد انکار کرد.

همه‌چیز در این صحنه، استعاره‌ای بود از دو زن در یک بدن—لیلا، پیش از آرامش و پس از آن. لیلای قبل، زنی با نگاه جسور، با لب‌هایی که بیشتر می‌خندید تا لبخند بزند، با ایده‌هایی که شب‌ها بیدارش نگه می‌داشت و دلی که برای هر اتفاق کوچکی، تندتر می‌زد. او زنی بود که اگر از خواب می‌پرید، فوراً چیزی می‌نوشت، طرحی می‌کشید، تصمیمی می‌گرفت؛ زنی که دنیا را بزرگ می‌خواست، نه فقط امن.

اما حالا، لیلا آرام شده بود. آرام، اما نه از نوعی که دل را گرم کند؛ آرام از نوعی که آدم را ساکت می‌کند. حالا او زنی شده بود که به جای ستاره شدن، خودش را در پناه مه پنهان کرده بود. او با همان دست‌ها که روزی برای آفرینش می‌لرزیدند، حالا فقط فنجانی قهوه را نگه می‌داشت. با همان چشم‌ها که روزی از شور برق می‌زدند، حالا فقط نور چراغ‌ها را دنبال می‌کرد. نه برای کشف، فقط برای گذر.

او هنوز زنده بود، اما نه در هیجان. فقط نمی‌خواست چیزی بیشتر از آن‌چه دارد، از دست بدهد. و همین «نخواستن»، داشت تمام خواسته‌هایش را آرام می‌کشت.

لیلا، در لباس راحتیِ طوسی‌رنگ، پشت میز چوبی نزدیک پنجره نشسته بود——در نقطه‌ای از خانه که بیشتر شبیه پناهگاه بود تا محل کار. نور چراغ مطالعه، موهای رهاشده‌اش را طلایی‌تر می‌کرد؛ مثل نوری که به زور از میان ابری سنگین عبور کند. فنجان قهوه‌اش، نیمه‌سرد و بی‌رنگ، در دستش بود و بخار نرمی از آن بلند نمی‌شد؛ مثل چیزی که زمانی گرم بوده، اما حالا فقط ادای گرما را درمی‌آورد.

دست دیگرش روی صفحه‌ای باز از دفترچه طراحی بی‌حرکت مانده بود——صفحه‌ای که چیزی روی آن نبود، فقط خطوط ناتمام، ایده‌هایی نیمه‌راه، شبیه خود لیلا. گویی خانه‌اش با وسواس طراحی شده بود تا شبیه زندانی زیبا باشد. همه چیز در جایش بود؛ گلدان، نور، صندلی، نظم... اما همین نظم، مثل آهنگی بود که بیش از حد تکرار شود و دیگر طنین نداشته باشد.

خانه‌اش نه تنها ظرف زندگی‌اش، بلکه تصویر زندگی‌اش شده بود: قشنگ، بی‌نقص، آرام، و بی‌نَفَس. همان‌طور که خودش گاه می‌گفت: «خانه‌ام مثل زندگی‌ام است... تمیز، بی‌هیاهو، ولی هیچ‌چیزی در آن نفس نمی‌کشد.»

هر روز، ساعت هفت بیدار می‌شد، قهوه با شیر بادام، دوش، لباس رسمی، لپ‌تاپ. از خانه کار می‌کرد؛ طراحی گرافیک برای شرکت‌های بین‌المللی. پول می‌آمد، کار راحت بود، مشتری‌ها راضی.

اما هر شب، درست وقتی چراغ خواب را خاموش می‌کرد، حسی عجیب می‌آمد. نه ترس، نه اضطراب... یک خلأ. مثل صدایی که از ته چاه می‌گوید: «همه‌چیز هست، اما تو کجایی؟»

یک شب، گوشی‌اش زنگ خورد. مریم بود——دوستی قدیمی، شبیه به نسیمی از روزگاری دور که ناگهان پنجره‌ی بسته‌ی ذهن را باز می‌کند. مریم حالا در آفریقا، در دل روستاهایی خاک‌خورده، با یک NGO کار می‌کرد. صدایش پر از خاک و آفتاب بود؛ خاک، نه به‌معنای زبری، بلکه ریشه‌دار؛ و آفتاب، نه فقط روشنایی، بلکه سوز و شور.

لحنش پر از زندگی بود، زندگی واقعی—با گرد و غبار، با گرسنگی، با کودکان چشم‌درشت، با شب‌هایی که برق نیست، اما ستاره هست.

مریم همسن لیلا بود،. او همان‌قدر بی‌پروا بود که لیلا مراقب. همان‌قدر بی‌قرار که لیلا ساکن. همان‌قدر خام اما زنده، که لیلا پخته اما بی‌نبض.

مریم زنِ خاک و هیجان بود؛ زنی که در کوله‌پشتی‌اش جای لوازم آرایش نبود، اما همیشه یک چراغ‌قوه و دفتری پر از طرح‌های بچه‌ها داشت. او بدون تقویم و برنامه‌ی منظم، اما با قلبی تپنده زندگی می‌کرد. تضادش با لیلا، نه در سبک زندگی، که در دمای درونی‌شان بود: یکی همیشه در جوشش، دیگری در انجماد آرام.

«هر روز که بیدار می‌شم، نمی‌دونم چی در انتظارمه، ولی می‌دونم قراره رشد کنم. شاید یه روز برق قطع شه، شاید یه روز یه بچه‌ی محلی بیاد و بگه یه نقاشی برام بکش، شاید اصلاً زمین بخوره، ولی توی همه‌ی این شایدها، یه چیز قطعیه: من زنده‌ام. واقعاً زنده‌ام. چون هیچی قطعی نیست.»

کلماتش ساده بود، ولی از عمق آمده بود. لیلا تصور کرد مریم هر صبح با صدای پرندگان گرمسیری بیدار می‌شود، با موهای خاک‌خورده و لب‌هایی ترک‌خورده از آفتاب، اما با چشم‌هایی که هنوز می‌درخشند. مریم نمی‌دانست امروز چه می‌شود، اما از همین ندانستن، زندگی می‌جوشید. او با تمام بی‌برنامه‌گی‌اش، ریشه‌دارتر از هر کسی بود که لیلا می‌شناخت. گویی مریم، هر روز را نه از روی وظیفه، بلکه از روی شوق زیستن آغاز می‌کرد. چیزی در صدایش بود که لیلا را به وحشت انداخت—نه به خاطر خطر، بلکه به خاطر عمقی که خودش سال‌ها بود از آن فاصله گرفته بود. این جمله، برای لیلا مثل ترک کوچکی در دیوار محکم اما بی‌روح زندگی‌اش بود؛ ترکی که از همان شب، آرام‌آرام شروع به شکستن کرد.

لیلا لبخند زد. اما لبخندش ترک برداشت، نه از غم، از چیزی شبیه به شوک. از چیزی که انگار سال‌ها در وجودش دفن شده بود و حالا ناگهان، با صدای

مریم، بیدار شده بود. حس کرد قلبش بعد از ماه‌ها—شاید سال‌ها—برای لحظه‌ای یادش آمد که چطور باید بتپد؛ نه برای زنده ماندن، که برای زنده بودن.

با حالتی گیج و پرت، گوشی را کنار گذاشت. بلند شد، آرام، مثل کسی که تازه از خوابی چندساله بیدار شده باشد. قدم‌هایش لرزان نبود، اما مطمئن هم نبود. به سمت آینه رفت. نور چراغ مطالعه، چهره‌اش را مثل پرده‌ی سینما روشن کرد. خودش را دید... نه فقط صورتی آشنا، بلکه زنی غریبه در لباس خانه، با نگاهی که انگار تازه خودش را دیده.

چشم‌هایش را دقیق نگاه کرد. ساکت، متعجب، انگار می‌خواست از آن تصویر چیزی بفهمد. لب‌هایش لرزید. صدا درآمد. آهسته، اما محکم:

«من توی یه قفس طلایی زندگی می‌کنم... زیبا، امن، بی‌نقص... اما قفسه! قفسی با پرده‌های حریر، با قهوه‌ی داغ، با صدای موسیقی ملایم... ولی قفسه! لعنتی! بیزارم ازش! از این نرمی خفه‌کننده، از این لبخندهای بی‌معنا، از این آرامشی که مثل پتویی سنگین روی نفسم افتاده... نمی‌خوام این‌جوری باشه! نمی‌خوام قشنگ باشم و تهی! قشنگ باشم و بی‌صدا بمیرم!»

او انگار داشت بلند با خودش حرف می‌زد. صدا در اتاق پیچید، ولی هیچ‌کس جز خودش نبود که بشنود. صدایش لرزید، اما نه از ضعف؛ از عمق آن چیزی که تا آن لحظه جرأت بیرون آمدن نداشت. انگار چیزی درونش فریاد می‌زد: «من خسته‌ام از این بی‌حادثه بودن! از این امن‌بودن بی‌معنا! از این زندگیِ بی‌درد، ولی بی‌جان!»

لحظه‌ای در سکوت ماند. قلبش با شتاب می‌کوبید، مثل کوبه‌ای بر درِ بسته‌ی یک آزادی فراموش‌شده. نگاهش به خودش در آینه قفل شده بود. زنی را دید که همیشه می‌خواست کنترل‌گر باشد، بی‌خطر، بی‌نقص... اما حالا داشت ترک برمی‌داشت. ترک‌هایی زیبا، ترک‌هایی زنده. او داشت کم‌کم خودش را می‌دید... نه نسخه‌ی قابل‌پیش‌بینی‌اش، بلکه زنِ وحشیِ درونش را که سال‌ها

خاموش مانده بود.

«من توی یه قفس طلایی زندگی می‌کنم. زیبا، امن، اما قفس.»

صبح روز بعد، همه‌چیز مثل قبل بود. نور ملایم صبح از پرده‌های حریر عبور می‌کرد، دستگاه قهوه‌ساز با صدای نرمش کار می‌کرد، و عطر دانه‌های آسیاب‌شده در فضای آشپزخانه می‌پیچید. لیلا هم مثل همیشه، لباس طوسی نرمش را پوشید، فنجانش را برداشت، و به سمت میز کارش رفت؛ جایی که لپ‌تاپی براق منتظرش بود، و ایمیل‌های کاری از مشتریان بین‌المللی با عباراتی رسمی و دل‌گرم‌کننده صف کشیده بودند.

همه‌چیز راحت و روان بود—نه تلاشی اضافه، نه فشاری غیرمنتظره. حتی حساب بانکی‌اش هم هنوز اعداد قابل قبولی نشان می‌داد. اما همین‌جاست که درد شروع می‌شود. لیلا در این رفاهِ بی‌صدا، در این آرامش کامل، چیزی را حس نمی‌کرد؛ نه خوشی، نه شور، نه حتی رضایت.

این آگاهی که «همه‌چیز خوب است، اما من خوب نیستم»، مثل خراشی نامرئی، روزش را از درون ترک می‌داد. لبخندش بود، اما واقعی نبود. کار می‌کرد، اما با دل نبود. حضور داشت، اما نبود. او در حصاری از آسایش، زندانی بی‌نیازی شده بود؛ بی‌نیاز از تلاش، بی‌نیاز از هیجان، بی‌نیاز از هر چیزی که زمانی او را زنده نگه می‌داشت.

و عجیب‌تر اینکه این همان چیزی بود که سال‌ها آرزویش را داشت. بخشی‌اش از درون آمده بود؛ از خستگیِ سال‌هایی که با اضطراب‌های مالی، تنش‌های کاری، و رابطه‌های پرتنش دست‌وپنجه نرم کرده بود. اما بخش زیادی‌اش، از بیرون آمده بود—از آن‌همه توصیه‌ی ظاهراً دلسوزانه اطرافیان: «چرا این‌قدر خودتو خسته می‌کنی؟»، «زندگی یعنی آرامش!»، «یه خونه‌ی امن، یه درآمد ثابت، دیگه چی می‌خوای؟»

او هم گوش داده بود. کم‌کم خودش را جمع کرده بود درون یک زندگی بی‌صدا. جایی که دیگر دغدغه‌ای نبود، جایی که بالاخره «آرامش» داشت. اما حالا...

حالا این آرامش، به پتویی سنگین تبدیل شده بود که روی جانش افتاده بود. پتو را شاید خودش انتخاب کرده بود، اما خیاطش دیگران بودند. و حالا داشت در آن خفه می‌شد—بی‌فریاد، بی‌گریه، فقط با نگاهی که به سقف خیره می‌ماند.

نه از روی نادانی، که از روی عادت. چون آرامش اگر تبدیل به عادت شود، دیگر آرامش نیست؛ خواب است.

روزها گذشتند. مثل برگ‌هایی که بی‌هدف روی رودخانه‌ای راکد می‌افتند. لیلا به کارش ادامه داد، اما هر روز کندتر، بی‌رمق‌تر. پروژه‌ها کمتر شد، مشتری‌ها یکی‌یکی محو شدند، و همان‌طور که شور درونی‌اش سال‌ها پیش خاموش شده بود، حالا توانایی‌ها و مهارت‌هایش هم یکی‌یکی پژمرده می‌شدند؛ مثل گل‌هایی که هرگز آب ندیده باشند، اما هنوز ایستاده‌اند.آرامش و امنیت، که زمانی برایش بهشت بودند، حالا به دیوارهایی بدل شده بودند که هر لحظه بلندتر و ضخیم‌تر می‌شدند. شهر در حال دگرگونی بود؛ خیابان‌هایی که همیشه خلوت بودند، پر از مغازه‌های جدید شده بودند. دوستان قدیمی‌اش حالا در مسیرهای تازه‌ای قدم می‌زدند، از شغل‌های روتین به سمت پروژه‌های خلاقانه رفته بودند، و شبکه‌های اجتماعی‌شان پر بود از حرکت و هیجان. دنیای بیرون به‌سرعت می‌چرخید، اما لیلا مثل مجسمه‌ای پشت شیشه، فقط تماشا می‌کرد.

او آن‌قدر به راحتی عادت کرده بود که حتی صدای بسته‌شدن ناگهانی پنجره‌ای در خانه‌ی همسایه، اضطرابی بی‌دلیل در دلش می‌انداخت. از هر چیز ناآشنا می‌ترسید. دلش حتی برای چالش تنگ نمی‌شد، چون ذهنش سال‌ها بود یاد گرفته بود که خطر، دشمن است—نه فرصت. او مثل پرنده‌ای بود که در قفس آن‌قدر مانده بود، که حتی اگر در قفس باز هم می‌ماند، جرأت پرواز نداشت.

روحش، پیش از هر چیز، از حرکت افتاده بود؛ و حالا مثل جسمی سنگین، در مردابی از سکوت و تکرار فرو رفته بود. مردابی که ابتدا آرامش نام داشت، اما حالا بوی ماندگی می‌داد. هر روز، همان مسیر، همان صدا، همان قهوه، همان سکوت. حساب بانکی‌اش آرام‌آرام خالی شد، اما نه با فاجعه، بلکه با بی‌تفاوتی. مهارت‌هایش، مثل کتاب‌هایی در قفسه، سال‌ها دست‌نخورده ماندند؛ و

ذهنش، مثل رودخانه‌ای بی‌جریان، آرام‌آرام لجن گرفت. حتی حافظه‌اش کند شده بود؛ اسم‌ها، کلمات، خاطرات... همه در مهی بی‌زمان گم می‌شدند. آدم‌هایی که یک روز برایش مهم بودند، دیگر سراغی نگرفتند—شاید چون او هم دیگر چیزی برای گفتن نداشت. شاید چون او، دیگر خودش نبود. بلکه فقط انعکاسی بود محو، در آبِ گل‌آلود مردابی که زمانی خیال می‌کرد ساحل آرامش است.

و لیلا، همچنان آرام، بی‌صدا، و خیره به زندگی، در همان قفس طلایی، نشسته بود. نه برای رهایی، فقط برای باقی‌ماندن. حتی اشک هم دیگر نمی‌آمد؛ فقط نفس، فقط بودن. و خانه، کم‌کم از ظرفِ زندگی، به گورِ روزمرگی بدل شد.

و آن‌گاه، وقتی شب‌ها تصویر مریم در ذهنش جان می‌گرفت—با لب‌هایی ترک‌خورده اما خندان، و چشم‌هایی که حتی در گرمای آفریقا می‌درخشیدند—حسی پیچیده سراغش می‌آمد. حسی از تحسین و... حسادت. لیلا نمی‌توانست انکار کند که به نوعی در دلش مریم را قضاوت می‌کرد: «چقدر بی‌برنامه‌ست!» اما هم‌زمان، چیزی در درونش می‌سوخت. چون مریم شاید هیچ‌چیز نداشت—نه امنیت، نه آسایش، نه بیمه، نه برنامه—اما شور داشت. تپش داشت. زندگی داشت.

و لیلا، با همه‌ی داشته‌هایش—خانه‌ای آرام، حساب بانکی‌ای منظم، برنامه‌ای بی‌دردسر—در خلأیی از بی‌حسی غوطه‌ور بود. او هنوز به آرامش مطلق باور داشت؛ هنوز نمی‌توانست بپذیرد که امنیت، شاید قاتل رؤیاهاست. اما چیزی در وجودش هر روز بیشتر می‌خارید؛ نه شبیه خشم، نه شبیه حسرت—بلکه شبیه نوعی حسادت پنهان.

حسادت به مریم، زنی که هیچ‌چیز نداشت جز توان دویدن، افتادن، دوباره برخاستن. مریم چیزی برای از دست دادن نداشت و شاید برای همین، همه‌چیز داشت. و لیلا، با تمام آن‌چه برای محافظت از خود ساخته بود، دیگر نه جرأت داشت، نه میل. او همچنان از نبود درد، لذت می‌برد؛ اما دیگر نمی‌توانست انکار کند که دردِ نداشتنِ شور، از هر زخمی عمیق‌تر است.

حسادتش نه از نداشتنِ مریم، بلکه از داشتنی بود که خودش از دست داده بود: توان زنده‌بودن، تپش، بی‌قراری، رؤیا.

نتیجه‌گیری:

تونل آسایش و آرامش، شبیه یک کاناپه‌ی گرم در زمستان است؛ تو را نگه می‌دارد. نه از روی خشونت، بلکه از طریق راحتی. اما در دنیایی که با سرعت نور تغییر می‌کند، اگر فقط «راحت» باشی،کم‌کم «فراموش» می‌شوی.

این تونل زمانی فعال می‌شود که دیگر خطر نمی‌کنی، تصمیم بزرگ نمی‌گیری،چالش نمی‌پذیری، و تمام شور درونت را با یک درآمد ثابت یا رابطه‌ای بی‌دردسر، بی‌صدا خاموش می‌کنی.

و خطرناک‌ترین جای ماجرا اینجاست:

وقتی در تونل آسایش هستی،دلیل موجه برای ماندن داری ولی نه برای زندگی کردن.

تونل نهم:
تأییدطلبی یا تعریف و تمجید

تونل نهم: تأییدطلبی یا تعریف و تمجید

وقتی زندگی‌ات، بازخورد دیگران می‌شود...

مقدمه:

همه‌چیز از یک «آفرین!» ساده شروع می‌شود.

از کودکی که نقاشی‌اش را با اشتیاق نشان می‌دهد و منتظر است تا بگویند «چه قشنگ!»

اگر نگویند، دلش می‌شکند. و بعد، بی صدا وارد این تونل می‌شی. تبدیل می‌شوی به کسی که نگاه می‌کند تا دیده شود، حرف می‌زند تا تشویق شود، و حتی تصمیم می‌گیرد تا مورد تأیید قرار گیرد.

خودت را در آینه نمی‌بینی—در چشم دیگران می‌بینی.

و اگر آن‌ها نباشند؟

اگر روزی نباشند تا تحسینت کنند، تأییدت کنند، لایک بزنند، دست بزنند...

آیا هنوز می‌دانی که کی هستی؟ آیا باز هم همان مسیر را می‌روی، همان تصمیم را می‌گیری؟ یا مثل تصویری بی‌صدا از صحنه محو می‌شوی؟ آن روز، روزی‌ست که متوجه می‌شوی تأیید دیگران، خانه‌ای‌ست بدون سقف. پرزرق‌وبرق، اما بی‌پناه.

و تو، بی‌پناه‌تر از همیشه، تنها می‌مانی—با خودی که دیگر نمی‌شناسی. در این فصل، می‌خواهیم از تونلی بگوییم که شاید شبیه به ادب، فروتنی، یا مردم‌داری باشد... اما در عمقش، تو را از خودت تهی می‌کند.

مهیار، مدیر برج‌ساز

صدای قاشق در فنجان چای، مثل عقربه‌ای عصبی، سکوت خانه را می‌شکست. مهیار پشت میز ناهارخوری نشسته بود. خانه‌شان بزرگ بود؛ نور از پنجره‌های سرتاسری وارد می‌شد و روی سنگ‌های مرمر کف اتاق، خطوط طلایی می‌کشید. چشم‌انداز بیرون، منظره‌ای از برج‌های بلندِ خط‌کش‌خورده بود—برج‌هایی که خودش طراحی کرده بود. ساختار شیشه و فولاد، با فریم‌هایی منظم و شفاف، مثل نموداری از نظم، قدرت، و شاید، ادعا. اما در دل این هندسه دقیق، چیزی گم شده بود—یک حس، یک زندگی. ماشین‌ها مثل مورچه‌های فلزی در خیابان‌ها حرکت می‌کردند و پنجره‌ها، هرچقدر هم بزرگ، دیگر چیزی جز آینه‌های بی‌روح نبودند.

همسرش، نازنین، روبه‌روی او نشسته بود. دستی زیر چانه داشت، اما نه از عادت—از فرسودگی. نگاهش دیگر فقط نگران نبود، در آن رگه‌هایی از دلزدگی، خستگیِ مزمن، و حتی اندوه بود. لب‌هایش نیمه‌باز، اما بی‌کلام. گویی هزار حرف، پشت دندان‌های بسته‌اش، سال‌ها خاک خورده بود.

سکوت او، بیشتر از هر فریادی معنا داشت.

در گوشه‌ی دیگر اتاق، لادن، خواهر مهیار، بی‌حوصله روی مبل چرم قهوه‌ای کز کرده بود. انگشتانش بی‌هدف روی صفحه گوشی می‌لغزید، اما گاه‌گاه با نگاه‌های زیرچشمی، فضای بین برادر و همسرش را می‌سنجید. در دلش چیزی میان تعجب، ترحم، و قضاوت می‌جوشید.

و مهیار؟ نگاهش میان فنجان سرد چای و نگاه‌های بی‌رمق اطراف، در نوسان بود. مثل معماری که می‌داند بنایش ترک برداشته، اما هنوز نقشه‌ی تخریب را نمی‌پذیرد. نازنین گفت: «می‌خوای واقعاً یه بار فقط برای خودت تصمیم بگیری؟ نه برای سرمایه‌گذاری که فقط دنبال سود بیشتره؟ نه برای آقای شریفی که اگر لبخند نزنی، تأییدت نمی‌کنه؟ نه واسه فلان کارمند بد اخم که با یه نگاه سرد، کل روزتو از بین می‌بره؟ نه برای هیئت‌مدیره، نه برای لادن، نه حتی برای من؟ فقط برای خودت مهیار... اصلاً تا حالا از خودت پرسیدی واقعاً چی می‌خوای؟ اگه هیچ‌کس برات دست نزنه، تشویقت نکنه، باز هم همین کارو می‌کنی؟ اگه همه نگاه‌ها بره جای دیگه، تو هنوز می‌تونی بایستی؟ هنوز می‌تونی به تصمیماتت افتخار کنی؟ یا فقط تا وقتی خوب و درستی که بقیه اینو بگن؟»

مهیار سکوت کرد. نگاهش به فنجانش بود. چای تلخ شده بود. لحظه‌ای مکث کرد. انگار چیزی درونش ترک برداشت. پلک نزد. نفس نکشید. همه‌ی جمله‌های نازنین، مثل پتک، روی باورهایی فرود آمدند که سال‌ها با زحمت ساخته بود—و حالا با یک ضربه، در خود فروریخت.

او دیگر نمی‌توانست حتی دستش را به فنجان ببرد. انگار تمام وزنی که سال‌ها از نگاه دیگران گرفته بود، حالا بر شانه‌هایش نشسته بود.

و برای اولین بار، فهمید چقدر خالی‌ست. و چقدر خسته از تظاهر به پر بودن.

و نازنین ادامه داد: «می‌دونی مشکل تو چیه؟ حتی این پروژه ۳۵ طبقه رو هم برای خودت نمی‌سازی. فقط چون همه گفتن تو مدیر خوبی هستی، داری خودتو می‌کُشی که خوب بمونی. نه که خوشحال باشی.»

صدای نازنین محکم بود، اما بی‌خشونت. مثل زنگ بیدارباشی که سال‌ها خاموش مانده و حالا ناگهان در سکوت ذهن روشن شده.

مهیار به پنجره نگاه کرد. به برج‌هایی که خودش ساخته بود. شیشه، بتن، پول، قرارداد. اما خودش؟ در کجای این نقشه‌ایستاده بود؟

– «تو فقط داری تأیید جمع می‌کنی مهیار. نه زندگی.»

حرف، مثل میخی در ذهنش نشست. و ساکت ماند...

اما این‌بار سکوت، نه از بی‌واکنشی، بلکه از رویارویی با زلزله‌ای درونی بود.

ذهنش به عقب برگشت—نه فقط به روزهای اخیر، بلکه به تمام تصمیم‌هایی که گرفته بود: آن‌جا که طرح زهرا را رد کرد، آن‌جا که مقابل هیئت‌مدیره سکوت کرد، آن‌جا که در زندگی‌اش لبخند زد فقط برای اینکه نگویند «بی‌انگیزه شده».

با خودش گفت: «کجا بودم وقتی این‌همه اشتباه رو با لبخند انجام دادم؟ چقدر از خودم فاصله گرفتم، فقط چون بقیه گفتن خوبه؟»

و در همان لحظه بود که نگاهش به برج‌ها افتاد، و بی‌هیچ مرزی، این فکر در ذهنش نشست: «اگر همه چیز برای گرفتن آفرین بوده... پس من کی برای خودم زندگی کردم؟»

و سکوت، مثل خاکستری داغ، ذهنش را در خود فروبرد، تا جایی که دیگر صدای نازنین هم انگار از دور می‌آمد...

فلش‌بک: جلسه‌ی شیشه‌ای

سالن کنفرانس در طبقه بیست‌وسوم قرار داشت. سقف بلند، دیوارهای شیشه‌ای، میز بزرگ آبنوس و صندلی‌های چرخداری که هر کدام به‌اندازه‌ی یک حقوق ماهانه می‌ارزیدند.

مهیار، مثل همیشه، کت‌وشلوار سورمه‌ای پوشیده بود و کراواتی به رنگ خاکستری آرام. صورتش اصلاح‌شده، موهایش شانه‌خورده، و لبخندش دقیقاً

به‌اندازه بود—نه زیاد، نه کم. مثل همیشه، «حرفه‌ای».

یکی از اعضای هیئت‌مدیره گفت: «پیشنهاد تغییر معماری پروژه از نمای آجری به نمای شیشه‌ای هنوز قطعی نشده. ما می‌خوایم مدرن‌تر دیده بشیم.»

مهیار نفسش را حبس کرد. قلبش سنگین شد. او ماه‌ها با تیم طراحی کار کرده بود؛ نمای آجری نه‌تنها زیباتر و ارگانیک‌تر بود، بلکه با اقلیم منطقه و بافت فرهنگی محل همخوانی داشت. اما این را نمی‌توانست بلند بگوید.

او مدیر پروژه بود. همه منتظر تأیید او بودند. نگاهی به اطراف انداخت؛ چشم‌ها خیره، منتظر. مهیار تصویر خودش را در سطح براق میز دید—بی‌صدا، دوپاره، متزلزل. با صدایی که خودش هم به زحمت شناخت، گفت: «بله... فکر می‌کنم برای بازار، نمای شیشه‌ای انتخاب هوشمندانه‌تری باشه.»

دست زدند. لبخند زدند. رضایت در هوا موج زد. اما همان لحظه، مهیار حس کرد که چیزی در درونش شکست. چیزی کوچک، اما عمیق. یک باور. یک صداقت. یک اتصال با خودش. و از آن روز، چیزی در او خاموش شد.

اما جلسه، صحنه‌ای بود از رضایت جمعی. لبخندها مثل نور فلش در ذهنش خاموش و روشن می‌شدند. یکی از اعضای هیئت‌مدیره آرام در گوش دیگری گفت: «با اینکه ریسک داشت، ولی باهوش تصمیم گرفت.» دیگری سر تکان داد و گفت: «برای همینه که بهش اعتماد داریم.»

دست‌ها با تحسین روی میز کوبیده شدند. نگاه‌ها درخشان، پر از رضایت. حتی آن‌ها که همیشه منتقد بودند، این بار با لبخند تأییدش کردند.

مهیار لبخند زد. اما چیزی در نگاهش تهی بود—نه از خجالت، که از گسست. حسش می‌گفت این تصمیم درست نیست. دانشش می‌گفت این طرح با منطقه نمی‌خواند. مسئولیتش فریاد می‌زد که دارد به اصولش خیانت می‌کند. اما صورتش... صورتش لبخند می‌زد. درست مثل همیشه. تقلیدی دقیق از آن چیزی که سال‌ها آموخته بود برای گرفتن تأیید لازم است.

همه گفتند: "آفرین مهندس! چه تصمیم هوشمندانه‌ای!"

و درست همان لحظه، در دل تحسین‌ها، نقطه‌ای در او خاموش شد.

اما این تصمیم، شروع یک زنجیره‌ی فروپاشی بود. طرح نهایی، برخلاف اصول فنی، در اجرا به بحران رسید. مصالح با نمای شیشه‌ای ناسازگار بودند؛ شیشه‌ها در اولین باران ترک برداشتند. هزینه‌ها به شکل سرسام‌آور بالا رفت. مجوز شهرداری به دلیل تخطی از ضوابط بافت منطقه به حالت تعلیق درآمد. یکی از سرمایه‌گذاران کناره‌گیری کرد. تیم اجرایی شروع به ترک پروژه کرد. در رسانه‌ها شایعه‌هایی از بی‌کفایتی مدیریت دست‌به‌دست می‌شد. سرمایه‌گذار که روزی با تحسین لبخند می‌زد، حالا با اخم، با پرونده‌ای در دست، پیگیر خسارات بود.

و مهیار، در هر جلسه، فقط سعی می‌کرد آرام باشد، درست باشد، تأیید شود—در حالی‌که در درونش، طوفانی از اضطراب می‌چرخید. ذهنش پر بود از جمله‌هایی که باید می‌گفت ولی نمی‌گفت. قلبش تند می‌زد، دست‌هایش یخ کرده بود، و لبخندش—مثل نقابی سفت و بی‌روح—روی صورتش چسبیده بود.

او در ظاهر، مدیری مقتدر و آرام بود؛ اما در درون، مردی پاره‌پاره که نمی‌دانست به کدام طرف خم شود تا سقوط نکند. هر تأییدی که دریافت می‌کرد، باری سنگین‌تر روی دوشش می‌انداخت. در هر لحظه، میان آن‌چه می‌دانست درست است، و آن‌چه دیگران از او انتظار داشتند، در جنگی خاموش دست‌وپا می‌زد. و همین دوگانگی، آرام‌آرام ستون‌های اعتماد به نفسش را فرو می‌ریخت.

بعد از جلسه

وقتی جلسه تمام شد، مهیار به اتاقش برگشت. در را بست. چراغ را روشن نکرد. فقط نشست.

درونش در التهاب می‌سوخت، اما بیرون، همه‌چیز بی‌حرکت بود. کتش را درنیاورد، چون حس می‌کرد درآوردنش یعنی تسلیم شدن. حتی کیفش را باز نکرد، چون می‌ترسید چیزی از آن بیرون بپرد که واقعیت را با خودش بیاورد.

سکوت، مثل بخار سردی از پنجره‌ها می‌ریخت داخل؛ و در تضاد کامل، مغزش پر بود از فریاد. هزار صدا با هم درگیر بودند—یکی فریاد می‌زد "تو اشتباه کردی!"، دیگری پچ‌پچ می‌کرد "ولی همه تأییدت کردن...".

او میان تصویری که دیگران از او ساخته بودند و حسی که در سینه‌اش زبانه می‌کشید، گرفتار شده بود. مثل کسی که در آینه‌ای ترک‌خورده، هم خودِ واقعی‌اش را می‌بیند، هم نقش دروغینی را که سال‌ها بازی کرده.

پشت در، زمزمه‌هایی از کارکنان می‌آمد: «دیدی چی شد؟ کل طراحی رو پرت کرد دور.»

– «به طراح‌ها گفتن دوباره از اول شروع کنن....»

زمزمه‌ها نه آن‌قدر بلند بود که خصمانه به گوش برسد، و نه آن‌قدر آرام که نشنیده بماند. انگار جمعی از داوران پشت صحنه نشسته بودند، با لبخندهایی نیمه‌پنهان، و سطر به سطر کارنامه مهیار را مرور می‌کردند.

و مهیار؟ در درونش چیزی فرو می‌ریخت. تضادی عمیق میان آن‌چه بود و آن‌چه دیگران می‌دیدند، مثل شکافی در ستون یک برج که از بیرون باشکوه می‌نمود، اما درونش ترک برداشته بود.

او ایستاده بود—با چهره‌ای خنثی، مثل مدیری متین. اما در درون، آشوبی در جریان بود؛ گویی در برزخی ایستاده بود میان دو تصویر: یکی، چهره‌ی مهندسی آگاه و مسئول که می‌دانست این تصمیم اشتباه است، و دیگری، مردی خندان که لبخند می‌زند تا تحسین جمع را حفظ کند.

در ذهنش، فریاد مسئولیت با زمزمه‌ی میل به تأیید گلاویز شده بود. هر دو می‌خواستند او را به‌سمت خود بکشند. تأیید دیگران، که روزی برایش مثل دست نوازشی بود، حالا همچون تیشه‌ای بی‌وقفه بر تنه‌ی عزت‌نفسش می‌کوفت.

و مهیار؟ میان این دو قطب ایستاده بود، فلج. نه می‌توانست به‌وضوح اعتراض کند، نه می‌توانست صادقانه تأیید کند. فقط سکوت کرده بود؛ سکوتی که

در آن، صدای شکستن خودش به‌خوبی شنیده می‌شد.. هر جمله، همچون آیینه‌ای بود که تصویری تحریف‌شده از او نشان می‌داد: مردی که دیگر خودش را نمی‌شناخت.

و صدای زهرا، معمار جوان پروژه که همیشه با اشتیاق طرح می‌زد: «فکر نمی‌کردم خودش از اون آدم‌ها باشه...»

مهیار پلک نزد. انگار حتی پلک زدن هم به معنای پذیرفتن چیزی بود. او شنید. همه چیز را. و در دلش، چیزی سنگین‌تر از خستگی نشست: شرم.

همان شب، تا دیروقت در شرکت ماند. کاری نکرد. حتی ایمیل‌های فوری را باز نکرد. به مانیتور خاموش نگاه کرد، اما بیشتر از آن، به درون تاریکی خودش. ذهنش پر بود از صداهایی که دیگر واقعی نبودند—صدای پدر، صدای تحسین‌ها، صدای خنده‌های موقت هیئت‌مدیره. ولی هیچ‌کدام، صدای خودش نبود.

وقتی همه رفته بودند، سراغ طرح اولیه رفت. فایل را باز کرد. نمای آجری، با جزئیات زیبا و فلسفه‌ای که پشت هر آجر بود، روی صفحه نمایان شد.

با خود گفت: "این نمای من بود... این حرف من بود..." ولی حرفش را، برای گرفتن یک "آفرین"، فروخته بود.

و حالا، بعد از نیمه‌شب، تنها در شرکت، این حقیقت مثل باری بر شانه‌اش افتاده بود. تمام آن شب، در سکوتی سرد و کش‌دار، فقط نشسته بود. نمی‌توانست بخوابد. نمی‌توانست فکر نکند. پلک‌هایش سنگین، اما ذهنش بیدارتر از همیشه بود—و نه از روشنایی، بلکه از هجوم تاریکی.

تا دو هفته بعد، مهیار مثل سایه‌ای در راهروهای شرکت پرسه می‌زد. با کسی شوخی نمی‌کرد، جلسه‌ها را بی‌روح اداره می‌کرد، حتی صبحانه‌های مدیریتی را کنسل کرده بود. اگر کسی به چشم‌هایش خیره می‌شد، تهی بودنش را می‌دید. افسردگی آرام اما عمیق، مثل لایه‌ای از غبار، روی تمام رفتارهایش نشسته بود.

و درست در همان روزهای غرق شدن، دوباره صدای زهرا بود. نه فقط یک صدا، بلکه خراشی بود بر سطح یخ‌زده‌ی جانش؛ تلنگری به هویتی که زیر لایه‌هایی از سکوت، بی‌حسی و شرم، مدفون شده بود.

صدای زهرا، مثل قطره‌ی اسیدی که روی فلز زنگ‌زده چکه کند، آرام و بی‌صدا، اما با اثری ناگزیر، در عمق وجودش نشست. همه‌چیز ایستاد. صدای تهویه، نور مه‌آلود پنجره، ضربان ساعت دیواری، همه در ذهن مهیار متوقف شد. انگار برای اولین‌بار در دو هفته‌ی گذشته، کسی مستقیماً به او نگاه کرد—نه به نقشش، نه به عنوانش، بلکه به خودش. و در آن لحظه، احساس کرد نه فقط تکان خورد، بلکه تَرک برداشت. آن لحظه، مثل اولین موجی بود که آرام به لبه‌ی سد می‌کوبد، اما نوید شکستن چیزی عظیم‌تر را با خود دارد.

برخورد دوباره با زهرا – دو هفته بعد

نور آفتاب از لای کرکره‌ها افتاده بود روی میز چوبی جلسه. فضای اتاق طراحی نیمه‌تاریک بود؛ پر از نقشه‌ها، پوسترها، و صدای آرام موس روی صفحه نمایش‌ها. مهیار بی‌صدا وارد شد. در آن لحظه کسی متوجه حضورش نشد. به سمت میزی رفت که زهرا پشتش نشسته بود.

او تنها کسی بود که سرش را بالا نیاورد. مهیار گفت: «زهرا جان... چند دقیقه وقت داری؟»

او سکوت کرد. انگار شنید، اما نشنید.

- «من... می‌دونم اون تصمیم در مورد نما، خوب نبود. نه از نظر فنی، نه از نظر اخلاقی. فقط خواستم بدونی... من اون روز، قوی نبودم. فقط خواستم که بقیه راضی باشن.»

زهرا بالاخره سرش را بالا آورد. نگاهش بی‌هیجان بود، اما پر از چیزهایی که گفته نشده بود.

- «می‌دونی مهندس... ازت انتظار نداشتم که باهامون بجنگی. فقط انتظار

داشتم پشت کار وایسی. چون این طراحی فقط یه نما نبود. نمای اون ساختمون نبود... نمای ما بود. نمای شوقمون.»

مهیار نفسش را بیرون داد. آرام.

- «می‌دونم... و همین بیشتر داره می‌کُشتم. چون حالا دیگه فقط از تصمیمم پشیمون نیستم، از خودم بیزارم. از اینکه چرا سکوت کردم، چرا خالی بودم، چرا چیزی نگفتم وقتی باید می‌گفتم. این درد، فقط از بین رفتن پروژه نیست، از بین رفتن یه تکه از روحم بود. من می‌دونستم اشتباهه. همه‌چی رو می‌دونستم. ولی باز به‌خاطر تأیید، به‌خاطر اون لعنتیِ آفرین، چشم‌هامو بستم. زهرا... نمی‌دونی این حس چجوریه وقتی بفهمی به‌جای ساختن، خراب کردی. نه فقط یه نما رو—اعتماد یه تیم، یه رویا، و حتی تصویری که از خودت داشتی...»

زهرا چیزی نگفت. فقط سرش را پایین انداخت، و دیگر هیچ‌وقت مثل قبل با او برخورد نکرد. در جلسات بعدی، طراح‌ها کم‌کم بی‌انگیزه شدند. ایده‌ها خاموش ماندند. هیچ‌کس برای طرح دفاع نمی‌کرد، چون همه می‌دانستند تأیید مهیار، به تأیید دیگران وابسته است. تیم، ستون فقراتش را از دست داده بود.

سقوط در زندگی شخصی

نازنین، که سال‌ها کنار مهیار مانده بود، حالا شب‌ها کم‌حرف‌تر شده بود. گاهی ساعت‌ها در اتاق مطالعه می‌نشست، بی‌آنکه حتی کتابی باز کند. و مهیار، هر بار که از پشت در رد می‌شد، چهره‌ی خودش را روی شیشه‌ی اتاق می‌دید؛ پژمرده، بی‌جان، با نگاهی که دیگر حتی خودش را نمی‌شناخت. ذهنش، مدام به گذشته می‌رفت—به تمام لحظاتی که می‌توانست انتخابی واقعی داشته باشد، اما مسیر آسان‌تر، مسیر تحسین‌برانگیز را انتخاب کرد. او در خاطراتش غرق شده بود، میان لحظاتی پراکنده: جلسه‌ای که سکوت کرد، شبی که دروغ گفت تا تأیید بگیرد، روزی که زهرا را نادیده گرفت... و نازنین، در این فلش‌بک‌های تلخ، حضوری خاموش داشت. او دیگر مثل قبل درباره

برنامه‌ها یا رویاهایشان حرف نمی‌زد. حتی وقتی حرف می‌زدند، جمله‌ها کوتاه و سرد بود، مثل قراردادهای رسمی.

اما در عمق نگاهش، چیزی بیشتر از خستگی بود: اندوهی پنهان، از اینکه می‌دید همسرش دیگر خودش نیست.

او می‌دانست که اگر بخواهد، مثل خیلی‌های دیگر، می‌تواند با یک جمله، مسیر مهیار را عوض کند. یک تأیید ساده، یک لبخند کوتاه، کافی بود تا مهیار جهت تصمیم‌هایش را تغییر دهد. اما او هیچ‌گاه از این قدرت سوءاستفاده نکرد. و همین، او را ناراحت‌تر می‌کرد. اینکه ببیند مرد زندگی‌اش آن‌قدر وابسته به نگاه دیگران شده که حتی سکوت یک همسر، برایش حکم طرد دارد.

خانه، دیگر فقط دیوار و مبلمان نبود—سایه‌ای بود از رویاهایی که روزی روشن بودند و حالا در ابهام تأیید دیگران گم شده بودند.

روزی نازنین گفت: «تو قبلاً مردی بودی که چشم‌هات برق می‌زد. حالا فقط دنبال لبخند بقیه‌ای. ولی من جزو اون 'بقیه' نیستم مهیار. من نمی‌خوام مدیر خوبی کنارم باشه، می‌خوام مردی باشه که خودش رو دوست داره. نه مردی که فقط دنبال لایک و تشویق باشه.

می‌دونی چی تلخه؟ اینکه همه، از سرمایه‌گذار گرفته تا کارمندات، از فامیلات تا دوستات، نشون می‌دن که تورو می‌خوان، ولی در عمل... هیچ‌کس روت حساب نمی‌کنه. چون همه می‌دونن تو فقط کاریو می‌کنی که بهت لبخند بزنن، نه کاریو که درسته. حتی من. حتی من هم می‌دونم اگه یه کلمه بگم، می‌تونی از یه تصمیم برگردی. و این، ترسناکه مهیار. اینکه بدونم شوهرم این‌قدر از خودش دوره، که فقط با تأیید زندگی می‌کنه.»

و مهیار چیزی برای گفتن نداشت. فقط به عکس روی دیوار نگاه کرد—عکسی از روز افتتاح یکی از برج‌ها. لبخندش در عکس، روشن، صادق، و پرامید بود؛ انگار به جهانی تعلق داشت که خودش ساخته بود.

اما حالا، آن تصویر غریبه‌ترین چیزی بود که دیده بود. همان صورت، همان

چشم‌ها، اما روحِ پشت آن‌ها؟ گم‌شده، خاموش، و غایب. به خود گذشته‌اش نگریست و مبهوت ماند. نه از حسرت، بلکه از ناتوانی در اتصال. چگونه ممکن بود این دو، یک نفر باشند؟

در دلش زمزمه‌ای پیچید: «کِی گم شدم؟... چرا نفهمیدم؟»

و این، دردناک‌تر از همه بود: اینکه مردی را ببیند که زمانی بوده، اما حالا فقط عکسش مانده است. او پشت میز نشست، دستش را زیر چانه‌اش زد، و به عکس خیره شد.

آرام، زیر لب زمزمه کرد: «کی گم شدم؟» و بعد، دوباره، انگار صدایی در سرش تکرار می‌کرد: «کی گم شدم؟... کی گم شدم؟...» صدایش آهسته بود، اما در ذهنش بلندتر از هر فریادی می‌پیچید. نه برای پاسخ گرفتن، بلکه برای پیدا کردن چیزی از خودش.

و آن شب، با نگاهی خیره به تصویری از گذشته، فقط این سؤال در دلش تکرار می‌شد: «کی گم شدم؟»

فلش‌بک: اولین «آفرین»

پدرش یک مرد سنتی بود. معمار نبود، اما بنّا بود. خانه‌شان در یکی از محله‌های قدیمی تهران بود. مهیار ۹ ساله بود. روی تکه‌ای مقوا با ماژیک، یک نقشه کشیده بود: خانه‌ای با پنجره‌های بلند، حیاطی با درخت انار، و پشت‌بامی پر از گلدان.

با خجالت، نقشه را به مادرش نشان داد. او نگاهی انداخت و گفت: «خوبه پسرم. ولی ببین، دیواراش یه‌کم کجه.»

اما پدر... پدر که دیر رسیده بود، بی‌هوا خم شد، نگاه کرد و لبخند زد: «آفرین پسرم! ببین چه قشنگ کشیده. یه معمار واقعی‌ای.»

آن‌لحظه، چیزی در وجود مهیار روشن شد. مثل شمعی کوچک. اما همین روشنی، سرآغاز راهی شد که به تاریکی انجامید.

او نفهمید که آن «آفرین»، به‌ظاهر شیرین، چطور شد نخستین حلقه‌ی زنجیری که سال‌ها بعد، به بند تأییدطلبی بدل گشت. همان لحظه‌ای که در چشمان پدرش ستایش دید، ناخودآگاه تصمیم گرفت دیگر برای دیده شدن، برای تحسین شدن، زندگی کند.

آن‌لحظه، خوشایند بود. لبخند پدر، مثل نوری در دل تاریکی کودکانه‌اش تابید. اما این نور، نه راه، که سایه ساخت—سایه‌ای بلند و بی‌پایان از انتظارات، نقش‌بازی‌ها، و ترس از نادیده ماندن. و مهیار، بی‌آنکه بداند، از همان‌جا افتاد. آهسته، بی‌صدا، در مسیرِ گم‌کردن خود.

او یاد گرفت: "اگر آفرین بگیری، دیده می‌شی."

و از آن روز، همه‌ی نقشه‌های بعدی‌اش، نه برای لذت خودش، بلکه برای «آفرین»های دیگران بود.

نتیجه‌گیری

مهیار، با آن‌که همه‌چیز را داشت—شهرت، پروژه‌های بزرگ، تحسین اطرافیان—در نهایت به این تونل رفت که آرام و بی‌صدا، او را از درون تهی کرد. تصمیم‌هایش بر مبنای تأیید دیگران بود، نه بر پایه باور یا بینش خودش. و همین، او را از جایی که می‌توانست خلاق، شجاع و زنده باشد، به جایی رساند که فقط تصویری از خودش را حفظ می‌کرد.

تونل تأییدطلبی، لبخندهایی بی‌صداست که عاقبت، بلندترین فریادهای خاموش می‌شوند. این تونل، تو را وادار می‌کند لباس‌هایی بپوشی که مال تو نیست، نقش‌هایی بازی کنی که نمی‌خواهی، و در پایان، حتی فراموش کنی که کی بودی.

اگر روزی خودت را در آیینه دیدی و نفهمیدی که این آدم کیست، شاید وقتش رسیده باشد که بپرسی: «برای کی زندگی می‌کنم؟ برای تحسین آن‌ها؟ یا برای آرامش خودم؟»

تونل دهم:
میان‌بُر و زود رسیدن

تونل دهم: میان بُر و زود رسیدن

وقتی می‌خواهی راه صدساله را یک‌شبه بروی...

مقدمه

در دنیایی که سرعت ارزش است، صبر یک فضیلت فراموش‌شده است. همه می‌خواهند «زود» برسند—به پول، به موفقیت، به شهرت، به آرامش.

اما هیچ‌کس نمی‌پرسد: "رسیدن به کجا؟"

و مهم‌تر از آن: "با چه قیمتی؟"

تونل میان‌بر، همان زمانی شروع می‌شود که تلاش می‌کنی از مسیر یادگیری، تجربه، و رنج فرار کنی. وقتی می‌خواهی بدون صبر، بدون پرداخت بها، فقط نتیجه را بچینی.

این تونل، تو را وسوسه می‌کند به گرفتن تصمیم‌های سطحی، انجام کارهای سریع، و دریافت رضایت‌های فوری. و در نهایت، تو را خسته و بی‌ثمر رها می‌کند. در این فصل، قصه‌ی کسی را می‌شنویم که همه‌چیز را می‌خواست— اما نه با رفتن، با پریدن. و همین پریدن، فرود سختی داشت...

داستان: نیکی، در جست‌وجوی شهرت

همه‌چیز با یک عکس شروع شد. عکسی اتفاقی، در یک کافی‌شاپ. نیکی همان‌جا بود، نشسته با یک لیوان لاته و کتابی که بیشتر نقش اکسسوری داشت تا محتوایی برای خواندن.

یک عکاس مد، در آن لحظه وارد شد. گفت: «می‌تونم ازت عکس بگیرم؟ نور عالیه.»

و نیکی، بی‌آن‌که بپرسد چرا، لبخند زد. در دلش چیزی مثل گرمایی سبک پخش شد، حس کرد شاید بالاخره زمان او رسیده. لبخندش آن لحظه واقعی بود—نه برای عکاس، بلکه برای خودش. ژستی گرفت که از اینفلوئنسرها آموخته بود، لب‌های نیمه‌باز، زاویه صورت تیز، نگاه سرد اما جذاب. اما در دلش، برق هیجانی کودکانه می‌درخشید؛ فکر می‌کرد این لحظه همان شانسی‌ست که زندگی به او بدهکار بود.

عکس، همان روز در یک صفحه پرطرفدار منتشر شد، با جمله‌ای ساده:

در تصویر، نیکی روی صندلی چوبی کافه نشسته بود، نور طلایی آفتاب از پنجره افتاده بود روی گونه‌اش و خطوط صورتش را نرم و برجسته کرده بود. موهایش پشت گوشش جمع شده بود و دستی به‌سادگی دور فنجان لاته پیچیده بود. لبخندش آرام، چشم‌هایش کمی شیطنت‌آمیز، و ژستش، انگار از دل یک صحنه فیلم بیرون آمده بود.

آن لحظه، نیکی برای اولین‌بار خودش را در قاب زیبایی دید که شایسته‌اش بود. قلبش تندتر زد. حس می‌کرد این، تصویری‌ست که شاید روزی قاب کند و بگوید: «همه‌چیز از این‌جا شروع شد...»

«مدل آینده؟» و کامنت‌ها شروع شد. هزاران لایک. دایرکت‌ها. دعوت‌نامه‌ها. پیشنهادهای همکاری. و نیکی، وسوسه شد...

او می‌توانست همان لحظه کمی مکث کند. می‌توانست از خودش بپرسد: «واقعاً آماده‌ام؟ اصلاً می‌دونم مدلینگ یعنی چی؟»

اما نکرد. او غرق در لایک‌ها شد، نه در پرسش‌ها. ذهنش دیگر جایی برای تردید نداشت؛ آنقدر در خیال شهرت و آینده‌ای پر زرق‌وبرق فرو رفته بود که دیگر واقعیت را نمی‌دید. هر پیام، هر بازدید، مثل قطره‌ای از شهد رؤیاهایش بود. او نه تنها سوالی نپرسید، بلکه حتی صدای عقلش را هم خاموش کرد. چون برای اولین بار، احساس می‌کرد دیده شده؛ و این، برایش از هر حقیقتی جذاب‌تر بود.

در هفته‌های بعد، با هیجانی کودکانه و شوقی بی‌مرز، بی‌آن‌که آموزش ببیند، قرارداد بست. احساس می‌کرد رؤیای دیرینه‌اش در حال تحقق است. هر قرارداد، مثل مُهری بر تحقق شانس زندگی‌اش بود. بی‌آن‌که از حقوق و مرزهایش بداند، وارد پروژه شد. چشم‌هایش برق می‌زدند وقتی اسمش روی لیست‌ها ظاهر می‌شد. برایش مهم نبود که چه می‌پوشد، یا کجا می‌رود—فقط اینکه «در صحنه» باشد، کافی بود. پیشنهادهای عجیبی را فقط به‌خاطر ترس از عقب افتادن و شور بی‌پایان دیده شدن پذیرفت. اسمش دیده می‌شد، و همین برایش مثل اکسیژن بود. ولی احترام؟ تجربه؟ رشد؟ نه، آن‌ها جایی در این مسیر پر از اشتیاقِ فوری و درخشش سطحی نداشتند.

در یکی از پروژه‌ها، فرصتی پیش آمد: همکاری با یک برند واقعی، که پیشنهاد داد چند ماه دوره‌ی آموزش حرفه‌ای مدلینگ بگذراند و بعد وارد کار شود.

اما نیکی نپذیرفت.

«چرا باید صبر کنم وقتی همین حالا همه دعوای کار کردن با منو دارن؟»

همین یک فکر، کافی بود تا از پله‌ای محکم صرف‌نظر کند و بار دیگر، با چشمان بسته به‌سمت میان‌بُری وسوسه‌انگیز بپرد—بی‌آنکه بداند سقوطش از

همین‌جا آغاز می‌شود.

و آن‌جا، یکی از نقاط عطف بود. فرصتی نادر، که می‌توانست ستون‌های مسیر حرفه‌ای نیکی را بسازد—با آموزش درست، ارتباط سالم، و رشدی پایدار. برندِ پیشنهادی معتبر بود، پیشنهادشان محترمانه، و برنامه‌شان دقیق. اما نیکی، غرق در هیجان موفقیت زودرس و حسی از زرنگیِ بی‌جا، فکر کرد این مسیر زیادی کند است.

نیکی، برای بیشتر دیده شدن، وارد رابطه‌ای شد که نباید.

مردی بانفوذ در صنعت مد، که وعده پروژه‌های بین‌المللی می‌داد. نگاهش نافذ بود، حرف‌هایش شیرین، و رفتارش آغشته به تحسین. نیکی، تشنه‌ی موفقیت، فکر کرد این شاید همان پله‌ای‌ست که می‌تواند از آن بالا برود.

اما رابطه، آرام‌آرام مسیرش را تغییر داد. دیگر قراردادها نه بر اساس توانایی، که بر اساس نزدیکی بودند. نیکی، در ظاهر پیشرفت می‌کرد، عکس‌های بیشتری، سفرهای لوکس‌تر، دعوت‌نامه‌های بیشتر...

اما در دلش چیزی سنگین بود.

او می‌توانست همان ابتدا بفهمد که این یک مسیر حرفه‌ای نیست. وقتی برای اولین‌بار از او خواسته شد پروژه‌ای را رد کند چون به مرد حس حسادت می‌داد، می‌توانست برگردد. وقتی فهمید اسمش از لیست مدل‌ها حذف شده فقط چون تماسش را جواب نداده، می‌توانست انتخاب کند.

اما نکرد.

و حالا، نیکی مانده بود با دنیایی رنگی در بیرون، و سایه‌ای تلخ درون.

او وارد مهمانی‌هایی شد که ابتدا جذاب و پرزرق‌وبرق به نظر می‌رسیدند— پنت‌هاوس‌های لوکس با سقف‌های شیشه‌ای، نورهای نئون بنفش و آبی که مثل نفس‌های دروغین فضا را روشن می‌کردند. موسیقی سنگین و پرکوب در هوا پیچیده بود، مثل ضربه‌هایی که روی قلب خسته‌اش می‌کوبید. بوی

عطرهای گران‌قیمت، الکل، و دود مخلوط شده بود با صدای خنده‌هایی که بیشتر به فریادهای بی‌معنا شبیه بود.

لباس‌ها دیگر لباس‌های طراحان نبودند، نمایش بودند—تن‌ها پوشیده در پارچه‌هایی نازک و براق، طراحی شده برای تأیید گرفتن، نه برای پوشاندن. نگاه‌ها سنگین بود، هر کس دنبال شکار خودش بود. حتی لبخندها هم به‌جای مهربانی، نشانه‌ای از بازی قدرت بودند. مهمانی‌ها دیگر مکانی برای ارتباط نبودند؛ صحنه‌هایی بودند برای رقابت بی‌پایانِ دیده شدن، با قوانینی بی‌رحم و نانوشته.

اما خیلی زود، این مهمانی‌ها دیگر مهمانی نبودند؛ تبدیل به تکراری بی‌پایان از نوشیدنی، مواد، و آدم‌هایی که حتی نام هم را به یاد نمی‌آوردند. نیکی گاهی وسط یکی از آن شب‌های لعنتی، خودش را کنار پنجره‌ای می‌یافت، خیره به چراغ‌های شهر، بی‌هیچ فکری در سر. اطرافش پر از صدا بود، اما سکوت درونش، بلندتر از هر موسیقی‌ای می‌کوبید.

دخترهایی با لب‌های تزریق‌شده و پسرهایی با ساعت‌های درخشان، همه درگیر رقصی بی‌معنا بودند. در گوشه‌ای، کسی قرص روی زبان نیکی می‌گذاشت. در گوشه‌ی دیگر، زنی درباره آخرین پروژه‌اش با لحنی ساختگی تعریف می‌کرد. همه‌چیز تقلبی بود—لبخندها، لباس‌ها، حتی رؤیاها.

و در دل این آشوب، نیکی، مثل شبحی بین آدم‌های زنده، قدم می‌زد. لبخند می‌زد، حرف می‌زد، حتی می‌رقصید. اما ته دلش فقط یک سؤال داشت: «واقعاً دارم زندگی می‌کنم؟ یا فقط نقش کسی رو بازی می‌کنم که باید رنگ و لعاب این مهمونی باشه؟» مردِ بانفوذ، حالا دیگر نه فقط مسیر حرفه‌ای‌اش را کنترل می‌کرد، بلکه زندگی‌اش را.

نیکی، هر روز از آینه فاصله می‌گرفت. چهره‌اش هنوز زیبا بود، اما چشم‌هایش دیگر برق نداشت. لبخندهایش، تمرینی بود برای گرفتن تأیید، نه نشانه‌ی شادی. او وارد رابطه‌ای شده بود برای رسیدن، اما حالا در مردابی از بی‌هویتی

و وابستگی گیر کرده بود.

او می‌توانست برگردد. می‌توانست یک‌بار دیگر بایستد، نه بپرد. اما زنجیر شهرت و وابستگی، آن‌قدر محکم به پاهایش بسته شده بود که حتی صدای درونی‌اش را هم نمی‌شنید.

و این‌گونه بود که تونل میان‌بر، او را به جای پرواز، به سقوط کشاند.

او دیگر نه تنها در یک رابطه، بلکه در چرخه‌ای از روابط موقت، پارتی‌های بی‌سرانجام و مصرف روزافزون مواد افتاده بود. مرد بانفوذ به او یاد داده بود که برای بالا رفتن، باید "قواعد بازی" را بلد باشد. و این قواعد، چیزی نبود جز وابستگی به آدم‌هایی که قدرت داشتند؛ طراحان، تهیه‌کننده‌ها، عکاس‌ها.

نیکی، برای اینکه "عقب نیفتد"، برای اینکه "فرصت‌ها را از دست ندهد"، بارها تن به رابطه‌هایی داد که نه خواسته‌ی قلبی‌اش بود، نه بخشی از مسیر حرفه‌ای درست. فقط فکر می‌کرد این همان مسیری‌ست که همه در آن می‌درخشند.

اما هیچ‌کس نگفته بود بهای این درخشش، خاموشی درونی‌ست.

او دیگر کتاب نمی‌خواند. به تمرینات فنی مدلینگ پشت کرده بود. از جلسات آموزش فرار می‌کرد چون "وقت‌گیر" بودند. در عوض، هر شب در مهمانی‌ای ظاهر می‌شد که بوی الکل، دود و فریب می‌داد.

و در تمام این مدت، از خودش دورتر و دورتر شد. از آن دختری که در کافی‌شاپ، لبخند زده بود نه برای دیده شدن، بلکه از ته دل. او گم شده بود. در ظاهر می‌درخشید، اما درونش خاموش بود. و در نهایت، آن مرد هم رفت.

نه فقط بی‌صدا و بی‌توضیح، بلکه با بی‌رحمی‌ای که انگار از قبل برنامه‌ریزی شده بود. هیچ خداحافظی‌ای، هیچ توضیحی، حتی یک نگاه واپسین هم نصیب نیکی نشد. فقط یک پیام کوتاه، چند جمله سرد و بی‌احساس: «مسیرمون از هم جدا می‌شه. مراقب خودت باش.»

برای نیکی، این پیام نه فقط پایان یک رابطه، بلکه اعلامیه‌ی دورریختن بود—

همانند یک دستمال مصرف‌شده که دیگر ارزشی ندارد. مردی که زمانی وعده‌ی رؤیاها را می‌داد، حالا او را مثل ابزاری بی‌مصرف رها کرده بود. نه خاطره‌ای گذاشت، نه حتی غروری برای نیکی باقی گذاشت.

در همان لحظه، نیکی فهمید: نه تنها دروغ خورده، که بازیچه بوده. قربانی عطش شهرت، و ابزارِ مردی که هرگز او را "آدم" ندید—فقط راهی برای رسیدن به هدف‌های خودش.

نیکی، با گوشی در دست، روی مبل چرمی خانه‌ی خالی نشست. مهمانی‌ها دیگر صدا نداشتند. پروژه‌ها متوقف شده بودند. حتی تماس‌ها کمتر شده بود. انگار همه‌چیز با رفتن آن مرد، ارزشش را از دست داده بود.

در آینه روبه‌رو، نیکی زنی را دید که نمی‌شناخت. بی‌حس، خسته، با چشمانی گودافتاده و پوستی که سال‌هاست استراحت نکرده. بیداری، پر سروصدا نبود. فریادی نداشت. فقط لحظه‌ای بود که همه‌چیز ایستاد. انگار ناگهان متوجه شد دیگر نه کسی را دارد، نه خود را.

آرام زمزمه کرد: «من چی شدم؟... چی می‌خواستم؟... چطور رسیدم به اینجا؟... کی شروع کردم به معامله با خودم؟... اولین بار کی بود که به‌جای نه، آره گفتم؟ چرا فکر کردم هر میان‌بُری مرا زودتر می‌رسونه؟ چرا هیچی از خودم باقی نموند؟... چرا دیگه حتی نمی‌دونم خوشحال بودن چه شکلیه؟... کی از مسیر خارج شدم؟... کی گم شدم؟...»

و همان‌جا، در تنهایی و سکوت، بیداری آغاز شد—نه از جنس امید، بلکه از جنسی تاریک، سنگین، و دردناک. نه برای بازگشت سریع، نه برای پاک کردن گذشته، بلکه برای لمس کامل فروپاشی.

نیکی آن شب تا صبح نخوابید. نه از بی‌خوابی، که از بیزاری از بیدار بودن. هر لحظه مثل قطره‌ای سم روی روانش می‌چکید. سقف سفید خانه، تبدیل به پرده‌ای تاریک شده بود که هیچ نوری از آن عبور نمی‌کرد. صدای نفس‌کشیدنش شبیه گریه‌های خفه شده بود. قلبش دیگر نمی‌کوبید؛ فقط نفس می‌کشید،

بی‌هدف، بی‌رمق.

او بارها و بارها آرزو کرد کاش نمی‌بود. نه برای جلب توجه، نه از روی لوس‌بازی. بلکه چون واقعاً دیگر دلیلی برای بودن نمی‌دید. نه رؤیایی مانده بود، نه ارزش، نه امید. همه‌چیز در او سوخته بود و خاکستر شده بود، بی‌آنکه جرقه‌ای برای دوباره روشن شدن بماند.

در آن لحظه، نیکی نه در حال بیدار شدن، بلکه در حال افتادن به عمیق‌ترین گودال آگاهی بود؛ جایی که مرز میان زندگی و نزیستن، به تار مویی بند است.

نتیجه‌گیری: میان‌بُری که به دوردست نرسید....

نیکی، تصویر زنی‌ست که می‌خواست راه صدساله را یک‌شبه برود؛ نه از سر تنبلی، که از روی عطش. عطش دیده شدن، رسیدن، درخشش. اما در مسیری افتاد که نه به عمق می‌رسید، نه به معنا. هر قدمی که برداشت، بی‌ریشه‌تر شد؛ و هر نوری که به سمتش رفت، سایه‌ای عمیق‌تر ساخت.

تونل میان‌بُر، درست آن‌جایی کشنده می‌شود که «ظاهر موفقیت» را با «حقیقت رشد» اشتباه می‌گیری. جایی که جای تمرین، نمایش می‌گذاری. جای تلاش، تظاهر. و جای شخصیت، معامله.

نیکی می‌توانست موفق شود. استعداد داشت، زیبایی داشت، حتی فرصت‌های واقعی داشت. اما مسیرهای کوتاه، او را از مسیر اصلی دور کرد. هر بار که می‌توانست بایستد، پرید. و در نهایت، نه‌تنها نرسید، بلکه خودش را هم گم کرد.

اگر نیکی، نماینده‌ی تونل میان‌بر است، پس پیامش روشن است:

مسیر درست، همیشه زود نمی‌رسد. اما تنها مسیری‌ست که تو را به مقصدی واقعی می‌برد.

تونل یازدهم:
تبر کُند

تونل یازدهم: تبر کُند

تونل تلاش بی‌وقفه، بدون تیز کردن ذهن و مهارت

مقدمه

ضربه‌های مکرر، هر چقدر هم محکم، اگر با تبر کند زده شوند، بیشتر خسته می‌کنند تا مؤثر باشند.

تبر در اینجا تنها یک ابزار چوب‌بری نیست؛ استعاره‌ای‌ست از ذهن، مهارت، و بینش انسان. اگر ذهن ما کند باشد—بی‌وقفه درگیر، ولی بی‌وقفه دور از یادگیری—هر چقدر هم تلاش کنیم، به جایی نمی‌رسیم. اگر مهارت‌های‌مان فرسوده باشند، کارها فقط انرژی می‌برند، بی‌آن‌که پیشرفت بسازند. و اگر بینش‌مان، دیدنِ کل را از دست داده باشد، درگیرِ روزمرگی می‌شویم و معنای حرکت را گم می‌کنیم.

پس تیز کردن تبر، یعنی درنگ برای اندیشیدن، برای آموختن، برای تجدیدِ نگاه.

ما در جهانی زندگی می‌کنیم که خستگی را با ارزش اشتباه گرفته‌ایم. هرکه بیشتر بدود، موفق‌تر است؛ هرکه شب‌ها را بی‌خواب‌تر بگذراند، قهرمان‌تر است. اما کمتر کسی می‌پرسد: آیا تبرش تیز است؟ آیا ذهنش، مسیر را می‌فهمد؟ آیا مهارتی که سال‌هاست با آن می‌تازد، هنوز کارایی دارد؟

تبر ما زمانی کُند می‌شود که:

- مدام در حال اجرا باشیم، بی‌آن‌که زمانی برای یادگیری یا بازاندیشی بگذاریم.

- بازخورد نگیریم و در دایره‌ی تکرارهای قدیمی بچرخیم.

- از تغییر بترسیم و به عادت‌ها بچسبیم، حتی اگر دیگر مفید نباشند.

- خستگی را به جای اثربخشی، معیار موفقیت بدانیم.

- و مهم‌تر از همه، وقتی فراموش کنیم که انسان، تنها با حرکت زنده نیست— با آگاهیِ جهت حرکت زنده می‌ماند.

تونل «تبر کُند»، برای کسانی‌ست که تمام انرژی‌شان را صرف عمل می‌کنند، اما از توقف برای یادگیری، فکر کردن، و بازنگری فراری‌اند. این تونل، آرام‌آرام، تو را از انسان خلاق، به کارگری پرتلاش اما بی‌جهت تبدیل می‌کند. و تو، در میان پروژه‌ها، جلسات، و ایمیل‌های بی‌پایان، دیگر نمی‌دانی برای چه می‌جنگی؛ فقط می‌دانی باید بزنی، بزنی، بزنی...اما چه می‌شود اگر به جای زور بازو، قدری هم به تیز کردن ذهن بپردازیم؟

داستان: مدیر مهاجر

هوای شهر هنوز بوی باران دیشب را می‌داد. نه آن بوی تند طراوت، که بویی سنگین و خیس، آمیخته با بوی آسفالت و برگ‌های پوسیده‌ی زیر پا؛ بویی که انگار خاطره‌ای خسته از شب گذشته را در مشام جا می‌گذاشت.

نور صبح، سرد و بی‌جان، از پشت شیشه‌های دوجداره‌ی بخارگرفته، با رنگی آبی-خاکستری خزنده وارد دفتر می‌شد. نوری مات، که روی دیوارها سر می‌خزید بی‌آنکه اثری بگذارد؛ مثل نَفَسی یخ‌زده که فقط نشانه‌ی بودن است، نه زندگی.

رنگ‌ها کدر بودند؛ دیوارها سفید، اما انگار نفَس‌شان گرفته باشد، خاموش و بی‌روح. میزهای چوبی با سطحی نیمه‌مات، که بازتاب هیچ نوری را پس نمی‌دادند—نه از کم‌نوری، که از بی‌تفاوتی. کف‌پوش، مثل زمینی درگیر خستگی، نور را نه جذب می‌کرد، نه بازمی‌تاباند—فقط با بی‌میلی، آن را تحمل می‌کرد.

فضا نه تاریک بود، نه روشن—فقط چیزی میان این دو، معلق و بلاتکلیف. مثل روزی که نمی‌داند می‌خواهد آغاز باشد یا ادامه‌ی دیشب. و سایه‌ها، خطهایی کشیده و خسته، بی‌جهت، بی‌نشانه، بی‌امید، روی کف اتاق افتاده بودند. انگار خودِ زمان، در این فضا ساکن مانده بود و نفس نمی‌کشید.

تق تق انگشت‌هایی روی کیبوردها، حالا نه فقط پس‌زمینه‌ای ملایم، بلکه مثل چکشی مدام بر روی اعصاب می‌کوبید. هر ضربه، انگار تکرار بی‌پایانِ بی‌حوصلگی بود؛ صدایی که نه قطع می‌شد، نه فراموش.

صدای دستگاه قهوه‌ساز، شبیه ناله‌ی مداومی بود که از تهِ آشپزخانه می‌آمد و هر چند دقیقه یک‌بار، با خرخر غلیظی، مثل نفس‌های آخر یک پیرمرد خسته، دوباره شروع می‌شد.

نوری که از مانیتورها پاشیده می‌شد، نه روشنی می‌آورد، نه وضوح—فقط با درخشش سرد و آبی‌اش، آدم را به یاد سردخانه می‌انداخت.هوا سنگین بود، مثل اینکه تنفس هم نیاز به اجازه داشته باشد. اکسیژن انگار از میان انبوه داده‌ها و نمودارها عبور کرده و خسته، پوسیده، و بی‌رمق به ریه‌ها می‌رسید.

آدم‌ها، پشت مانیتورها، نه‌تنها چهره نداشتند، که حتی حضورشان نیز محو بود؛ انگار هرکدام فقط نسخه‌ای از یک دستورالعمل بودند که کار می‌کرد، پاسخ می‌داد، و روز را به شب می‌دوخت.

لبخندها مصنوعی بود، مانند دکمه‌ای که برای خوش‌برخوردی فشرده می‌شد اما به جایی وصل نبود. نگاه‌ها، از میان صورت‌ها عبور می‌کردند بی‌آن‌که جرقه‌ای درون کسی روشن کنند؛ انگار نگاه‌کردن، فقط بخشی از آیین اداری شده بود، نه ارتباط.

جلسه‌ها؟ جلسه‌ها تکرار واژه‌هایی بودند که مثل برگه‌های زرد و نم‌کشیده‌ی یک بروشور قدیمی، دیگر حتی خودِ گویندگان‌شان را قانع نمی‌کرد. هر جمله، با تاخیری از روح، از دهان بیرون می‌آمد؛ بی‌جان، بی‌حرارت، بی‌امید.

این فضا، نه زندگی داشت، نه مرگ؛ فقط نوعی از سکونِ پرتحرک بود—یک پارادوکس سنگین که ذهن را آرام نمی‌کرد، بلکه می‌فرسود. در این فضای بسته، زمان مثل آب در لوله‌های داغ جریان داشت: بی‌صدا، پیوسته، اما بدون طراوت. نه نسیمی در جریان بود، نه صدایی که زندگی را یادآوری کند. هر چه به گوش می‌رسید، یا زمزمه‌ای تکراری بود یا ناله‌ای یکنواخت. گاه صدای افتادن قطره‌ی قهوه در فنجان، با هزار پژواک تیز در سکوت می‌پیچید؛ گاه سرفه‌ی خشکی از گوشه‌ای از اتاق، مثل تق‌تق پنجره‌ای قدیمی، روی اعصاب می‌کشید.

امیر، مدیر فروش یک شرکت در حومه‌ی تورنتو، مثل همیشه زودتر از همه رسید. مردی حدوداً چهل‌ساله با قامتی متوسط، موهایی که به‌تازگی اندکی خاکستری شده بود، و شانه‌هایی همیشه کمی افتاده؛ انگار وزن زندگی را نه بر دوش، که در سینه‌اش حمل می‌کرد. چهره‌اش از آن چهره‌هایی بود که انگار همیشه در حال گفتن «باشه» است—نه از رضایت، که از بی‌رمقی.

چشمانش، خسته اما بیدار، شبیه چراغ‌هایی بودند که هنوز روشن‌اند اما برق‌شان کم‌سو شده. ابروهایش کمی درهم، نه از خشم، که از تمرکز بی‌پایان. در حرکاتش نوعی دقت وسواس‌گونه بود؛ از تنظیم آستین‌ها تا نگاه‌کردن به تقویم، گویی نظم، تنها راه او برای کنترل فروپاشی درونش بود.

کت سرمه‌ای‌اش را بی‌دقت روی صندلی انداخت—کُتی کلاسیک اما کمی

چروک، با دو دکمه‌ی پایینی که همیشه باز می‌ماند. پیراهن سفیدش، تمیز اما اتو نشده، از یقه کمی باز بود و کراواتش با گرهی شل، بیشتر نماد حضور اداری بود تا انتخابی از سر سلیقه. شلوار طوسی‌اش مثل باقی لباس‌ها، رسمی اما بی‌دل؛ و کفش‌های چرمی سیاه، خش‌دار و ساکت، که بیشتر از راه رفتن، شاهد ایستادن‌های طولانی بودند. نه از بی‌نظمی، که از فراموشی برای «چگونه آمدن»؛ چون بیشتر از آن‌که بداند چرا اینجاست، فقط می‌دانست باید باشد.

بدون نشستن، مستقیم سراغ فایل‌ها و داشبورد فروش رفت. چهره‌اش مثل همان مانیتورهایی بود که نگاهشان می‌کرد: روشن، اما بی‌روح—نه به‌خاطر خستگیِ جسم، بلکه به‌خاطر فرسایش آهسته‌ی معنا.

او همیشه آماده بود. همیشه با پاسخ. همیشه با برنامه. اما یک چیز را مدت‌ها بود گم کرده بود: معنا. هر بار که ماه تمام می‌شد و گزارش‌ها بالا می‌رفتند، فقط چند ساعت حس رضایت داشت. بعد دوباره غرق می‌شد—نه فقط در جدولی دیگر، بلکه در دریایی از بی‌پایانی. پیگیری‌ها، مثل امواجی مکرر، او را بی‌آن‌که بداند به کجا می‌رود، با خود می‌بردند. اهداف، نه روشنایی، که سایه‌هایی بودند که مدام تغییر شکل می‌دادند. او درگیر بود، ولی نه از جنس تعهد؛ از جنس گم‌گشتگی در چرخه‌ای که خودش هم دیگر نمی‌دانست چرا آغازش کرده بود.

نه وقت کتاب خواندن داشت، نه حتی فرصتی برای پرسیدن سؤال‌هایی که شاید مسیر را نجات می‌دادند:

«آیا این مسیری که می‌دوم، هنوز به جایی می‌رسد؟»

«آیا اصلاً هنوز می‌دانم برای چه می‌دوم؟»

«چه زمانی آخرین‌بار یاد گرفتم، نه فقط اجرا کردم؟»

او هر صبح زودتر می‌آمد، هر شب دیرتر می‌رفت، اما در این تکرار پرشتاب، خودش را آرام‌آرام جا می‌گذاشت—لایه‌لایه، در ایمیل‌ها، در جلسات، در رسیدن‌های بی‌دلیل.

او کار می‌کرد. زیاد. با تمرکز، با وجدان، اما با تبری که دیگر نه برندگی داشت، نه قدرتِ قطع کردن. تبری که فقط سطح را می‌خراشید، اما هیچ‌چیز را به‌درستی نمی‌شکافت.

او، مثل چوب‌بری که فراموش کرده بود سنگ‌سابِ تبر کجاست، مدام می‌کوبید—روی تنه‌هایی که سقوط نمی‌کردند، فقط زخمی می‌شدند. تنه‌ها، استعاره‌ای بودند از پروژه‌ها، آدم‌ها، و مسائلی که بدون درک و مهارتِ دقیق، فقط خراش می‌خوردند، نه حل. هر ضربه‌ی او، به‌جای برش، فقط خش می‌انداخت؛ و هر خش، بی‌پاسخ می‌ماند.

او، در تکرار این کوبیدن‌های بی‌نتیجه، خودش بیشتر از هر چیز دیگری زخم برمی‌داشت. کف دستانش از تکرار، پینه بسته بود؛ اما نه پینه‌ی افتخار، که پینه‌ی فرسایش. هر پینه، روایتی بود از دانشی که به‌روز نشده بود، مهارتی که تکرار شده اما تیز نشده بود، و تصمیمی که از سر عادت گرفته شده بود، نه از درک.

تیز کردن تبر، در معنای عمیق‌اش، یعنی توقفی آگاهانه برای دوباره نگریستن. یعنی آن لحظه‌ی آرام اما انقلابی که فرد، به‌جای ادامه دادن، از خود می‌پرسد: آیا هنوز این ابزار کارا است؟ آیا من همان آدم چند سال پیش‌ام یا فقط تکرارکننده‌ی نسخه‌ای قدیمی از خود؟ تیز کردن تبر، یعنی یادگیری دوباره، کسب مهارتی نو، دیدن از زاویه‌ای متفاوت.

و امیر، سال‌ها فقط تبر زده بود—بی‌آن‌که لحظه‌ای بنشیند، تبری کهنه را از نو بررسی کند، سنگ سابی کند، یا حتی بپرسد: این درخت، چرا نمی‌افتد؟

تبر، در این روایت، فقط ابزار کار نبود؛ خودش بود—ذهنی که زمانی تیز، مؤثر و بُرنده بود، اما حالا زیر غبار فراموشی و فرسودگی گم شده. تبری که سال‌ها پیش با افتخار می‌برید، حالا دیگر فقط در دستش سنگینی می‌کرد؛ مثل باری که یادآور توانایی‌های از دست‌رفته بود.

تبر، حالا استعاره‌ی ذهنی خسته بود، ابزاری نمادین که دیگر با تیزهوشی نمی‌برید، بلکه با لجاجت و عادت می‌کوبید. و او، هر روز بیش از پیش، خودش را با این تبر کُند، قطعه‌قطعه می‌کرد—نه از بی‌ارادگی، که از ندانستنِ راه بهتر. اما این کوبیدن بی‌وقفه، این جنگ فرساینده با پروژه‌ها و مشکلاتی که حل نمی‌شدند، ادامه داشت. هر روز کمی بیشتر، کمی عمیق‌تر. و ذهنش، مثل میدانی پر از زخم، آرام‌آرام توان تشخیص را از دست می‌داد.

تا اینکه بالاخره، آن لحظه‌ی گریزناپذیر از راه رسید—لحظه‌ای که حقیقت، با بی‌رحمی تمام، سیلی محکمی بر صورتش نواخت. مثل فرو ریختن سکویی که سال‌ها بر آن ایستاده بود. چشم‌هایش برای لحظه‌ای باز شد، نه از نور، بلکه از شوک: فهمید که سال‌هاست فقط می‌کوبد، بی‌آن‌که حتی بداند چرا. و آن تبر کُند، حالا در دست‌هایش می‌لرزید؛ نه از خستگی، که از بیداری.

نقطه عطف، نه آرام آمد، نه با ملاحظه. مثل سیلی‌ای سنگین بود که ناگهان از خواب چندساله بیدارش کرد؛ یا افتادن از بلندی‌ای که سال‌ها خیال می‌کرد امن‌ترین جای جهان است. اما آنچه این لحظه را تکان‌دهنده‌تر می‌کرد، ادامه‌دار بودنش بود. انگار سیلی‌ای کافی نبود؛ حقیقت، تصمیم گرفته بود چندین بار پیاپی بر صورتش بکوبد تا بیدارش کند.

در یک جلسه‌ی فروش، یکی از اعضای تازه وارد تیمش—جوانی با لهجه‌ای نرم و ایده‌هایی شفاف—طرحی ارائه داد که کل سازوکار تیم را زیر و رو می‌کرد. امیر، با لبخندی حرفه‌ای، حرف‌های او را شنید، اما درونش مثل شیشه‌ای ترک برداشت.

چشمانش برای لحظه‌ای خشک شد، مثل اینکه پلک‌زدن را فراموش کرده باشد. دستانش، بی‌اختیار روی میز جمع شدند و شانه‌هایش اندکی فرو افتادند. تنفسش کوتاه و بریده شد، مثل کسی که در اتاقی ناگهان بی‌هوا مانده. صداهای بیرون کمرنگ شد و در ذهنش، جمله‌ای چون پتک تکرار شد: «تو دیگر این زبان را نمی‌فهمی.»

ترسی آرام اما عمیق، همچون مهی درونی، به چهره‌اش خزید. گونه‌هایش کمی رنگ باخت و نگاهش، از چشمان جوان فاصله گرفت و به نقطه‌ای خالی روی میز دوخته شد. گفت‌وگویی بی‌صدا در سرش شکل گرفت:

«یعنی واقعاً این حرف‌ها برام بیگانه شده؟ من کِی عقب موندم؟ چرا چیزی نمی‌فهمم؟»

نه از ترس تغییر، که از ترسی عمیق‌تر: وحشت از جا ماندن—از این‌که نکند دیگر واقعاً در مرکز عملیات شرکت نیست، نکند پروژه‌هایی که باید هدایت کند، دیگر از فهمش خارج شده‌اند. ترس از این‌که دیگر نمی‌داند چرا یک کمپین فروش شکست خورده یا چرا تیم انگیزه ندارد.

آیا دیگر تحلیل گزارش‌ها برایش فقط پر کردن اکسلی خالی‌ست؟ آیا تماس‌های پیگیری فقط حرکاتی کورکورانه و اتوماتیک شده‌اند؟ آیا او دیگر آن کسی نیست که بتواند جریان را رهبری کند، فقط دارد روی موجی سوار می‌شود که از جهتش بی‌خبر است؟

این ترس، وقتی بیشتر می‌شد که به فهرست وظایفش نگاه می‌کرد: تعیین استراتژی فروش، تحلیل رفتار مشتری، طراحی انگیزه‌های تیمی. این‌ها دیگر واژه‌هایی بودند که معنای خود را در ذهنش از دست داده بودند. و این احساس، در روزها و هفته‌های بعد، نه تنها محو نشد، بلکه هر بار که نگاهش به تبر ذهنی‌اش می‌افتاد، دوباره و دوباره بیدار می‌شد.

بعد از جلسه، برای اولین‌بار در هفته‌ها، پشت میزش نرفت. مستقیم به اتاق کوچکش برگشت، کت را روی مبل انداخت و نشست. بی‌حرکت. سکوتِ اتاق، تیزتر از هر زنگ ایمیلی، ذهنش را خراش داد. دستی به صورتش کشید. موبایلش پر از پیام‌های پیگیری بود، اما او به نقطه‌ای رسیده بود که می‌دانست: این فشار دیگر از جنس وظیفه نیست—از جنس گم‌کردنِ خود است.

او که همیشه مشغول بود، حالا برای لحظه‌ای بیکار بود. و در این بیکاری، انگار یک دوربین از بیرون به درونش زوم کرده باشد، ناگهان تصویری از خودش

را دید—با تبری در دست، ایستاده روبه‌روی درختی که نه می‌افتد، نه رشد می‌کند؛ پروژه‌ای که ماه‌هاست درگیرش است، اما نه پیش می‌رود، نه تمام می‌شود. گزارش‌ها روی میز مانده، جلسات پیگیری ادامه دارند، تیم منتظر است، اما هیچ چیز از جایش تکان نمی‌خورد.

تبر در دستش، نماد تمام وظایفی بود که با دقت اما بی‌نتیجه انجام داده؛ و درخت، نماد مأموریتی که معنایش را از دست داده بود. حس عجیبی داشت: نه فقط خستگی، که حیرت از اینکه چطور این‌همه وقت گذشته و او حتی نپرسیده «آیا این درخت اصلاً باید قطع شود؟»

و درست همان‌جا، میان این بیکاری کوتاه و تصویر ذهنی، فهمید که مشکل در اجرا نیست—در جهت است.

برای اولین‌بار، به جای زدن، ایستاد. و به تبر نگاه کرد...

نتیجه‌گیری

تبر کند، خسته می‌کند؛ نه فقط درخت را نمی‌اندازد، که صاحبش را از پا درمی‌آورد.

در دنیای پرسرعت امروز، ایستادن، گاهی شجاعانه‌تر از دویدن است.

نه برای تسلیم، که برای تیز کردن.

اگر تو هم هر روز تلاش می‌کنی، می‌دوی، جلسه می‌روی، گزارش می‌فرستی، اما حس می‌کنی چیزی کم است... شاید وقت آن رسیده که بایستی.

نه برای عقب‌نشینی، بلکه برای نجاتِ خودت از تونلی که در آن، تلاش زیاد برابر با موفقیت نیست.

تونل دوازدهم:
کار دُرُست

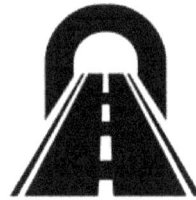

تونل دوازدهم: کار درست

تونل درست انجام دادن کار، به‌جای انجام کار درست....

مقدمه

گاهی آن‌قدر غرق می‌شویم در درست انجام دادن کارها، که فراموش می‌کنیم: آیا اصلاً داریم «کار درست» را انجام می‌دهیم؟

مثل کسی که با دقت و وسواس، روی میز اشتباهی چای می‌گذارد؛ یا کسی که ساعت‌ها صرف مرتب‌سازی پوشه‌هایی می‌کند که دیگر هیچ‌کس قرار نیست بازشان کند. ما آموخته‌ایم چگونه، اما در برابر پرسشِ «چه»، سردرگم مانده‌ایم. ما دقیق‌ایم، اما بی‌جهت.

تونل «درست انجام دادن کار» تونل متخصصانی‌ست که در مهارت غرق شده‌اند، اما مأموریت را فراموش کرده‌اند. آن‌هایی که می‌دانند چگونه طراحی

کنند، چگونه گزارش بنویسند، چگونه آنالیز کنند—اما دیگر نمی‌پرسند: «آیا این اصلاً باید انجام شود؟»

و این‌جاست که دفترها پر از آدم‌هایی می‌شود که سخت‌کوش‌اند، اما از هدف دور؛ دقیق‌اند، اما از معنا بی‌خبر. و خروجی؟ چیزی زیبا، تمیز، کامل—اما بی‌ربط.

داستان: تیم تحقیق و توسعه در سکوت

دفتر در طبقه‌ی بیست‌وسوم برجی نوساز در یکی از خیابان‌های خلوت و خاص بالاشهر تهران واقع شده بود—برجی با لابی مرمرین، آسانسورهای بی‌صدا، و نگهبانی‌هایی با یونیفرم‌های اتو کشیده. از پنجره‌های سرتاسریِ دفتر، نمایی تمام‌قد از رشته‌کوه البرز دیده می‌شد؛ کوه‌هایی آرام، با تاجی از مهِ صبحگاهی. سقف‌های بلند و نورگیر، کف‌پوش‌هایی به رنگ سنگ مرمر صیقلی، و صدای ناملموس تهویه مرکزی، فضایی بی‌نقص خلق کرده بودند؛ فضایی که بیشتر به گالری طراحی می‌مانست تا محیط کار. میزهای سفید، صندلی‌های ارگونومیک طوسی، و نورپردازی مهندسی‌شده، به دقتی می‌مانستند که گویی خودشان هدف بودند، نه ابزار رسیدن به هدفی دیگر.

با این‌همه، در دل این فضای مجلل و حساب‌شده، چیزی به طرز عجیبی غایب بود—چیزی شبیه روح. همه‌چیز دقیق طراحی شده بود، از نظم خطوط روی فرش گرفته تا شفافیت شیشه‌های پنجره؛ اما همین دقت، شبیه خط‌کشِ سردی بود که هیچ احساسی از خود عبور نمی‌داد.

هوای مطبوع، تهویه‌شده و بی‌بو، بویی از زندگی نمی‌داد؛ مثل نفس‌کشیدن در خلأ. صدای تهویه، مداوم و خنثی، نه آرامش می‌آورد، نه مزاحمت—فقط بود. حتی گل‌های روی میز که هفته‌ای یک‌بار با دقت تعویض می‌شدند، چنان بی‌رنگ و بی‌عطر بودند که بیشتر به شیءِ دکوری شبیه بودند تا یادآور طبیعت.

این مجلل بودن، آرام و بی‌نقص، آن‌قدر بی‌احساس بود که گاهی حس می‌کردی در ماکتِ یک شرکت نشسته‌ای، نه در یک دفتر واقعی. جایی برای بودن بود، اما نه برای زیستن.

نور سفید مهتابی‌ها، با لرزشی مدام که مثل زمزمه‌ای خسته در فضا پیچیده بود، دیوارهای بی‌پوستر را بیشتر از همیشه غم‌زده می‌کرد. همه‌چیز دقیق بود، اما هیچ‌چیز جان‌دار نبود. اینجا، لوکس‌بودن، پوششی بود بر غیبت احساس؛ جعبه‌ای زیبا برای محتوایی فراموش‌شده.

نیوشا، کارشناس ارشد تیم تحقیق و توسعه، زنی سی‌وسه ساله با صورتی استخوانی، چشم‌هایی بادامی و آرام، و لب‌هایی که انگار به لبخند زدن عادت داشتند، حتی وقتی دلش با آن همراه نبود. چادر یا مانتو نمی‌پوشید؛ معمولاً کت‌های رسمی خاکستری با پیراهن‌های سفید ساده به تن می‌کرد، و شالی نازک با رنگ‌های ملایم، بی‌آن‌که بخواهد جلب‌توجه کند. آرایشش هم به همین سبک بود—کمی ریمل، کمی رژ لب کالباسی، و همیشه ابروهایی مرتب اما طبیعی.

با هم‌تیمی‌هایش رابطه‌ای متعادل و حرفه‌ای داشت. سارا، همکار پرانرژی و جوان‌تر تیم، عاشق ارائه دادن بود و همیشه در جست‌وجوی ابزارهای جدید؛ اما گاهی آن‌قدر در تکنولوژی غرق می‌شد که هدف پروژه را گم می‌کرد. بهزاد، مردی آرام و محتاط، در تحلیل داده‌ها بی‌نقص بود، اما زیاد اهل مشارکت در بحث‌های خلاقانه نبود. آرش، طراح گرافیکی تیم، با ذهنی خلاق و رفتاری کمی پریشان، بیشتر با صفحه‌نمایشش حرف می‌زد تا با همکاران. نازنین در میان این ترکیب متنوع، مثل محورِ بی‌صدا ولی ثابت تیم عمل می‌کرد—نه با صدا، که با حضور مستمر، با دقت، و با مهربانی بی‌ادعا.

او روبه‌روی مانیتور نشسته بود و برای چهارمین بار، صفحه‌ی اکسل را بالا و پایین می‌کرد. نمودارها بی‌نقص بودند، جدول‌ها دقیق، همه‌چیز در جای خودش. اما در دلش، چیزی مثل حفره‌ای کوچک شروع به رشد کرده بود؛ حسی که شبیه اضطراب نبود، بلکه شبیه بیدار شدن از خوابی طولانی بود، در جایی که همه‌چیز آشناست اما هیچ‌چیز واقعی نیست.

جلسه‌ی آن روز، مثل همیشه، در اتاق کنفرانسی با پنجره‌های سرتاسری و میز شیشه‌ای بلند برگزار شد. همه روی صندلی‌های خاکستری تیره با فاصله‌ای

دقیق نشسته بودند. لپ‌تاپ‌ها باز، چهره‌ها جدی، اما چیزی از درون، بی‌حرارت بود.

سارا با هیجان وارد شد، سریع اسلایدهایش را آماده کرد و نشست؛ زیر لب با خودش تکرار می‌کرد. بهزاد، طبق معمول با دفتر یادداشتش حاضر بود، اما نگاهش بیشتر به گوشی بود تا به صفحه. آرش، کمی دیرتر آمد و بی‌آن‌که سلامی کند، پشت مانیتورش پناه گرفت. نیوشا مثل همیشه منظم و دقیق، دست‌هایش را روی میز گذاشته بود، اما نگاهش به نقطه‌ای میان لیوان آب و گوشی خاموشش گیر کرده بود.

مدیر پروژه، مردی میانه‌سال با صدایی آرام اما قاطع، بدون مقدمه شروع کرد: «خب دوستان، وقت خیلی محدوده و ما هنوز فاصله داریم. این محصول باید تا پایان این فصل به MVP برسه، نه بهانه، نه تأخیر.» او مکثی کرد و به صفحه‌ی روبه‌رویش نگاهی انداخت. «اکسل‌ها رو دیدم، نیوشا، خیلی دقیق بود. همون دقتی که می‌خوایم توی خروجی نهایی هم ببینیم. اما حواستون باشه، ما روی جزئیات تمرکز می‌کنیم چون کیفیت مهمه، ولی نباید از زمان تحویل هم عقب بیفتیم.»

او نگاهی گذرا به آرش و سارا انداخت و افزود: «آرش، گرافیک‌ها باید تا دوشنبه نهایی بشه. سارا، روی قابلیت‌های نسخه‌ی اولیه تمرکز کن، نه چیزهای فرعی. بهزاد، اگر دیتا جدیدی از رفتار کاربرها داری، اولویت رو بده به تحلیل استفاده‌ی واقعی. ما باید چیزی رو تحویل بدیم که کار کنه—درست، ساده، و در زمان مقرر.»

نیوشا لبخند زد، اما ذهنش در هاله‌ای از مهِ تردید گم شده بود... جایی در تاریکی مبهمی میان شک و سکوت. صدای مدیر هنوز در فضا می‌پیچید، اما در گوش او گویی در لایه‌ای ضخیم از مه گم می‌شد. قلبش تند نمی‌زد، اما حس می‌کرد چیزی در درونش بی‌صدا در حال لرزیدن است.

در ذهنش، افکار مثل برگ‌هایی در باد می‌چرخیدند: «این همه دقت برای چی؟

این پروژه اصلاً واقعاً باید ساخته بشه؟ یا فقط چون یاد گرفتیم چگونه، داریم ادامه می‌دیم؟» حتی نمی‌دانست ترسیده یا فقط گیج است؛ فقط می‌دانست چیزی درونش نمی‌خواست ادامه دهد—نه این‌گونه.

او مثل کسی بود که در وسط یک تونل ایستاده باشد، نه عقب را می‌دید، نه جلو را. فقط صدای پاهای دیگران بود که او را وادار به قدم برداشتن می‌کرد. و لبخندش، تنها نشانه‌ای بود از این‌که هنوز نقشش را بازی می‌کند، هرچند دلش دیگر با سناریو همراه نیست.

با خودش فکر می‌کرد: «اصلاً این محصول به چه دردی می‌خوره؟ کسی از ما پرسید هنوز این مسئله، مسئله‌ی واقعی مردمه؟ یا ما فقط داریم مسئله‌ای رو حل می‌کنیم که سه سال پیش واقعی بوده؟»

و اینجا بود که تونل، بی‌صدا اما محکم، خودش را نشان داد: تونلِ غرق شدن در جزئیات اجرایی، در ظرافتِ انجام بی‌نقصِ کاری که شاید اساساً نباید انجام می‌شد. درست اجرا کردن، در ظاهر افتخارآمیز بود—اما در باطن، شبیه ساختن پلی طلایی روی رودی خشک و بی‌مسیر بود.

او با خودش زمزمه کرد: «اگر این مسیر اشتباهه، چه اهمیتی داره با چه کفشی توش قدم می‌زنم؟»

لحظه‌ای فرارسیده بود که باید چیزی عمیق‌تر را به چالش می‌کشید: ما همیشه یاد گرفته‌ایم که «چگونه» بهتر کار کنیم، اما چند بار ایستاده‌ایم و پرسیده‌ایم «آیا این همان کاری‌ست که باید انجام شود؟»

زمان‌هایی هست که تمرکز بر انجام درستِ کار، فقط ما را از دیدنِ کارِ درست بازمی‌دارد. و آن لحظه برای نیوشا، شبیه نگاهی از بالا بود—به شهری که شاید مسیرش دقیق طراحی شده، اما به مقصدی نمی‌رسد.

همان‌جا، میان صدای بی‌روح تهویه، و لبخندهای حرفه‌ای همکارانش، چیزی در او شکست—نه با صدایی بلند، بلکه با سکوتی عمیق. حس کرد دیگر نمی‌تواند چشم ببندد بر حقیقتی که ذهنش را فریاد می‌زد. تصمیم گرفت

برخیزد؛ نه از جلسه، بلکه از خواب غفلت. باید بپرسد، باید به چالش بکشد، باید از نو ببیند.

او حالا می‌دانست که مسیر واقعی نه در دقت بیشتر، که در جهت درست نهفته است. و این تصمیم، اولین گامِ ناپیدا اما روشنِ نیوشا بود؛ راهی برای خروج از این تونل که سال‌ها به زیبایی در آن سردرگم بود.

نتیجه‌گیری

همه‌ی ما در نقطه‌ای از مسیر زندگی یا کار، ممکن است به مسیرمان به این تونل بیافتد: آن‌قدر مشغول انجام دقیق یک کار شویم، که فراموش کنیم اصلاً آیا آن کار ارزش انجام دارد؟

درست انجام دادن، ارزشمند است—اما نه وقتی که مقصد اشتباه است. گاهی باید ایستاد، نگاهی بیرونی انداخت، و با شهامت پرسید: «آیا هنوز این کار، کارِ درستی‌ست؟»

توصیه‌ی این فصل ساده اما بنیادین است:

هر از گاهی، چک کنید که جهت شما درست است، نه فقط سرعت‌تان. کار را درست انجام دهید—اما فقط وقتی مطمئنید آن کار، کارِ درستی‌ست. و اگر تردید دارید؟ ایستادن، فکر کردن، و حتی برگشتن، نشانه‌ی ضعف نیست؛ نشانه‌ی بلوغ است.

تونل سیزدهم:
ساده‌های هولناک

تونل سیزدهم: ساده های هولناک

مقدمه

بیشتر ما فکر می‌کنیم خطر، همیشه از دل بحران‌های پیچیده بیرون می‌آید؛ از چالش‌های بزرگ، تصمیمات دشوار و یا اتفاقات پیش‌بینی‌ناپذیر. مثل زلزله‌ای مهیب، آتشی ناگهانی، یا فروپاشی یک قرارداد. اما گاهی خطرناک‌ترین چیزها، درست همان‌هایی هستند که ساده، بی‌خطر، و بی‌دردسر به‌نظر می‌رسند— مثل قطره‌ای آب که هر روز بی‌صدا روی سنگی می‌چکد. نه هشداری می‌دهند، نه صدایی دارند. اما وقتی نتیجه را می‌بینیم، معمولاً خیلی دیر شده است.

ساده‌هایی که چون همه می‌دانندشان، کسی دیگر آن‌ها را نمی‌بیند. چون بدیهی‌اند، کسی درباره‌شان پرسش نمی‌کند. چون روزمره‌اند، هیچ‌کس زنگ خطر را به‌خاطرشان به صدا درنمی‌آورد. و این‌جاست که تونل فعال می‌شود— آرام، بی‌صدا، اما ویرانگر. تونلی که نامش را گذاشته‌ایم: «ساده‌های هولناک».

در این فصل، از زبان کسی خواهیم شنید که چطور گرفتار همین سادگی‌های مخفی شد. داستانی که شاید شبیه زندگی یا کار خیلی از ما باشد.

داستان

چند روز قبل، به بهانه‌ی یک قهوه، با دو تا از هم‌کلاسی‌های قدیمی، گوشه‌ی یک کافه‌ی باحال و خلوت پناه گرفته بودیم. کافه‌ای با دیوارهای آجری خام، نور زرد ملایم، و صندلی‌های چرمی که صدای نشستن آدم را با خش‌خش آرامی همراهی می‌کرد. بخار آرام قهوه در هوا پیچیده بود و بوی تلخ و دل‌نشین اسپرسو، فضای گفتگو را صمیمی‌تر می‌کرد.

من بودم و مسیح و مزدک. مسیح همیشه خوش‌پوش بود—کت نخی تیره با پیراهن سفید اتوکشیده، کراوات شل‌گرفته‌ای که بیشتر از نظم، به بی‌خیالی کنترل‌شده شبیه بود. لبخند محوی روی لبش داشت؛ همان لبخندی که انگار هرگز نمی‌گذارد بفهمی در ذهنش چه می‌گذرد. او مردی بود که بیشتر می‌شنید تا بگوید، و وقتی حرفی می‌زد، کوتاه، دقیق، و مؤثر بود.

مزدک اما زمخت‌تر بود. با پیراهن ساده‌ی چهارخانه، شلوار جین محوشده، و موهایی که از خط پیشانی عقب رفته بود. نگاهش شبیه کسی بود که راه زیادی رفته و حالا از آن بالا، مسیر طی‌شده را با چشمانی کمی خسته اما همچنان مشتاق تماشا می‌کرد. آرام حرف می‌زد، اما در صدایش چیزی بود که نمی‌شد نشنیده گرفت—ترکیبی از تجربه و زخمی که هنوز می‌سوخت.

داشتیم از خاطرات قدیم و اتفاقات جدید می‌گفتیم. بیشتر خاطرات‌مان برمی‌گشت به دهه‌ی نود میلادی—سال‌هایی که همه‌چیز شکل دیگری داشت: صدای خش‌خش ضبط صوت‌ها، شورِ فیلم‌های VHS، بازی‌های سگا، نوار کاست‌هایی که برای هم ضبط می‌کردیم و نامه‌هایی که بوی عطر می‌دادند. ما در دنیایی زندگی می‌کردیم که ارتباط، صبر می‌طلبید و یاد گرفتن، وقت می‌خواست.

مسیح از خاطرات دبیرستانش در تهران می‌گفت، از کتاب‌فروشی‌های روبه‌روی دانشگاه، از شور اولین شورش‌ها، از کنکور و روزهای پراضطرابِ بی‌اینترنت.

مزدک از اولین کامپیوترش گفت، از مودم دایال‌آپ، از چت‌روم‌های یاهو، و از اولین باری که احساس کرد دنیا دارد به‌سرعت عوض می‌شود. و ما آهسته، هر سه، به روزهای حال برگشتیم—جایی که همه‌چیز وصل است، اما کسی وصل نیست. روزهایی که همه‌چیز آسان‌تر شده، اما کسی آسوده‌تر نیست. صبح‌هایی که با نوتیفیکیشن بیدار می‌شویم، نه با نور آفتاب. گفت‌وگوهایی که بیشتر ایموجی‌اند تا کلمه. روزمرگی‌هایی که در آن، سادگی دیگر خوشایند نیست، بلکه گمراه‌کننده است؛ گاهی حتی خطرناک.

در دل همین خاطرات بود که ناگهان مسیح، با همان حالت نیم‌خندان و کنجکاوانه‌اش، بدنش را کمی جلو آورد، فنجان قهوه‌اش را روی میز چرخاند، و با نگاهی که مرز بین شوخی و جدی را گم کرده بود، پرسید:

«مزدک، چی شد رستورانت رو تعطیل کردی؟»

مزدک، که هنوز زخم تعطیلی رستورانش تازه بود، لحظه‌ای مکث کرد. فنجان قهوه‌اش را از لبه‌ی میز عقب کشید، نگاهش به گوشه‌ای از کافه دوخت، جایی که انگار چیزی را می‌دید که فقط خودش می‌دانست. انگار صحنه‌ای جلوی چشمانش زنده شده بود؛ صحنه‌ای پر از نورهای گرم سالن رستوران، صدای همهمه‌ی مشتریان، بوی غذاهای تازه و چهره‌ی پرانرژی خودش پشت صندوق. دست‌هایش را روی میز گذاشت، اما به‌جای گفتن چیزی، انگشت شستش را بی‌هدف روی سطح چوبی کشید. بعد، انگار نفسش برگشته باشد، خیلی آهسته، با صدایی که انگار از عمق گلویش بیرون می‌آمد، گفت: «ساده... هولناک.».

من و مسیح تقریباً هم‌زمان و با صدایی بلند که لحنش آمیزه‌ای از تعجب، نگرانی، و ندانستن بود—انگار ناگهان زیر پای‌مان خالی شده باشد—پرسیدیم:

«ساده چی؟ یعنی چی؟ ساده هولناک یعنی چی؟»

چشمان‌مان گرد، ابروها بالا، و بدن‌هایمان کمی خم‌شده به جلو؛ طوری که چند نفر از اطراف هم سرشان را برگرداندند و با کنجکاوی نگاهمان کردند.

مزدک مکثی کرد، صدایش آرام، گرفته و لایه‌لایه از اندوه بود؛ مثل کسی که جمله را بارها در دل خود مرور کرده باشد، اما هنوز گفتنش برایش آسان نباشد. چشم‌هایش لحظه‌ای بسته شد، انگار دارد چیزی را مزه‌مزه می‌کند—طعم خاطره‌ای تلخ یا شاید افسوسی عمیق. سپس در حالی که صدایش کمی لرز داشت، گفت:

«بذار یه سؤال ازتون بپرسم، بعد براتون توضیح می‌دم... اگه الان از هرکسی که هیچ چیزی از رستوران‌داری نمی‌دونه بپرسین که شرط موفقیت یه رستوران چیه، چی می‌گه؟»

من گفتم: «خب حتماً می‌گه غذا باید خوش‌مزه باشه، تمیز و داغ سرو بشه. گارسون باید مؤدب باشه، لبخند بزنه و بدون معطلی سفارش بیاره. میز و صندلی باید تمیز باشن، هوا مطبوع باشه، دستمال کاغذی روی میز باشه، آب سرد داشته باشن. قیمت هم باید منصفانه باشه، و وقتی مشتری می‌ره، حس خوبی براش بمونه. چیزای ساده‌ست، دیگه نه؟»

مزدک لبخند کوتاهی زد؛ اما لبخندش، بیشتر شبیه ماسکی بود برای پنهان کردن زخمی عمیق. گفت: «دقیقاً... منم از همین نکات ساده‌ای که همه می‌دونن، شکست خوردم.» صدایش کمی خش داشت، انگار از میان خاطراتی می‌آمد که هنوز ته‌مانده‌ی سوزشان در گلویش مانده بود.

«ده سال پیش، روز اولی که رستورانم رو راه انداختم، این چیزا رو نوشتم و با وسواس اجراشون کردم. نه فقط برای اینکه کارم بگیره، بلکه چون واقعاً باور داشتم سادگی، رمز موفقیته. هر روز خودم بالای سر همه‌چی بودم؛ صبح زود خودم درِ رستوران رو باز می‌کردم، کف سالن رو با دقت نگاه می‌کردم که خاک یا لکه‌ای نباشه، صندلی‌ها رو صاف می‌چیدم، شمع‌های روی میز رو چک می‌کردم، دستمال‌ها رو مرتب می‌ذاشتم. با گارسون‌ها قبل از شروع شیفت چند دقیقه‌ای صحبت می‌کردم، لبخند تمرین می‌کردیم، حتی یادآوری می‌کردم که بگن: «خوش‌اومدید» نه «بفرمایید». کیفیت غذا رو خودم مزه می‌کردم، حرارت سوپ، نمک کباب، ظاهر برنج. کوچک‌ترین چیزها برام مهم

بود، چون فکر می‌کردم موفقیت تو همین جزئیات ساده‌ست.»

او لحظه‌ای مکث کرد، نفسش را آهسته بیرون داد و نگاهش را به سطح قهوه‌اش دوخت، انگار دنبال چیزی در عمق فنجانش می‌گشت. «و نتیجه‌اش؟ رشد. واقعی. می‌دیدم و می‌چشیدم. هر روز، مثل مزه‌ی یه غذای خوب که خودت پختی.»

او مکثی کرد و ادامه داد: «سال‌ها با همین فرمان جلو رفتم، تا سال ششم که رسیدم به نقطه‌ی اوج. اون روزا، همه‌چی رنگِ طلایی داشت. هر روز مثل روز عید بود. صفِ مشتری‌ها جلوی در رستوران، رزروهایی که هفته‌ها قبل پر می‌شدن، سفارش‌های ویژه‌ای که فقط تو منوی ما بود. صداها شاد بودن، قهقهه‌ها توی سالن می‌پیچید، و من حس می‌کردم بالاخره دارم نتیجه‌ی زحمت‌هامو می‌گیرم.»

او به جلو خم شد، چشمانش برق می‌زد. «اسم رستورانم شده بود یه برند—نه فقط یه جا برای غذا، یه تجربه‌ی کامل. حتی مجله‌ی محلی یه گزارش ویژه از ما ساخت. توی جشنواره‌ی غذا رتبه آوردیم. شب‌ها خودم تا دیروقت تو سالن می‌چرخیدم، به مشتری‌ها سر می‌زدم، جُک می‌گفتم، دست می‌دادم، بچه‌ها باهام عکس می‌گرفتن، حس می‌کردم دارم تاریخ می‌سازم.»

اینجا لحظه‌ای ساکت شد. صدایش پایین‌تر رفت. «ولی چیزی که اون موقع نمی‌فهمیدم این بود که گاهی، وقتی همه‌چی خیلی خوب پیش می‌ره، یه جور خواب عمیق سراغت میاد. خوابِ غفلت. منم خواب رفتم... همون نقطه‌ی اوج، در واقع ابتدای سقوط بود.»

او سرش را پایین انداخت، دستش لرزید، انگار خاطره‌ای سرد از درون او را می‌لرزاند. «اولش فقط یه میز خالی بود. بعد یه شب، یه ردیف کامل خالی موند. بعدتر، یه شب، فقط سه میز رزرو بود. و هیچ‌کس نیومد برای عکس. هیچ‌کس نگفت غذاش خاص بود. انگار هوا عوض شده بود، یا شاید فقط من دیگه اون آدم قبل نبودم.»

مزدک ادامه داد: «اون سکوت توی سالن، که قبلاً ازش لذت می‌بردم، حالا آزاردهنده شده بود. صدای یخچال، صدای فنجون‌ها، صدای نفس خودم... همه‌شون مثل چکشی بودن رو سرم. شب‌ها دیرتر می‌رفتم خونه، صبح‌ها زودتر بیدار می‌شدم، ولی فایده‌ای نداشت. مثل دونده‌ای بودم که هر چی سریع‌تر می‌دوید، بیشتر از مسیر دور می‌شد.»

او لحظه‌ای نفسش را حبس کرد و به چشمان ما نگاه کرد. چشم‌هایش انگار پر از چیزی بود که نمی‌شد گفت—چیزی میان خاکستر و اشک، میان خستگی و رهایی. صدایش آهسته شد، نرم و شکسته: «نهایتش؟ یه شب، نشستم، حساب کردم... دیدم دیگه راهی نیست. همه‌چی تموم شده. مثل خونه‌ای که سقفش چکه کنه و تو، هِی تشت می‌ذاری زیرش، ولی بالاخره یه شب کل سقف می‌ریزه رو سرت.»

دستانش را در هم قلاب کرد، کمی لرزید. «دیگه جلوتر رفتن یعنی غرق شدن. یعنی دست‌وپا زدن توی باتلاقی که هرچی بیشتر بجنگی، بیشتر فرو میری. مثل کشتی بزرگی که با یه سوراخ کوچیک غرق می‌شه. همه‌چی همون‌طور به‌ظاهر محکمه، اما از درون، بی‌صدا داره تهی می‌شه.»

مکث کرد، صدایش خش‌دار شد. «همون‌جا بود که فهمیدم پایان، همیشه با یه انفجار نمیاد؛ گاهی فقط با یه ترک نامرئی شروع می‌شه. یه زخم کوچیک، ولی عمیق. یه سکوت. یه نگاه خالی توی آینه. یه بی‌صدایی که آروم، اما قطعی، می‌گه: تموم شد...»

مسیح پرسید: «خب چی شد؟ چرا سقوط؟»

مزدک آهی کشید. از آن آه‌هایی که انگار از عمق استخوان می‌آیند؛ آهی که نه فقط بوی تجربه، که طعم تلخ باخت را هم دارد. گفت: «دیدگاه‌مون از مسائل ساده، به سمت حرفه‌ای شدن رفت. کم‌کم شروع کردیم به نادیده گرفتن چیزهایی که همیشه بدیهی بودن—سلام دادن، لبخند زدن، تمیزی میز، طعم غذا. چون فکر می‌کردیم دیگه از اون مرحله رد شدیم، حالا باید

بزرگ‌تر فکر کنیم، پیچیده‌تر، خاص‌تر.»

او لحظه‌ای به نقطه‌ای خیره ماند، انگار دارد مرور می‌کند چیزهایی را که از دست رفتند. «همه‌چی رفت سمت جزئیات حرفه‌ای: طراحی لوگوی جدید، عوض کردن مدل دیوارها، سیستم نورپردازی دیجیتال، نرم‌افزار مدیریت داخلی، رفتارشناسی مشتری و حتی عطر فضا. اما درست تو همین مسیر، اون اصول پایه‌ای کم‌کم فراموش شدن. صدای سلام، لبخند گارسون، دمای سوپ، پاکی لیوان آب... همه‌چیزهایی که بود و دیگه نبود. و کسی حواسش نبود که گاهی، دقیق‌ترین دکور دنیا نمی‌تونه جای یه لیوان آب سرد سر وقت رو بگیره.»

من با تعجب گفتم: «مگه حرفه‌ای شدن ایراد داره؟ مگه نباید حرفه‌ای شد؟»

مزدک لبخند تلخی زد و گفت: «نه، حرفه‌ای شدن ایراد نداره. به شرطی که اصول ساده و ابتدایی فراموش نشن.»

ادامه داد: «ما تو اون سال‌ها خیلی درخشیدیم. شاید همین درخشش باعث شد تمرکزمون بره روی چیزهایی که قبلاً اولویت نبودن. ضخامت و فونت منو، رنگ دکمه‌ی لباس پرسنل، نور لامپ‌های سقف، ترتیب قرارگیری دستمال‌ها. همه‌چی رفته‌رفته شد مسئله. برای هر کدوم جلسات همفکری برگزار می‌کردیم.»

من که چشمهام گرد شده بود، گفتم: «این که خیلی خوبه! پس مشکل کجاست؟»

نگاه مسیح اما عمیق‌تر و سنگین‌تر بود. چشم‌هایش باریک شده بود، ابروهایش در هم گره خورده و صورتش حالتی جدی به خودش گرفته بود. دست‌هایش را روی میز گذاشته بود، انگار می‌خواست چیزی بپرسد ولی کلماتش گیر کرده بودند بین ذهن و دهان. هوای کافه برای لحظه‌ای ایستاد. بخار قهوه، که تا چند دقیقه پیش بوی صمیمیت می‌داد، حالا انگار بوی تردید گرفته بود. نور ملایم زرد چراغ‌ها هم به جای گرما، نوعی غبار مات و دل‌گرفته را در فضا

پاشیده بود. صدای دور گارسونی که سفارش می‌گرفت، در پس‌زمینه گم شده بود. هیچ‌کس چیزی نمی‌گفت، ولی همه‌چیز گفته شده بود. انگار ما سه نفر، برای چند لحظه، نه در کافه، که در اتاق بازجویی ذهن خود نشسته بودیم— روبه‌روی خاطرات‌مان، روبه‌روی خودمان.

مزدک گفت: «آره، اولش خوب بود. ولی کم‌کم تمرکز سازمان رفت سمت همین جزئیات. از کلیات منحرف شدیم. تمرکز بر اصل، جای خودش رو داد به وسواس بر فرع. وقتی فروش‌مون کم شد، ما به جای نگاه به اصل ماجرا، دوباره رفتیم سراغ اصلاح موارد حرفه‌ای. این، شد بیماری. شد وسواس سازمانی. تا جایی که نکات به‌ظاهر ساده‌ای که همه فکر می‌کنن حتماً انجام می‌شن، کم‌کم نادیده گرفته شدن. و ما، طعم تلخ شکست رو با همون اصول ابتدایی نادیده‌گرفته‌شده چشیدیم.»

و سکوت افتاد. سکوتی که نه از جنس خجالت بود، نه از بی‌حرفی. این سکوت، سنگینی یک شکست را در خود داشت؛ سکوتی که مثل پتویی خیس روی تن آدم می‌نشیند، بی‌آن‌که تکان بخورد. هر کدام‌مان در ذهن خودش، افتادن آن کشتی بزرگ را می‌دید—همان کشتی که با سوراخی کوچک، آرام‌آرام در عمق اقیانوس دفن شد. مزدک سرش پایین بود، مسیح هنوز به نقطه‌ای نامعلوم روی میز خیره مانده بود، و من فقط شنونده‌ی صدای نفس‌های بریده‌ی خاطراتی شده بودم که هیچ‌وقت تصور نمی‌کردم پایانشان این‌قدر آرام، و این‌قدر دردناک باشد.

چند لحظه‌ای هر سه ساکت بودیم. من مطمئن بودم که ذهن هر سه‌مان فقط یک جمله را تکرار می‌کرد: ساده... هولناک.

نتیجه‌گیری

تونل ساده‌های هولناک، دقیقاً همان‌جایی کمین کرده که خیال می‌کنیم ایمن‌ترین نقطه است: در بدیهیات. در آن‌چه همه می‌دانند. در دستورالعمل‌هایی که دیگر نیازی به بازبینی ندارند. اما واقعیت این است که درست همان‌جا، در لابه‌لای چیزهایی که «همه می‌دانند»، چیزی پنهان است که هیچ‌کس نمی‌بیند. همان‌جایی که ساده‌ترین خطاها، در لباس عادت، از چشم‌مان دور می‌مانند. و زمانی که به خودمان می‌آییم، تازه می‌فهمیم چیزی را که باید همیشه می‌دیدیم، دیگر نیست. یا شاید هیچ‌وقت نبوده. جایی که فکر می‌کردیم امن‌ترین نقطه‌ی مسیر است، در واقع همان لبه‌ی پرتگاه بوده؛ بی‌صدا، بی‌هشدار، بی‌رحم.

- هر اصل ساده، نیازمند نگهداری، تکرار و مراقبت مداوم است.

- تمرکز بیش از حد بر جزئیاتِ نو و خاص، اگر اصول بنیادین را از یاد ببرد، به جای پیشرفت، انحراف ایجاد می‌کند.

- گاهی چیزی که فکر می‌کنیم «خیلی واضح» است، دقیقاً همان‌جایی‌ست که باید دوباره نگاه کنیم.

موفقیت پایدار، نه از فرمول‌های عجیب و غریب، بلکه از استمرار در اجرای درستِ چیزهای ساده می‌آید.

و این، شاید بزرگ‌ترین حقیقت ساده‌ای‌ست که اغلب فراموش می‌کنیم.

تونل چهاردهم:
رسیدن و ایستادن

تونل چهاردهم: رسیدن و ایستادن

«خطرناک‌ترین لحظه، آن‌جاست که فکر می‌کنی دیگر خطری وجود ندارد.»

مقدمه

بعضی موفقیت‌ها، پایان نیستند. فقط آغاز نوعی خاموشی‌اند.

جایی که بالاخره به قله می‌رسی، اما دیگر هیچ ستاره‌ای برای نگاه‌کردن نداری. نه از خستگی، نه از شکست، بلکه از «همین کافی‌ست» گفتنی که آهسته در ذهن لانه می‌کند.

در آغاز مسیر، رؤیا تو را هل می‌دهد؛ در میانه‌ی راه، تلاش. اما در قله؟ خطرناک‌ترین لحظه، همان‌جاست که همه می‌گویند «کافی‌ست».

اما اگر نپرسی «حالا چی؟»، تو به‌جای ایستادن، درجا خواهی پوسید.

تونل رسیدن و ایستادن، در لباس لبخند و آرامش ظاهر می‌شود، اما در اصل، ایستگاهی‌ست که در آن روحِ جست‌وجوگرِ انسان به خواب می‌رود. موفقیت را به جای سکوی پرتاب، به گهواره‌ای بدل می‌کند که در آن، حرکت می‌میرد و معنا از نفس می‌افتد.

داستان: کاوه، مردی که رسید... و ماند

هوای اتاق، مطبوع بود، اما بیش از آن، ساکن و بی‌جان. پنجره‌ی بزرگ جنوبی، نور آفتاب زمستانی را روی فرش دست‌بافت خاکستری پخش می‌کرد. نوری نرم اما سرد، مثل بوسه‌ای که از عشق تهی شده باشد.

بوی قهوه‌ی تلخ اسپرسو در هوا بود، قهوه‌ای که تازه دم شده بود، اما از فنجان، بخار بلند نمی‌شد. انگار آن هم از کاوه خسته بود. روی میز چوب گردوی صیقلی، فایل‌های مرتب اکسل، قراردادهای مهرشده، و تندیس‌های شیشه‌ای در ردیفی بی‌احساس نشسته بودند. هیچ‌چیز کج یا آشفته نبود. همه‌چیز «درست» بود؛ دقیق، منظم، بی‌نقص.

صدای تیک‌تاک ساعت دیواری مثل طبل آهسته‌ای در فضا می‌پیچید و تنها چیزی بود که در سکوت سنگین فضا تکان می‌خورد. دیوارها با رنگ طوسی روشن، پرده‌هایی اتوکشیده، و قاب‌هایی طلایی از تقدیرنامه‌ها، بیشتر شبیه ویترین یک موزه بودند تا اتاقی برای زیستن.

دمای اتاق دقیقاً روی عدد ۲۲ بود. نه گرم، نه سرد. نه آزاردهنده، نه دلپذیر. مثل فضایی که نه تو را می‌راند، نه در آغوش می‌گیرد—فقط هست، بی‌هیچ تعهدی به حس‌کردن.

مثل خود کاوه.

بدنش در آن دما راحت بود، اما روحش میان دو قطب معلق مانده بود. نه یخزده، نه شعله‌ور. گویی در اتاقی حبس شده بود که دیوارهایش از جنس بی‌تفاوتی ساخته شده‌اند. و همین «تعادل مطلق»، مرموزترین تهدید بود؛ تهدیدی که نامرئی، اما واقعی، در جانش خزیده بود.

همه‌چیز سر جایش بود، جز یک چیز: «خودِ کاوه». که حالا، نه در میان اشیاء، نه در میان افتخارات، و نه حتی در پژواک صدای خودش، یافت نمی‌شد. گویی در پسِ نظم بی‌نقص فضا، در شکاف میان بوی قهوه و سکوت پرده‌ها، چیزی مرموز او را بلعیده بود. حسی شبیه گم‌شدن در خانه‌ی خود—نه از روی ترس، بلکه از جنس محو شدن تدریجی در تماشای زندگی‌ای که دیگر به او تعلق نداشت.

او ۴۲ ساله بود؛ مردی با قامتی متوسط اما استوار، موهایی کمی جوگندمی که با دقت شانه شده بود، و صورتی که خط لبخندهای حرفه‌ای از گوشه‌ی لبش هرگز دور نمی‌شد. چشمانش عمیق و خونسرد بودند—چشمانی که هزار تصمیم سخت را دیده و از طوفان‌ها عبور کرده بودند.

لباسی اتوکشیده از برند ایتالیایی به تن داشت، کراواتی ابریشمی به رنگ سرمه‌ای با گره‌ای بی‌نقص، و ساعتی گران‌قیمت درخشان با بند چرمی روی مچ چپش. انگشت اشاره‌اش، همیشه آماده‌ی امضا بود—و دست‌خطش، به زیبایی امضای یک نقاش.

در دفتر کارش، پشت سرش تندیس بلورینی از «کارآفرین سال» خودنمایی می‌کرد؛ قاب‌های افتخارنامه‌ها و مصاحبه‌های رسانه‌ای با روزنامه‌های معتبر روی دیوار چیده شده بود. صدا، نگاه، لباس، واژه‌هایش—همه از موفقیت خبر می‌دادند.

اما در دل این تصویر بی‌نقص، چیزی در اعماق نگاهش پنهان مانده بود؛ حسی گنگ و سایه‌وار، شبیه پرنده‌ای در قفس طلایی که آواز نمی‌خواند، چون فراموش کرده چرا باید بخواند. آن نگاه، نگاه کسی بود که میان نور و موفقیت ایستاده، اما در درونش مه‌ای بی‌نام می‌پیچید. افسردگی‌اش با وقار بود—نه فریاد می‌زد، نه گریه می‌کرد—فقط در خطوط صورتش لانه کرده بود و هر روز، او را آرام و مرموزتر از دیروز، دورتر از خودش می‌برد.

اما در دلش، چیزی بی‌صدا خاموش شده بود...

صحنه‌ی کلیدی: جلسه در سکون

دستیار گفت: «جلسه با تیم توسعه آماده‌ست.»

کاوه سری تکان داد، نشست، لبخند زد، اما هیچ‌چیز درونش حرکت نکرد. همه درباره آینده حرف می‌زدند—اما او داشت گذشته را تکرار می‌کرد. یکی از مدیران جوان، با هیجانی کنترل‌شده و چشمانی که برق آینده در آن موج می‌زد، گفت: «یه ایده‌ی رادیکال دارم برای مسیر جدید...»

چشم‌هایش دنبال تأیید بودند، صدایش شوقی خاموش اما واقعی داشت. او از همان نسلی بود که هنوز رؤیا در کلامشان زنده است—و دلشان می‌خواهد دیده شوند، شنیده شوند، اثر بگذارند.

کاوه با لبخندی خشک، اما بی‌روح پاسخ داد: «الان وقت ریسک نیست. مسیرمون مشخصه. باید همونو ادامه بدیم.»

اما لحنش مثل خواندن متنی حفظشده بود، بی‌هیچ جان یا باور. کلماتی که شاید زمانی شعارش بودند، حالا فقط پوسته‌ای از روزهای گذشته بودند. حتی خودش هم نفهمید چرا این جمله را گفت؛ فقط گفت، چون سال‌ها بود که همین را می‌گفت. و در پشت آن لبخند حرفه‌ای، ردی از خستگی و گم‌گشتگی می‌لرزید. گویی ذهنش، از جلسه جا مانده بود؛ در جایی نامرئی، پشت صحنه‌ی این نمایش روزمره. و همان لحظه، صدایی از درونش گفت: «یا شاید... تو دیگه نمی‌خوای حرکت کنی.»

در درونش، طوفانی خاموش در جریان بود. افکاری مثل مه از زوایای ذهنش بالا می‌آمدند، بی‌آن‌که جهت داشته باشند. جمله‌هایی در ذهنش می‌چرخیدند: «چند وقته که چیزی ننوشتم؟»

«آخرین باری که از ته دل هیجان‌زده شدم کی بود؟»

«آیا من هنوز چیزی برای ساختن دارم، یا فقط دارم تکرار می‌کنم؟»

همزمان، صدای جلسه هنوز جاری بود. اما صداها برای کاوه مثل زنگ‌های

دوردستِ یک شهر فراموش‌شده بودند. واژه‌ها شکل نمی‌گرفتند، فقط نوسان می‌کردند. ذهنش از بدنش جدا شده بود، شناور، معلق، بی‌وزن.

در آن لحظه، حس کرد انگار کسی از درونِ او را صدا می‌زند—نه با فریاد، نه با التماس؛ با نجوا. نجوایی که شبیه خاطره‌ای دور بود، صدایی شبیه خودش، وقتی هنوز باور داشت آینده چیزی‌ست که باید فتح شود، نه چیزی که باید محافظتش کرد.

سکوت کوتاهی حکم‌فرما شد. میز کنفرانس بیضی‌شکل در میانه‌ی اتاقی مدرن، با دیوارهای شیشه‌ای و نور طبیعی ملایم از سقف‌گیرها، صحنه‌ی سکوت شده بود. صندلی‌های ارگونومیک یکی پس از دیگری میز را احاطه کرده بودند؛ لپ‌تاپ‌ها باز، ماژیک‌ها کنار وایت‌برد نیمه‌پاک‌شده، فنجان‌های قهوه نصفه‌نوشیده. فضای جلسه بوی فناوری و خستگی می‌داد.

نگاهی کوتاه میان همکاران ردوبدل شد—نگاهی از جنس مکث، نه قضاوت. برخی با انگشتانشان روی لبه‌ی لیوان بازی می‌کردند، برخی به نقاط نامشخصی در هوا خیره شده بودند. جوان‌ترین عضو تیم، با پیراهن چهارخانه‌ای ساده و صدایی که پیش‌تر می‌لرزید از هیجان، حالا نگاهش را به زمین دوخته بود؛ انگار زیر سنگینی سکوت، جمله‌اش را پس گرفته بود، حتی اگر بلند گفته بودش.

مهندس راد، مدیر ارشد فنی که سال‌ها در کنار کاوه کار کرده بود، ابروهایش را به هم گره زد؛ نه به‌خاطر مخالفت، بلکه از نوعی تردید. حس کرده بود چیزی در صدای کاوه فرق کرده؛ نه خشم، نه خستگی، بلکه حفره‌ای نامرئی در میان واژه‌ها.

مُنا، مدیر مالی، نگاهش را روی کاوه نگه داشت؛ نه با کنجکاوی، بلکه با نگرانی. او می‌دانست کاوه مرد تصمیم بود، نه تعویق. اما این‌بار، جمله‌هایش مثل برگ‌هایی بودند که در باد می‌ریختند.

و فضا، با اینکه هنوز پر از نور و لپ‌تاپ و صدای پروژه بود، حالا در لایه‌ای از

سردیِ نامرئی فرو رفته بود—مثل لحظه‌ای که همه چیز ادامه دارد، اما دیگر «زنده» نیست. گویی در اتاق، زمان ایستاده بود؛ نه به‌گونه‌ای تماشایی، بلکه مثل آبی راکد که چیزی در اعماقش تکان نمی‌خورد. آن‌چه باقی مانده بود، پوسته‌ای از حرکت بود—اما بی‌روح، بی‌جهت، بی‌صدا. و درست در دل همین بی‌زمانی، چیزی در ذهن کاوه شروع به لرزیدن کرد...

فلش‌بک: لحظه‌ی رسیدن

کاوه یادش بود اولین قرارداد میلیاردی‌اش را؛ همان لحظه‌ای که آدرنالین در رگ‌هایش فوران کرد، لب‌هایش بی‌اختیار به لبخند باز شدند، و انگار کل جهان برای لحظه‌ای ایستاد تا او را تماشا کند. صدای قلم که روی کاغذ نشست، مثل شکستن سد یک رویا بود—صدایی که تا عمق جانش نفوذ کرد و مثل ناقوس پیروزی در گوشش پیچید.

تلفنش بی‌وقفه زنگ می‌خورد. مادرش، با صدایی لرزان از شوق، گفته بود: «بهت افتخار می‌کنم.» همسرش همان شب چشم در چشمش دوخته بود و آرام، اما با غروری عمیق گفته بود: «تو قهرمانی.»

همه‌چیز در آن لحظه، کامل بود—نه فقط از نظر دستاورد، بلکه از جنس حس تعلق، دیده‌شدن، و به‌نتیجه‌رسیدن سال‌ها شب‌زنده‌داری. آن روز، برای کاوه، لحظه‌ای از جاودانگی بود؛ نقطه‌ای که در ذهنش حک شد، مثل پرچمی که بر فراز قله‌ای برافراشته باشد.

خودش، در خلوت اتاقش، روبه‌روی آینه ایستاده بود. موهایش کمی به‌هم‌ریخته، چشم‌هایش برق می‌زد. با صدایی آرام، اما پر از احساس گفته بود: «رسیدم...»

اما حالا، آینه هم برایش غریبه شده بود. نه تصویرش، نه چشم‌هایش، نه صدایی که از دهانش خارج می‌شد، شبیه آن مرد پیروزمند نبود.

نه از شکست، بلکه چون دیگر نمی‌دانست «بعدش» کجاست. و بدتر از ندانستن، این بود که حتی نمی‌خواست بپرسد.

فردای آن روز، که در تقویم به‌عنوان «شروع فصل تازه» یاد شده بود، هیچ‌چیز تازه‌ای نداشت. گوشی‌اش پر از پیام تبریک، ایمیل‌های دعوت‌نامه، و نوتیفیکیشن‌های شبکه‌های حرفه‌ای بود. اما کاوه فقط نگاه می‌کرد؛ بی‌آن‌که باز کند، بی‌آن‌که بخواند.

گوشه‌ی اتاقش، همان کت‌وشلواری که شب مراسم پوشیده بود هنوز آویزان بود. برق آن پارچه، حالا در چشم‌های او چیزی جز غبار نبود. نوت‌هایی که با هیجان برای پروژه‌ی آینده نوشته بود، هنوز روی وایت‌برد بودند—اما او دیگر حتی یک جمله از آن‌ها را دنبال نکرد.

شادیِ لحظه‌ی رسیدن، حالا در حال تبدیل‌شدن به باری بی‌صدا بود؛ مثل وزنه‌ای مخملی که روی سینه‌اش خوابیده باشد. و یکی از بعدازظهرها، بی‌دلیل، دفترچه‌ی چرم قدیمی‌اش را از کشوی میز بیرون کشید. همان دفترچه‌ای که روزگاری پر بود از ایده، نقشه، رویابافی. روی جلدش هنوز خط‌خوردگی سال‌های گذشته بود. آن را گشود، خودکار مشکی‌اش را در دست گرفت، اما...

هیچ‌چیز نیامد.

نه جمله‌ای، نه کلمه‌ای. فقط سفیدی صفحه بود و صدای نفس خودش.

خودکار را چرخاند، چند خط نامفهوم کشید. دستی کشید و پاک کرد. دوباره سعی کرد. اما واژه‌ها قهر کرده بودند. یا شاید ذهنش دیگر نمی‌دانست برای چه باید نوشت. آن لحظه، شبیه نشستن روبه‌روی آتش خاموش بود—جایی که هنوز خاکستر هست، اما شعله؟ نه.

و کاوه، با نگاه به صفحه‌ی خالی، فهمید که گم‌شدن، همیشه ناگهانی نیست. گاهی، فقط یک لحظه است؛ لحظه‌ای که دیگر چیزی برای گفتن نداری. و درست همان‌جاست که کاوه، برای اولین‌بار، حس کرد چیزی درونش دیگر نمی‌خواهد ادامه دهد... نه از خستگی، بلکه از نداشتن مقصد.

تحلیل روان‌شناختی این تونل

تونل رسیدن و ایستادن، یک تونل آرام و بی‌صداست؛ نه چون دردی دارد، بلکه چون آرامش می‌آورد—آرامشی گمراه‌کننده.

در ظاهر، همه‌چیز درست است: موفقیت هست، تحسین هست، دستاورد هست. اما چیزی در درون می‌پوسد؛ چون دیگر نیازی به «رفتن» حس نمی‌شود.

در این تونل، انسان: به قله می‌رسد، اما فراموش می‌کند که افق‌های تازه‌ای هم هست.

- با دستاوردهایش تعریف می‌شود، نه با رویاهای آینده‌اش.

- عادت می‌کند به «راحتی»، و راحتی را با رضایت اشتباه می‌گیرد.

این‌جاست که خطر آغاز می‌شود: وقتی موفقیت، تو را ساکن می‌کند، نه آزاد. وقتی «حفظ جایگاه»، مهم‌تر از «رشد شخصیت» می‌شود. و این‌جاست که در دل تحسین‌ها، تو بی‌صدا پژمرده می‌شوی.

نقطه‌ی بیداری

جمعه‌ای آرام بود؛ شبیه تمام جمعه‌هایی که کاوه فراموش‌شان کرده بود. اما آن روز، چیزی در دلش سنگینی می‌کرد. با قدم‌هایی بی‌صدا از راهروهای شرکت گذشت، جایی که سال‌ها با صدای موفقیت‌هایش زنده بود. اما حالا، فقط صدای کفش‌های خودش روی پارکت‌ها باقی مانده بود.

وارد اتاق شد. نور سرد پنجره روی میز افتاده بود. پشت صندلی نشست. دست روی موس گذاشت، اما کلیکی نکرد. به پنجره نگاه کرد. چراغ‌های دور، چشمک می‌زدند، اما کاوه هیچ‌کدام را نمی‌دید. ذهنش پر بود از سکوت.

در دل این سکوت، صدایی از جایی خیلی دور، اما خیلی نزدیک، گفت: «اگه امشب همه‌چی تموم شه... واقعاً افتخار می‌کنی؟ نه به تندیس، نه به صفرهای حساب—به خودت؟»

برای لحظه‌ای، لرز خفیفی در ستون فقراتش دوید. انگار حقیقت، پنجره‌ای شکسته در ذهنش باز کرده باشد. سال‌ها بود که این سؤال را از خودش نپرسیده بود. چون همیشه در حالِ دویدن بود. اما حالا ایستاده بود، و سؤال، فرصت کرده بود خودش را نشان دهد.

و همان‌جا، بدون دلیل خاص، با نگاهی پر از اندوهِ روشن، لبخند زد. آهسته گفت: «وقتشه دوباره راه بیفتم... نه برای سود، نه برای برند. فقط برای خودم.»

و همان‌جا، سفری آغاز شد. نه کاری، نه تبلیغاتی. فقط برای یک چیز: یافتن رؤیای جدیدی که دلش را دوباره روشن کند.

نتیجه‌گیری:

تونل رسیدن و ایستادن، زیر نور افتخارها رشد می‌کند و در سایه‌ی تحسین‌ها می‌پوسد. ما فکر می‌کنیم ایستادن، به معنای آسودگی‌ست؛ اما گاهی، فقط مرگی‌ست که بوی عطر می‌دهد.

قله، اگر رؤیایی تازه همراهش نباشد، فقط تماشاخانه‌ای‌ست برای مرور گذشته‌ها. و این‌جاست که باید یاد بگیریم: موفقیت، جای ماندن نیست— سکویی‌ست برای جهش بعدی. وگرنه، قله‌ای که روزی برای رسیدن به آن جان کندی، خودش تبدیل می‌شود به گور خاطره‌های ناتمام.

کاوه فهمید: مردن، همیشه با شکست نمی‌آید؛ گاهی فقط با یک «ایستادن بی‌صدا» آغاز می‌شود.

تونل پانزدهم

اهمال کاری – تونلی به‌نام «فردا»

تونل پانزدهم: اهمال‌کاری

تونلی به‌نام «فردا»

مقدمه:

اهمال‌کاری، همیشه با تأخیر شروع نمی‌شود؛ گاهی با یک مکث ساده آغاز می‌شود. مکثی میان «باید» و «می‌تونم». میان آن‌چه می‌خواهیم انجام دهیم و آن صدای نامرئی‌ای که در گوش‌مان می‌گوید: «الان نه... بعداً.»

تونل اهمال‌کاری، تنها تنبلی نیست. لباسی از منطق می‌پوشد: می‌گوید هنوز آمادگی نداری، وقتش بهتر خواهد شد، الان مناسب نیست. اما در دلش، ترسی‌ست عمیق از دیده‌شدن، از اشتباه‌کردن، از ناقص‌بودن.

و ما، برای نجات خود، عقب می‌کشیم؛ نه از کار، بلکه از مواجهه با خود.

این داستان، روایتی‌ست از کسی که تصمیم گرفت برای اولین‌بار، به جای فرار

از این صدا، بنشیند و بشنودش.

این فصل، داستان مهران است؛ مردی میان‌سال، موفق در ظاهر، اما ناتمام در درون. کسی که سال‌هاست در سکوت، ایده‌های درخشانش را در ذهن نگه داشته، ولی جرأت به‌زبان آوردنشان را نداشته. شاید چون مثل خیلی از ما، تونل «اهمال‌کاری» فقط یک عادت ساده برایش نبود؛ بلکه زنجیری بود که از کودکی بسته شده، با نخی نامرئی به صدای مادر، ترس از قضاوت، و وسواس کمال.

این روایت، فقط قصه‌ی مهران نیست. قصه‌ی همه‌ی ماست وقتی که:

- نمی‌نویسیم، چون جمله‌ی اول باید بی‌نقص باشد

- تماس نمی‌گیریم، چون نمی‌دانیم دقیقاً چه بگوییم

- شروع نمی‌کنیم، چون هنوز به «خودمان» اعتماد نداریم

اگر خودت را در واژه‌های او دیدی، نترس. همین دیدن، یعنی شروع.

داستان

نور زیتونی دیوارها در بعدازظهر نیمه‌ابری، حالتی میان آرامش و سنگینی به فضا داده بود. پنجره‌ها نیمه‌باز بودند و هوایی تازه و خنک، آمیخته با صدای محو کلاغ‌ها و عبور ماشین‌ها از خیابان پایین، وارد اتاق می‌شد. سکوت مطب، شبیه کتابخانه‌ای قدیمی، اجازه می‌داد هر واژه طنین بیندازد.

قوری چای دارچین روی میز بخار می‌داد. رایحه‌اش با بوی ملایم چوب قدیمی اتاق در هم می‌آمیخت و فضا را پر می‌کرد از حس حضور مادربزرگی غایب. روی میز، کنار قوری، بشقابی کوچک از بیسکوییت کره‌ای چیده شده بود، دست‌نخورده، اما دعوت‌کننده.

اتاق با وسواس زنانه‌ای چیده شده بود: کتاب‌هایی با جلدهای کهنه و نو کنار هم، چند قاب عکس از برگ خشک‌شده و شعرهایی قاب‌شده روی دیوار، کوسن‌هایی به رنگ‌های خاموش روی مبل‌هایی نرم، و نوری طبیعی که از میان

کرکره‌های کرم‌رنگ می‌تابید و همه‌چیز را به رنگ خاکستری روشن درمی‌آورد.

دکتر زمانی، با مانتویی نخودی با دوخت ساده و شال یشمی خوش‌رنگ، پشت میز چوبی کوچکی نشسته بود که کمی خراش‌خوردگی لبه‌هایش نشان می‌داد سال‌ها اینجا بوده. عینک را تا نیمه بینی پایین آورده بود و دستانش را آرام روی زانوها گذاشته بود. نگاهش، نه خیره، بلکه نرم و ساکن، درست مثل کسی که می‌خواهد بشنود، نه قضاوت کند.

مهران روی یکی از مبل‌ها نشسته بود. مردی چهل‌وچندساله با صورتی گرفته، ته‌ریشی چند روزه، ابروهایی کمی در هم، و چشمانی همیشه بیدار. شلوار کتان کرم‌رنگ به تن داشت و پیراهن چهارخانه‌ی سورمه‌ای با دکمه‌ی بالایی باز، که کمی چروک خورده بود. بند کفشش شل بود، مثل خودش: ناتمام، معلق، و همیشه در حال رها شدن.

پاهایش را کمی به زیر مبل جمع کرده بود. آرنج‌هایش را روی زانو گذاشته و دستانش را درهم قفل کرده بود. انگشت شستش بی‌قرار روی بند انگشت دیگر حرکت می‌کرد. نگاهش نه به روبه‌رو، که به کف دستش دوخته شده بود؛ گویی دنبال کدی قدیمی میان خطوط آن می‌گشت.

صدایش پایین بود. از آن نوع صداهایی که شنیده شدن را نمی‌طلبد، اما بی‌دعوت هم نمی‌ماند. لرزش آرامی در گلویش بود، انگار هر واژه‌ای با تردید از گلو عبور می‌کرد.

«نمی‌دونم دقیقاً از کی... ولی انگار همیشه اینطوری بودم. یه عالمه ایده تو ذهنمه. حتی گاهی ذوق‌زده می‌شم. ولی یه چیزی ته دلم می‌گه: صبر کن. هنوز وقتش نیست. و اون "وقت" هیچ‌وقت نمی‌رسه.»

دکتر زمانی سکوت کرد. فقط یک پلک نرم، فقط یک خم‌شدن جزئی سر، و فقط گفت:

«و فکر می‌کنی اون وقت، واقعاً منتظره؟ یا تو هستی که نمی‌ذاری بیاد؟»

مهران لبخند تلخی زد. خنده‌ای کوتاه، عصبی، که نیم‌رخ صورتش را کمی لرزاند. بغضش هنوز خاموش بود، اما راه گلو را بسته بود.

«من همیشه منتظرم. منتظر وقتی بهتر، حسی مطمئن‌تر، شرایط کامل‌تر. ولی هیچ‌وقت نمیاد.»

سکوت، عمیق‌تر از قبل، مثل پتوی سنگینی روی فضا افتاد. صدای برگ پتوس که به شیشه می‌سایید، تنها صدای جهان شد.

«من حتی توی بغل کردن دخترم، مکث می‌کنم... یه مکث لعنتی. چون حس می‌کنم اون لحظه باید کامل باشه. و چون کامل نیست، نمی‌کنم. عقب می‌کشم.»

اینجا، صدایش شکست. لرزید. و بعد، افتاد. پلک‌هایش را بست. بغضی که از آغاز جلسه، آهسته خودش را جا داده بود، حالا از گوشه‌ی چشمش بیرون زد. اشک، داغ، بی‌اجازه، از گونه‌اش پایین آمد.

دکتر زمانی آرام، فقط زمزمه‌وار گفت:

«گاهی، اهمال‌کاری، لباسی از عقل به تن می‌کنه... ولی در واقع، فقط یک ترس لختِ بی‌پناه ایستاده پشت اون نقاب.»

مهران سرتکان داد. لب‌هایش از هم فاصله گرفتند، اما کلمه‌ای نیامد. فقط نفس، تیز، و بی‌نظم. و بعد، آهسته گفت:

«شاید... چون همه‌ی عمر یاد گرفتم به خودم شک کنم. نه فقط تصمیم‌هام، حتی احساساتم. انگار همیشه باید اجازه می‌گرفتم برای اینکه بخوام.»

او مکث کرد. دستش را بی‌اراده به پیشانی‌اش برد. لحظه‌ای کشید. پلک زد. و در سکوت بعدی، اتاق گرم‌تر شد.

«شاید چون اولین باری که خواستم نشون بدم چیزی ساختم، چیزی کشیدم، مادر فقط گفت: چی ریختی رو فرش؟ چرا دکمه‌ها رو چسبوندی به شیشه؟

و اون شیشه‌ی مربا، با دکمه‌ها و قلب قرمزش، شد اولین چیز ناقص زندگی من.».

و بعد، چانه‌اش لرزید. شانه‌هایش بالا رفتند، ولی نه از خشم. از خاطره‌ای که تا مغز استخوانش را سوزاند.

اما گفت. و این یعنی شروع.

مهران لحظه‌ای پلک زد. نگاهش آرام به زمین برگشت، اما دست‌هایش هنوز در هم قفل مانده بودند. صدای تنفسش آرام‌تر شده بود، ولی هنوز تکه‌تکه.

چند ثانیه در سکوت گذشت، تا خودش دوباره گفت:

«یه بار یه پروژه بود... شغلی توی دوبی. یکی از هم‌دانشگاهی‌هام معرفی‌ام کرده بود. گفت: فقط یه ایمیل بزن، رزومه‌تو بفرست. بقیه‌ش با منه.»

صدایش صاف‌تر شده بود، ولی در هر واژه، چیزی از اندوهِ مچاله‌شده باقی مانده بود.

«رزومه رو باز کردم. نوشتم. ویرایشش کردم. دوباره نوشتم. یه هفته گذشت. گفتم باید عکس حرفه‌ای بذارم. فرداش گفتم فونت خوب نیست. بعدش گفتم شاید بهتر باشه یه دوره جدید هم برم... و بعد، ایمیل رو نفرستادم. اون موقع حتی نگفتم چرا. فقط گذاشتم کنار. و بعد از یه ماه، دیدم هم‌کلاسیم خودش رفته اون‌جا. همون فرصت، همون موقعیت.»

لب‌هایش از هم باز بودند، ولی نگاهش روی نقطه‌ای نامرئی قفل شده بود. گویی دوباره پشت همان مانیتور نشسته. همان لحظه. با انگشت روی دکمه‌ی «Send» ایستاده. اما هرگز نزده.

دکتر زمانی آرام گفت:

«گاهی آدم‌ها می‌ترسن از موفق شدن. چون موفقیت یعنی دیده شدن. یعنی سطحی جدید از خود بودن. و تو، مهران، سال‌هاست خودت رو در مرحله‌ی

ناتمام نگه داشتی. چون ناتمام بودن امنه. کسی تو رو کامل نمی‌بینه... پس کامل هم نقدت نمی‌کنه.»

مهران انگار ناگهان بیدار شده باشد. انگشت اشاره‌اش را آرام روی دسته‌ی مبل کشید، انگار دارد جای زخمی را لمس می‌کند.

با صدایی که حالا شبیه نجوا بود، گفت:

«من همیشه قبل از رسیدن، عقب کشیدم. چون رسیدن... یعنی مسئولیت. یعنی باید نگهش داری. و من از نگه‌داشتن چیزها، همیشه می‌ترسیدم.»

سکوتی نرم و بلند در فضا پیچید. دکتر زمانی چیزی نگفت. فقط نگاهش را برای چند لحظه بر مهران نگه داشت، بعد به‌آرامی پلک زد. گویی برای مهران، همین سکوت، معناتر از هر جمله‌ای بود.

مهران به عقب تکیه داد، نگاهش از پنجره گذشت، تا آسمانی نیمه‌ابری، که نه باران داشت، نه آفتاب کامل؛ چیزی بین رهایی و بلاتکلیفی. مثل خودش.

او نمی‌دانست قرار است از این جلسه چه چیز با خودش ببرد. درمانی در کار نبود. تصمیمی هم گرفته نشده بود. اما انگار چیزی درونش، برای اولین بار، نه می‌خواست کامل باشد، نه ناتمام. فقط می‌خواست، باشد.

و شاید، فقط شاید، این یعنی آغاز یک حرکت؛ نه انفجاری، نه شکوهمند. فقط لرزشی کوچک در دل زمین خشک‌شده‌ی درونش.

مهران لحظه‌ای سکوت کرد. دست راستش را آرام روی زانو گذاشت، اما بی‌قراری از نوک انگشت‌هایش شروع شد—خراش‌دادن نامحسوسِ پارچه‌ی شلوارش با ناخن شست. انگار اضطراب، جایی میان پوست و حافظه، پنهان شده بود و حالا راه باز می‌کرد.

نفس عمیقی کشید، ولی نصفه‌کاره رهاش کرد. صدای نفس در گلویش شکست.

«تا همین امروز صبح... یه ایمیل دیگه بود. یه پیشنهاد همکاری. فقط کافی بود جواب بدم: "موافقم." فقط همین. ولی ننوشتم. زل زدم به صفحه‌ی سفید. گفتم باید اول با خودم روراست شم. اول باید مطمئن شم که می‌تونم...»

دکتر زمانی با همان حالت نشسته، دست‌ها در هم، فقط سرش را کمی چرخاند. گفت:

«و اون مطمئن بودن، تبدیل شد به یه شرط جدید. یه گره تازه. گره‌ای که قرار نیست هیچ‌وقت باز شه. چون مطمئن بودن، وقتی به‌تنهایی می‌خوای تجربه‌ش کنی، فقط یه توهمه.»

سکوت.

مهران لب‌هایش را به‌هم فشرد. بعد آرام، شاید بی‌خودآگاه، به کیف چرمی‌اش نگاه کرد که روی میز مقابلش بود. نیمه‌باز. چیزی در آن چشمک می‌زد؛ دفترچه‌ای قدیمی.

چشمانش درخشید. نه از هیجان. از شناخت.

همان دفترچه‌ای که بارها تصمیم داشت با جمله‌ای شروعش کند. بارها. بارها.

زمزمه کرد:

«شاید... فقط یه جمله بنویسم. نه برای کار. نه برای رزومه. فقط... برای خودم.»

دکتر زمانی، کمی لبخند زد. آرام و انسانی.

و گفت:

«شروع همیشه همینه: صدایی که هنوز می‌لرزه، ولی سکوت رو شکست می‌ده.»

در راهرو، بعد از جلسه، سکوت هنوز همراه مهران بود. اما این‌بار، مثل سنگ

روی سینه نبود؛ بیشتر شبیه شنیدن یک موسیقی دور بود. چیزی در او می‌جوشید، آهسته ولی زنده.

روی نیمکت چوبی کنار پنجره، دفترچه را از کیف درآورد. نور غروب، خط‌ها را طلایی کرده بود. خودکارش را برداشت. دستش هنوز کمی می‌لرزید، اما تردیدش با ضربان قلبش هم‌زمان شده بود. ترسی بود، اما نه فلج‌کننده.

و نوشت:

«امروز، فقط نوشتم. نه برای برنده شدن. فقط برای اینکهِ دیگه عقب نرم.»
حالا مهران خاطره‌ای از فرصت ازدست‌رفته‌ای را بازگو می‌کند، با بیان احساسی، تصویرسازی دقیق، و تحلیلی عمیق از دکتر زمانی که در لحظه‌ی مناسب وارد می‌شود. اگر بخواهی، در ادامه می‌توانیم به نقطه‌ای برسیم که مهران نخستین نشانه‌های «تمایل به اقدام» را، حتی اگر کوچک، بروز دهد. ادامه بدهم؟

برای تو، خواننده‌ای که شاید گاهی مثل مهران سکوت کرده‌ای...

◄ کامل بودن، شرط شروع نیست شروع کن، حتی اگر جمله‌ات ناتمامه. حتی اگر صدات می‌لرزه. راه، با حرکت ساخته می‌شه، نه با انتظار برای زمان ایده‌آل.

◄ سکوت، همیشه عقلانی نیست. گاهی پشت سکوت، صدای ترسی نشسته که بلد شده حرف بزنه. صبور باش، اما بپرس: این سکوت از کجاست اومده؟

◄ هیچ‌کس تا ابد منتظر «مجوز خواستن» نمی‌مونه.

◄ خودت رو به رسمیت بشناس. احساساتت، تصمیم‌هات، رؤیات... همه حق دارن زنده گفته بشن.

◄ فرصت‌ها گاهی بازنمی‌گردن. نه برای ترسیدن، بلکه برای در آغوش کشیدن لحظه. به‌جای سنجیدن ده باره، گاهی فقط بگو: «الان وقتشه.»

◄ اهمال‌کاری، تنبلی نیست؛ محافظت خاموش از زخمی قدیمیه. اگر شناختیش، باهاش دشمن نشو. با مهربونی، با کنجکاوی، ببین کی و کجا پیداش شد.

◄ و یادت باشه: هیچ شروعی کوچک نیست... وقتی از دل یک ترسِ بزرگ میاد.»

تونل شانزدهم :
تمرکز بر حجم کار به جای نتیجه

تونل شانزدهم: تمرکز بر حجم کار به‌جای نتیجه

مقدمه

این فصل روایتی‌ست از روزهایی که در ظاهر پر از جنب‌وجوش‌اند، ولی شب که می‌رسی خانه، چیزی برایت نمانده جز خستگی و یک سوال بی‌پاسخ: «واقعاً چی انجام دادم؟»

ماجرای این فصل درباره‌ی کسانی‌ست که کار می‌کنند، زیاد هم کار می‌کنند، اما نه پیش می‌روند، نه به رضایت می‌رسند. چون اسیر یک تونل روانی‌اند: تونلی که آن‌ها را از «تمرکز بر نتیجه» می‌برد به «غرق شدن در شلوغی». جایی که حس مفید بودن با حجم کار اشتباه گرفته می‌شود.

در این قصه، با مکالمه‌ای صمیمی و دردآشنا میان دو مرد که هر دو از این مسیر گذشته‌اند، توهم تلاش بی‌وقفه و بی‌ثمر، موشکافانه باز می‌شود.

داستان

نور مهتابیِ سقف، سرد و یکنواخت، روی پرده‌ی سبز کم‌رنگی که تخت شماره ۲۸ را از بقیه جدا کرده بود، لرز می‌افتاد. صدای بوق‌های منظم مانیتور ضربان قلب، در فضای آرامِ بخش مراقبت‌های ویژه پخش می‌شد؛ جایی که زمان، آهسته‌تر از معمول می‌گذشت.

مردی پنجاه‌وچندساله، با پوستی پریده، دست‌های باندپیچی‌شده به دستگاه وصل بود. نفس‌هایش عمیق بود ولی پرزحمت. محمدرضا—مالک کارخانه‌ی بزرگ فرآورده‌های پروتئینی در جنوب کشور—سه شب پیش در راه بازگشت از کارخانه دچار سکته‌ی قلبی شده بود.

پرده کمی کنار رفت و دکتر آرمان وارد شد؛ مردی حدوداً شصت‌ساله با موهای جوگندمی مرتب، رد عینک نازک روی بینی‌اش، و صورتی که میان اقتدار و دوستی تعادل عجیبی داشت. رئیس بیمارستان، فوق تخصص قلب، و... دوست بیست‌ساله‌ی محمدرضا.

بی‌هیچ مقدمه‌ای، کنار تخت نشست، و با لبخندی خسته ولی گرم گفت:

«بالاخره اینطوری باید می‌نشستیم حرف بزنیم، نه توی راهروهای شلوغ کارخانه‌ی تو یا توی کنفرانس‌های من.»

محمدرضا، با صدایی خش‌دار، لبخند محوی زد. «تو از اونایی بودی که گفتی آروم‌تر کار کن... ولی کی گوش کرد؟»

آرمان خندید. نه بلند، ولی صادق. «چون خودم هم گوش نکرده بودم.» مکث کرد. نگاهش به دوردست خیره شد، شاید یاد اتاق عمل افتاده بود:

«یادته ده سال پیش؟ فشار کار باعث شد یه شب توی اتاق عمل چشمام سیاهی بره. اون شب، فکر می‌کردم بازم صبح باید سرکار باشم. حالا می‌فهمم، باید اون شب... می‌مردم تا یه چیزو بفهمم: حجم کار، اگر نتیجه نده، فقط خستگی تولید می‌کنه.»

محمدرضا لبخندی زد و آهی کشید. «تو لااقل فهمیدی. من، هنوز فکر می‌کردم اگه وایستم، همه‌چی می‌ریزه. فکر می‌کردم با زیاد کار کردن، دارم آینده می‌سازم. ولی... فقط آینده‌مو کوتاه‌تر کردم.»

آرمان سرش را پایین آورد. به صدای مانیتور گوش داد و آرام گفت:

«تو رو یادم نمی‌ره، وقتی یه روز یه سینی غذای آماده بردی وسط سالن بسته‌بندی و با افتخار گفتی: "خودم ایده دادم که یه سینی جدید بسازیم با فضای کمتر برای بسته‌بندی." بعد فهمیدیم که اون تغییر کوچیک، زمان باز و بسته‌کردن رو دو برابر کرده. چون به‌جای نتیجه، فقط به حرکت فکر کرده بودیم.»

محمدرضا خندید. این‌بار خنده‌ای بلندتر، از ته گلویی که حالا درد می‌کرد. «لعنتی... آره. فکر می‌کردم هر چی بیشتر بجنبی، یعنی کار بهتره.»

و بعد، لبخندش افتاد. و بغضی بی‌دعوت، آمد.

آرمان ساکت بود. گذاشت سکوت، حرف بزند.

«می‌خواستم مطمئن شم که هیچ کاری زمین نمونه. اما حالا که فکر می‌کنم... هیچ‌وقت نپرسیدم خروجی چیه. فقط چک لیست چیدم. فقط مشغول بودم. ولی حاصلش... یه بار توی دفتر، دخترم ازم پرسید: بابا واقعاً کارت چیه؟ گفتم: کار می‌کنم. گفت: یعنی چی؟ تو چی درست می‌کنی؟ و من هیچ جوابی نداشتم.»

دکتر آرمان گفت:

«هیچ‌کس برای حرکت، پاداش نمی‌ده. برای رسیدن پاداش می‌دن. باید یاد بگیریم حرکت‌هامون رو ارزیابی کنیم، نه فقط شمارش کنیم.»

محمدرضا آرام سرش را تکان داد. اشکی از گوشه‌ی چشمش پایین آمد. «تو می‌گی حرکت ارزیابی بشه. من هنوز یاد نگرفتم وایسم. حتی الان هم دلم می‌خواد لیست کارهای عقب‌مونده رو مرور کنم.»

آرمان گوشی‌اش را برداشت. صفحه‌ی روشن را به محمدرضا نشان داد. پیام‌های کاری، ایمیل‌های فوری، همه مثل نفس‌تنگی. با لحن جدی اما رفیق‌گونه گفت: «خاموشش کن. همین الان. این اولین کاریه که خروجی‌ش آرامشه.»

محمدرضا گوشی را گرفت. با انگشتی لرزان، دکمه را فشرد. صدای کلیک خاموش‌شدن دستگاه، شبیه آزادی بود. و برای اولین‌بار، فقط نفس کشید.

لحظه‌ای چشم بست. سکوتی به عمق خستگی سال‌ها.

آرمان، فرصت را مغتنم شمرد. عقب رفت و به پشتی صندلی تکیه زد، همان‌طور که انگشت‌هایش را به هم قفل کرده بود. با لحنی آهسته، گفت:

«رضا، این مدل فکر کردن، از آسمون نیفتاده. من وقتی خودم زیر این کوه از وظیفه و لیست و جلسه دفن شدم، رفتم عقب‌تر... تا برسم به خود بچگی‌هام. اونجا بود که دیدم چطور هر وقت مادرم می‌دید من نشستم یا بازی می‌کنم، فوری می‌پرسید: "کاری نداری انجام بدی؟ مشغول باش پسرم."»

محمدرضا چشمانش را باز کرد. نگاهش محو سقف بود، ولی دلش جای دیگری بود. لب‌هایش کمی لرزید:

«بابای من وقتی از در می‌اومد تو، صدای تلویزیونو قطع می‌کرد. می‌گفت: "آدم باید تا وقتی نفس می‌کشه، کار کنه." همیشه این جمله رو با لبخند تحویل می‌داد، ولی تهش یه تهدید بود. انگار اگه بایستم، یعنی دارم عمرمو تلف می‌کنم.»

آرمان سری تکان داد. با لبخندی تلخ گفت:

«در واقع، ایستادن فقط برای مرده‌ها بود... ماها باید می‌دویدیم تا آخر. حتی اگه نمی‌دونستیم به کجا.»

محمدرضا به آرامی خندید. نه از شوخی. از درد مشترک. صدای خنده‌اش رگه‌ای از اشک داشت.

«همین شد که من همیشه میدویدم. حتی وقتی لازم نبود. حتی وقتی داشتم اشتباه میدویدم. حتی وقتی فقط داشتم جا میزدم ولی اسمش رو میذاشتم کار.»

آرمان خم شد. دستش را روی مچ محمدرضا گذاشت:

«حالا وقتشه بایستی. برای اولین بار، آگاهانه. نه از ضعف، از انتخاب. چون حالا میدونی که زیاد بودن، یعنی چیزی نیست اگر معنایی نداشته باشه.»

محمدرضا آرام سرش را تکان داد. انگار جمله درونش تهنشین شده بود. صدایی نرم از گلویش بیرون آمد:

«من نمیخوام دیگه فقط بدوم. میخوام بدونم کجا میرم.»

نتیجه

تونل تمرکز بر حجم کار، خطرناکتر از آن است که به نظر میرسد. ما گاهی آنقدر میدویم که یادمان میرود چرا شروع کردیم. گاهی آنقدر درگیر کار میشویم که نتیجه را فراموش میکنیم.

این داستان، دعوتیست برای مکث. برای دیدن. برای بازنگری: آیا کاری که میکنم، واقعاً «کاری»ست؟ یا فقط «جنبوجوش بیثمر» است؟

تونل هفدهم:
همرنگ جماعت شدن

تونل هفدهم: هم‌رنگ جماعت شدن

مقدمه

گاهی دردناک‌ترین نقطه‌ی زندگی، آن‌جاست که تو دیگر خودت را نمی‌شناسی. نه به‌خاطر ضربه‌ای سهمگین، بلکه به‌خاطر سال‌ها انتخاب‌های کوچک، بی‌صدا، اما ویرانگر؛ انتخاب‌هایی برای «جا گرفتن»، برای «تأیید شدن»، برای «تفاوت نداشتن».

تونل هم‌رنگ جماعت شدن، مثل سایه‌ای آرام است که روی شخصیتت می‌افتد. اول، فقط از ترس تنها بودن، لبخند دروغی می‌زنی. بعد، حرف نزده‌ای را در دل نگه می‌داری. و سال‌ها بعد، دیگر نه فقط صدایت، که خودت را از یاد می‌بری.

از خورشید بنفش تا مردی بی‌رنگ

این داستان، سفر زندگی هادی‌ست—از کودکی تا بزرگسالی—که در هر مرحله، یک انتخاب مشابه را با نتایجی متفاوت تجربه می‌کند. سفری که به‌جای قهرمان شدن، فقط آینه می‌شود. و آن‌قدر خود را رقیق می‌کند، که تهِ فنجان زندگی‌اش، فقط آب مانده باشد... بی‌هیچ رنگی.

پنج سالگی | اولین سرکوب

کلاس پیش‌دبستانی با دیوارهای آبی کم‌رنگ، پُر از نقاشی‌هایی بود که از سقف آویزان شده بودند. بوی شیر بخاری‌دیواری، گواش‌های خشک‌شده، و تراشه مدادی که هنوز به دست‌های کوچک چسبیده بودند، در هوا می‌پیچید.

خانم آموزگار، خانم فرهمند، زنی حدوداً چهل‌ساله با صدای آرام اما قاطع، آرام دور کلاس می‌چرخید و گاه‌گاه روی نقاشی‌ها خم می‌شد و تشویق می‌کرد: «آفرین نیما! چه درخت قشنگی!» یا «باران خیلی قشنگ کشیدی ترانه!»

هادی، پسربچه‌ای با موهای صاف، چشم‌های درشت و لب‌هایی که زیاد نمی‌خندید، در گوشه‌ی کلاس نشسته بود. تنها بود. روبه‌روی کاغذ بزرگ سفید. با دقت و آرامش، خورشیدی بنفش کشید. نه به‌خاطر اشتباه، بلکه چون حسش این‌طور بود. خورشید در دلش، بنفش بود.

وقتی خانم فرهمند بالای سرش ایستاد، صدایش بلند شد:

- «خورشید باید زرد باشه عزیزم. این چه نقاشیه؟ درستش کن.»

هادی سرش را بلند نکرد. دست‌های کوچکش را جمع کرد. از ته کلاس صدای خنده‌ی ساسان و کیوان آمد: «خورشید بنفش؟ خنده‌داره!»

ترانه با چشم‌های درشتش از پشت میز هم نگاهش کرد. بدون حرف، فقط نگاه.

هادی لب‌هایش را جمع کرد، انگار می‌خواست چیزی بگوید، اما فقط زمزمه

کرد: «دوست داشتم این‌طوری باشه...»

آن شب، مادرش که در حال مرتب‌کردن کاغذها بود، نقاشی را دید. اخم کرد: «هادی! چرا این‌طوری کشیدی؟ آبرومونو بردی. همه خورشیدو زرد می‌کشن.»

و همان شب، اولین صدای قلبش که می‌خواست متفاوت باشد، خاموش شد. "با فرق داشتن، خجالت می‌کشی."

ده سالگی | انتخاب بی‌صدا

حیاط مدرسه، خاکی و گرم، با درخت‌های کاج بلند در انتهای زمین بازی. صدای زنگ تفریح پیچید و در یک چشم بر هم زدن، بچه‌ها مثل دسته‌ی پرنده‌ها، وسط زمین دویدند.

تیم‌کشی شروع شده بود. بچه‌ها دایره زده بودند. رضا، پسر قدبلند و باهوش کلاس، کاپیتان تیم قرمز بود. علی، پسر محبوب‌تر، پرسر و صدا، کاپیتان آبی.

هادی گوشه‌ای ایستاده بود. دلش می‌خواست برود پیش رضا. با او بارها بازی کرده بود. اما امروز، بیشتر بچه‌ها سمت علی رفته بودند. حتی مهراد و سعید، که همیشه با رضا بودند.

رضا نگاهی به هادی انداخت. با سر اشاره کرد: «میای؟»

هادی قلبش تند زد. یک لحظه مردد. اما از آن طرف، صدای علی بلند شد: «هر کی آبیه، بیاد این‌ور!» و بچه‌ها با فریاد دویدند سمت او.

هادی چند ثانیه‌ای نگاه کرد... و پاهایش، برخلاف دلش، رفتند سمت آبی.

رضا ساکت ایستاد. نگاهی پر از تعجب و اندوه انداخت، بعد برگشت و چیزی نگفت.

در بازی، تیم آبی باخت. ولی آنچه در دل هادی شکست، تنها یک تیم نبود. غرورش بود.

در سرویس برگشت، هادی سرش را به شیشه تکیه داده بود. اتوبوس بوی عرق بچه‌ها و صندلی‌های پارچه‌ای داشت. بیرون، کاج‌ها عقب می‌رفتند.

با صدایی درونی که پر از اندوه و بغض بود، این جمله را با خود زمزمه کرد: «باز هم... همرنگ جماعت شدم.»

همین‌که جمله در ذهنش نشست، حس تهوع‌آوری مثل خاری در دلش پیچید. انگار خودش را در آینه شکسته‌ای دیده باشد. احساس تنفر از تصمیمی که گرفته بود، به‌همراه شرم، اندوهی تلخ، و بویی آشنا از شکست و افسردگی، مثل موجی تاریک درونش را پر کرد. لحظه‌ای چشم بست. دست‌هایش را روی زانو فشار داد و زیر لب، تنها، شکست‌خورده، گفت: «دیگه از خودم خوشم نمیاد...»

هجده سالگی: رأیی که نداد

داشت. پنجره‌های نیمه‌باز، صدای پرنده‌ها را با بوی گچ و چوب مخلوط می‌کرد. هوا سنگین بود، نه از گرما، که از تنش قبل از رأی‌گیری.

پشت میز بلند چوبی، دو کاندیدا ایستاده بودند. سیاوش، پسری خوش‌زبان، شلوار جین مارک‌دار و کفش سفید نوک‌تیز، کنار تریبون با ژست دست‌های باز ایستاده بود. شوخی می‌کرد، حرف‌هایی می‌زد که جمعیت بخندند.

کنار او، مهتاب ایستاده بود. دختری قدبلند، موهای مشکی گوجه‌کرده، و صدایی آرام اما محکم. با جدیت از عدالت، برنامه، و تغییر حرف می‌زد. نه فانتزی، نه خنده. حرفش بوی فکر می‌داد.

هادی، روی صندلی آخر نشسته بود. دست‌هایش سرد شده بودند. رأی در دستش لرزید. یک نگاه به سیاوش انداخت، که لبخند می‌زد و برای همه دست تکان می‌داد. بعد به مهتاب، که آرام به کاغذهای برنامه‌اش نگاه می‌کرد.

او همیشه نوشته‌های مهتاب را دوست داشت. در روزنامه دیواری، همیشه نوشته‌هایش را زیرچشمی می‌خواند و ته دلش تحسینش می‌کرد. اما حالا...

جمعیت پشت سر سیاوش ایستاده بود. بچه‌ها با صدای بلند می‌گفتند: «سیاوش، سیاوش!»

مهراد که کنار هادی نشسته بود، گفت: «من که مطمئنم سیاوش می‌بره. تو چی می‌نویسی؟»

هادی مکث کرد. دست برد. اسم سیاوش را نوشت. صدای تا شدن کاغذ رأی، مثل شکستن استخوانی بی‌صدا بود.

چند دقیقه بعد، نتایج اعلام شد. مهتاب فقط چند رأی آورده بود. روی چهره‌اش شکست نبود. فقط اندکی سکوت، و بعد لبخند محوی. در میان هیاهوی سیاوش و دوستانش، مهتاب فقط گفت: «اشکالی نداره. ولی کاش اونایی که فکر می‌کنن، جرئت داشتن فکرشونو بنویسن...»

هادی از جای خود تکان نخورد. صدای او، مستقیم در قلبش نشست. قلبی که حالا سنگین، گناه‌کار و پُر از نفرت نسبت به خودش شده بود.

با خودش گفت: «باز هم... همرنگ جماعت شدم.»

و این‌بار، نه فقط احساس شکست، بلکه حس خیانت، حس بزدلی، و نوعی تنفر عمیق از درونش مثل وزنه‌ای در گلویش نشست. حس کرد در چهره‌ی مهتاب، خودش را دیده. خودش که می‌توانست بایستد، اما باز هم نایستاد.

لحظه‌ای با دست لرزان، رأی تا شده در جیبش را لمس کرد و زمزمه کرد: «من... دوباره خودم نبودم.»

بیست‌وهشت سالگی: ایده‌ای که بلعیده شد

اتاق جلسه‌ی شرکت در طبقه‌ی ششم یک ساختمان اداری قدیمی حوالی خیابان مطهری قرار داشت. پنجره‌ها نیمه‌باز بودند و صدای بوق و همهمه‌ی شهر از خیابان بالا می‌آمد. دیوارهای اتاق، خاکستری رنگ و بی‌روح بودند، و نور مهتابی سقفی با سرمایی یکنواخت روی صورت حاضران می‌افتاد.

ده صندلی دور یک میز بیضی‌شکل از ام‌دی‌اف روشن چیده شده بود. همه نشسته بودند: آقای فلاح، مدیرعامل، با عینک ته‌استکانی و صدای گرفته؛ ناهید، مدیر بازاریابی، زنی جدی با لبخندی خنثی؛ سهراب، جوانی پرانرژی که همیشه بلندتر از بقیه حرف می‌زد؛ و چند نفر دیگر که بیشتر تأییدکننده بودند تا تصمیم‌گیر.

هادی، حالا مردی با ریش مرتب و پیراهن سفید اتوکشیده، در انتهای میز نشسته بود. لپ‌تاپش باز بود، اما چشم‌هایش روی صفحه خیره نمانده بود. شب گذشته تا ساعت سه صبح روی یک ایده‌ی نو کار کرده بود؛ یک طرح ابتکاری برای جذب نسل جدید مشتریان.

دستش روی موس لپتاپ بود، ولی انگشتش بی‌حرکت.

جلسه که شروع شد، سهراب طبق معمول با هیجان از ایده‌های قبلی گفت. ناهید، با طمأنینه، گفت: «همون استراتژی قبلی رو ادامه بدیم بهتره. جواب داده.»

آقای فلاح گفت: «بله. ثبات مهمه.» و بعد نگاه چرخاند.

- «کسی نظری غیر از این داره؟»

نگاه‌ها برای لحظه‌ای کوتاه روی هادی ماند. قلبش تندتر زد. لب باز کرد. می‌توانست بگوید. باید می‌گفت. اما... فقط لبخند زد و سرش را پایین انداخت.

فلاح گفت: «پس ادامه بدیم با مدل قبلی. خوبه که همه موافقن.»

صدای کلیک ماوس‌ها در اتاق پیچید. هادی اما، صدایی درونش فریاد می‌زد:

«حرف بزن! بگو! ایده‌ت رو زدی زمین!»

سینه‌اش سنگین شد. احساس کرد دستش یخ کرده. با خودش گفت: «باز هم... همرنگ جماعت شدم.»

با همون جمله، موجی از سرخوردگی و پوچی به درونش هجوم آورد. انگار تمام

شب‌های بی‌خوابی، تلاش، شور ذهنش را با یک سکوت دفن کرده بود. در دلش، بیزاری عجیبی می‌جوشید؛ از خودش. از لبخند مصنوعی‌اش. از سری که پایین انداخت.

و بدتر از همه؟ سه ماه بعد، همان ایده‌اش را یکی از همکاران، در پروژه‌ای دیگر، به زبان آورد—و تحسین شد. مدیر عامل گفت: «چقدر نو و کارآمد!»

هادی همان‌جا نشست. و تنها صدایی که در ذهنش تکرار می‌شد: «وقتی حرف نزنی، دیگران با صدای تو موفق می‌شن.»

چهل سالگی: پدری خنثی

غروب پنج‌شنبه بود. نور نارنجی غروب، از لای پرده‌ی نازک اتاق نشیمن رد می‌شد و سایه‌ی خط‌خطیِ تور را روی دیوار می‌انداخت. خانه بوی چسب حرارتی و کاردستی خشک‌شده می‌داد. تلویزیون خاموش بود. سکوت خانه با صدای خفیف تیک ساعت دیواری پر شده بود.

آرین، پسر ده‌ساله‌ی هادی، وسط اتاق نشسته بود. موهایش نامرتب، چسب خشک‌شده روی انگشت‌ها، و چشمانش برق می‌زد از هیجان.

روی یک مقوای آبی، سیاره‌ای کشیده بود با خانه‌هایی مثلثی‌شکل، خورشیدی با پنج حلقه، و ماهی که می‌خندید. کنار تابلو، چند ستاره از فوم چسبانده بود. با دست‌های رنگی‌اش تابلوی کاردستی را بلند کرد و گفت:

ـ «بابا! اینو ببین! این یه سیاره‌ی خیالیه. خونش شبیه سفینه‌ست. خودم ساختمش!»

هادی روی مبل نشسته بود. روز کاری سنگینی داشت. پیراهنش هنوز تنش بود. لپ‌تاپش نیمه‌باز مانده بود. چشمانش خسته، اما بیدار. تابلو را نگاه کرد. مکث. ابرو کمی بالا رفت. لبخند نصفه‌ای روی لبش نشست. گفت:

ـ «خوبه... ولی اگه شبیه خونه‌های واقعی‌تر می‌ساختیش، شاید قابل فهم‌تر می‌شد.»

آرین اول لبخندش ماند. چند لحظه مات شد. بعد به تابلو نگاه کرد. دستش را پایین آورد. صدایی از او درنیامد. فقط تابلو را روی میز گذاشت و به آشپزخانه رفت تا دست‌هایش را بشوید.

هادی به جای او، ساکت ماند. در دلش چیزی فرو ریخت. نگاهی به تابلو انداخت. ذهنش رفت به سال‌ها پیش...

... به نقاشی خورشید بنفش. به خنده‌ی ساسان. به صدای مادرش. احساس کرد نفسش بالا نمی‌آید. بغضی نه از پشیمانی، که از تکرار، در گلویش نشست.

با خودش زمزمه کرد: «باز هم... همرنگ جماعت شدم.»

نه فقط برای خودش. این بار، برای پسرش. برای نسلی بعد.

چشمانش را بست. تصویری از آرین در ذهنش نقش بست؛ سال‌ها بعد، با همان سکوت، با همان نگاه خنثی. و آن لحظه، شاید اولین‌بار بود که هادی از چیزی بیشتر از خود، متنفر شد:

«از زنجیره‌ای که درش گیر کرده بود و داشت منتقلش می‌کرد.»

پنجاه سالگی: فروپاشی در سکوت

اتاق جلسه‌ای مدرن، در یکی از طبقات بالای برج شیشه‌ای شهر. سقف بلند، نورگیرهای بزرگ، و نمایی از خیابان‌های پرترافیک که در تابش صبحگاهی برق می‌زدند. دیوارهای شیشه‌ای، سکوت و فشار فضا را چند برابر می‌کرد.

ده نفر دور یک میز بزرگ نشسته بودند. همه در لباس‌های اتوکشیده، با چهره‌هایی جدی. صدای جابجایی کاغذ، تق تق انگشت بر روی میز، و گهگاه قل قل فنجان قهوه روی نعلبکی‌ها، تنها صداهای فضا بود.

مدیرعامل، مردی شصت‌ساله با موهای جوگندمی و کراوات پهن، رو به جمع گفت: «نیاز به یک نگاه تازه داریم. چیزی متفاوت. ایده‌ای نو که ما رو از رکود دربیاره. کسی هست که پیشنهادی بده؟»

چشم‌ها شروع به حرکت کردند. اول به میز، بعد به هم، سپس به هادی.

هادی، حالا مردی پخته با موهایی که در شقیقه‌ها خاکستری شده بود، آرام پلک زد. انگشتش روی خودکارش ضرب گرفته بود. قلبش تند می‌زد. یک ایده داشت. نه فقط ایده—یک نگاه تازه. اما لب‌هایش باز نشد.

سکوت سنگینی حاکم شد. مدیر، مستقیم به او نگاه کرد: «هادی؟ تو نظرت چیه؟ همیشه هم‌نظر جمع بودی، ولی حالا وقت خلاقیته.»

هادی دهان باز کرد. لب‌هایش لرزید. اما صدایی نیامد.

نگاهی گذرا به چشمان اطرافیان انداخت: ناهید با آن نگاه محافظه‌کار همیشگی‌اش. سهراب که همیشه آماده‌ی تایید بود. و چند همکار دیگر، بی‌تفاوت، منتظر. و هادی... باز هم فقط گفت: «به نظرم ادامه‌ی مسیر قبلی هم می‌تونه جواب بده.»

سکوت. مدیر آهی کشید و زیر لب گفت: «شاید نیاز به ذهن‌های تازه‌تری داریم...»

هادی نشست. هیچ‌کس چیزی نگفت. ولی در درونش، صدای ترک برداشتن چیزی بلند بود. چیزی شکست. نه با صدا. با فشار. ذهنش پرتاب شد به خورشید بنفش. به صدای معلم. به رای سفیدِ مهتاب. به آرین، و سیاره‌ی خیالی‌اش و زیر نور سفید و بی‌احساس آن اتاق مدرن، تنها جمله‌ای که در ذهنش مثل پتک کوبیده می‌شد، این بود: «باز هم... همرنگ جماعت شدم.»

اما این‌بار، صدایش درونی نبود. انگار جهان از درونش فریاد می‌زد. چشمانش تار شد. لبخند زد—نه از شادی، بلکه از نوعی آگاهی دردناک. لبخند کسی که فهمیده سال‌ها زندگی نکرده، فقط دوام آورده. نفس عمیقی کشید. نه برای ادامه. برای اعتراف.

«من هیچ‌وقت خودم نبودم... فقط کسی بودم که بقیه بخوان باشم.»

صحنه‌ی رهایی: بازگشت به رنگ خود

چند روز بعد، صبحی آرام در خانه. آسمان خاکستری، اما بی‌باران. هادی در اتاق کارش نشسته بود؛ جایی که پر بود از پرونده‌های قدیمی، کتاب‌های مدیریتی، و لوح‌های تقدیر. اما روی میز، چیزی متفاوت دیده می‌شد:

یک جعبه‌ی کهنه، از جنس مقوای ضخیم، خاک‌گرفته و فراموش‌شده.

آن را باز کرد. میان کاغذهای قدیمی و مدادهای رنگی شکسته، کاغذی نیمه‌پاره افتاده بود. همان نقاشی بچگی. خورشیدی بنفش، آسمانی پر از پرنده، و امضایی کودکانه. هادی لحظه‌ای در جا خشک شد. انگشتش را آرام روی خطوط مداد شمعی کشید. حس کرد چیزی در وجودش دارد از جا کنده می‌شود. چشم‌هایش پر شد. اشک پایین نیامد، فقط ماند. شفاف. سنگین.

به اتاق آرین رفت. پسرش خواب بود. آرام کنار تختش نشست، تابلوی قدیمی کاردستی را برداشت. بوسه‌ای آرام روی آن زد. و همان‌جا، تصمیم گرفت.

رفت به آشپزخانه. از کشوی پایینی، مداد رنگی‌ها را درآورد. آرام، روی میز ناهارخوری نشست. دست لرزانش را روی صفحه‌ی سفید گذاشت و... دوباره همان خورشید بنفش را کشید. این‌بار، با اشتیاق. زیر نقاشی نوشت: «این‌بار، برای خودم. و برای پسرم.»

در همان لحظه، حس عجیبی به او بازگشت. نه شادی. نه غم. چیزی شبیه آزادی. شبیه رهایی از بندی نامرئی. حس کرد هوایی تازه وارد ریه‌هایش شده. هوایی که بوی رنگ داشت. بوی کودکی. بوی خودش. برای اولین‌بار، نه برای تایید، نه برای دوام، بلکه برای بودن، خورشید را بنفش کشید.

و این، آغاز نجات بود.

نتیجه

اگر هنوز گاهی حس می‌کنی باید شبیه دیگران باشی تا دیده شوی، دوست داشته شوی یا پذیرفته شوی، بدان که این احساس، جهانی‌ست. اما خطرناک‌ترین قسمت این تونل، آرامش ظاهری آن است. تو خودت را حذف نمی‌کنی با یک تصمیم ناگهانی. با لبخندی مصنوعی، سکوتی مصلحتی، یا رأیی که مطابق دیگران است، آرام‌آرام ناپدید می‌شوی.

شاید تو هم در کودکی، خورشید بنفشت را پاره کرده باشی. شاید هنوز داری در جلسات، مدرسه، خانواده، یا حتی شبکه‌های اجتماعی، خورشید زرد می‌کشی—چون جمع این را می‌پسندد.

اما روزی می‌رسد که این سکوت، سنگین می‌شود. و آن روز، انتخاب خواهی کرد: یا به این خاموشی ادامه بدهی، یا برخیزی و رنگ خودت را پس بگیری.

یادمان باشد: تفاوت، ترسناک نیست. تفاوت، صدای حقیقی ماست. و اگر کسی تو را به‌خاطر خورشید بنفشت نپذیرد، اشکالی ندارد—تو هنوز خودت هستی.

این‌بار، برای خودت باش. نه برای تایید. نه برای تأمین. فقط برای بودن.

سخن آخر | پلی به فصل آینده

هادی برای بازسازی گذشته‌اش به زمان سفر نکرد. او فقط در یک لحظه، شجاعت این را یافت که خودش را از زیر خاک فراموشی بیرون بکشد.

و شاید همین، تمام کاری‌ست که ما باید انجام دهیم.

هم‌رنگ جماعت شدن، ما را از مسیر خود واقعی‌مان منحرف می‌کند. ولی هر انحرافی، اگر دیده شود، می‌تواند مسیر شود.

مهم این نیست که چند بار خودت را سرکوب کردی؛ مهم این است که آیا آماده‌ای از این به بعد، صدای خودت باشی؟

در فصل بعد، سفری تازه آغاز می‌شود؛ سفری به درون «نقاب موفقیت»— جایی که شاید بدرخشی، اما پشت چهره‌ای که دیگر شبیه تو نیست...

اگر هنوز گاهی حس می‌کنی باید شبیه دیگران باشی تا دیده شوی، دوست داشته شوی یا پذیرفته شوی، بدان که این احساس، جهانی‌ست.

اما خطرناک‌ترین قسمت این تونل، آرامش ظاهری آن است. تو خودت را حذف نمی‌کنی با یک تصمیم ناگهانی.

با لبخندی مصنوعی، سکوتی مصلحتی، یا رأیی که مطابق دیگران است، آرام‌آرام ناپدید می‌شوی.

شاید تو هم در کودکی، خورشید بنفشت را پاره کرده باشی. شاید هنوز داری در جلسات، مدرسه، خانواده، یا حتی شبکه‌های اجتماعی، خورشید زرد می‌کشی—چون جمع این را می‌پسندد.

اما روزی می‌رسد که این سکوت، سنگین می‌شود. و آن روز، انتخاب خواهی کرد: یا به این خاموشی ادامه بدهی، یا برخیزی و رنگ خودت را پس بگیری.

یادمان باشد: تفاوت، ترسناک نیست. تفاوت، صدای حقیقی ماست. و اگر

کسی تو را به‌خاطر خورشید بنفشت نپذیرد، اشکالی ندارد—تو هنوز خودت هستی.

این‌بار، برای خودت باش. نه برای تایید. نه برای تأمین. فقط برای بودن.

تونل هجدهم:
رشد در ظرف کوچک

تونل هجدهم: رشد در ظرف کوچک

مقدمه

بعضی از تونل‌ها با دیوارهای تاریک، سیاه و نمور نمی‌آیند. بلکه با بوی نان داغ صبحگاهی، آغوش مهربان مادری، یا نگاه مردی که با دلسوزی می‌گوید: «فعلاً این‌جا بمون، امن‌تره.» تونل‌هایی که نه زخمی‌ات می‌کنند، نه می‌ترسانند؛ فقط بی‌صدا، تو را در ظرفی کوچک نگه می‌دارند. ظرفی که یک روز، از آن بزرگ‌تر می‌شوی—اما آن‌قدر دیر که دیگر رمق بیرون آمدن نداری...

بخش اول: ماهی

ساعت نزدیک ظهر بود. آفتاب تند تابستان بر تن درختان جنگلی می‌تابید و بوی علف‌های خیس در نسیم کوهستانی جاری بود. پسرکی حدوداً نه ساله، با پیراهنی چهارخانه‌ی آبی و شلوار کوتاه خاکی، لب رودخانه‌ای جاری زانو زده بود. پاهایش در آب خنک می‌لرزیدند، و چشمانش در میان جریان، دنبال

جنبشی برق‌آسا می‌گشتند.

و ناگهان دید: ماهی کوچکی با بدن نقره‌ای که زیر نور خورشید مثل آیینه در آب می‌درخشید. با دستانی پرهیجان، آرام و محتاط، آن را به دام انداخت. ماهی در میان انگشتانش لرزید، چشم‌هایش درشت و مضطرب، دمش ضربه‌زن، اما بی‌پناه.

پسرک به خانه برگشت. خانه‌ای کاهگلی با حیاطی مستطیل‌شکل، دو پله‌ی سیمانی، و حوضی کوچک با لبه‌هایی ترک‌خورده. درخت انجیر در گوشه‌ای سایه انداخته بود و مادر، با روسری گل‌دار، مشغول تمیز کردن سبزی بود. مادر وقتی ماهی را در سطل دید، گفت: «چه قشنگه! بندازش تو حوض، اون‌جا زنده می‌مونه.»

و ماهی، با قطره‌هایی از رود، در حوض افتاد.

اوایل، حوض شبیه بهشتی کوچک بود. آب آن شفاف و خنک، مثل بلور، انعکاس خورشید را می‌بلعید و با هر موج کوچکی، هزار رنگ را روی تَن ماهی می‌پاشید. برگ‌های درخت انجیر، مثل چترهای سبز، سایه‌ای نرم روی سطح آب می‌انداختند. غذا هر روز سر وقت می‌رسید؛ دانه‌هایی ریز که با صدای چک‌چک دست پسربچه روی آب، شناور می‌شدند. ماهی با اشتیاق دور می‌زد، می‌جهید، گاه از سطح بیرون می‌آمد و دوباره شیرجه می‌زد.

اما روزها گذشت. آب دیگر آن‌قدر شفاف نبود. خزه‌ها از گوشه‌های حوض بالا می‌آمدند. بوی کمی ماندگی در فضا پخش می‌شد. نور، حالا نه با بازی، که با ضعف می‌تابید. ماهی دیگر نمی‌پرید. دیوارها را به خاطر سپرد: هر گوشه، هر سنگ، هر موج. فهمید حوض، نه مسیر دارد، نه مقصد. فقط یک حلقه‌ی بسته است. فقط جایی برای زنده‌ماندن، نه برای رفتن. نه برای رشد. نه برای کشف.

ماهی هر روز، با بدنی کمی سنگین‌تر، آرام به سطح آب می‌آمد. حالا دیگر کوچک نبود. باله‌هایش کشیده‌تر شده بود، خطوط نقره‌ای تنش با نوری ملایم می‌درخشید. اما چشم‌هایش آن شور و جست‌وخیز سال‌های اول را نداشت.

با هر بار بالا آمدن، از پشت شاخه‌های انجیر، نوار باریکی از آسمان را نگاه می‌کرد—آن‌هم فقط تکه‌ای محدود و قاب‌شده، نه آبی بی‌کران.

هر روز می‌آمد. هر روز بزرگ‌تر می‌شد. و هر روز چیزی از درونش آرام‌آرام خاموش‌تر می‌شد. دیگر صدای رودخانه نمی‌آمد. تنها چیزی که می‌شنید، صدای خش‌خش رادیوی قدیمی پدر خانواده بود که بی‌وقفه خبر پخش می‌کرد. گاهی صدای بوق ماشین‌ها از کوچه، یا همهمه‌ی پسرکی که دیگر با او بازی نمی‌کرد.

حوض همان حوض بود. اما ماهی دیگر همان ماهی نبود. در دلش، حس می‌کرد بزرگ شده. حس می‌کرد باید جایی برای رفتن باشد. اما دیوارهای حوض، محکم‌تر از قبل، دورش را گرفته بودند. حس می‌کرد این حوض برایش تنگ شده. اما هیچ راهی نمی‌دید. فقط همان بالا آمدن‌های روزانه، با دل‌گرفتگی‌ای بی‌نام، و حسرتی که هیچ واژه‌ای برایش نداشت.

پسر بزرگ شده بود. دیگر آن کودک خیال‌پرداز لب رودخانه نبود؛ نوجوانی بود با موهای آشفته، پیراهن تنگ جین، گوشی موبایل در دست و نگاه‌هایی که از بی‌حوصلگی می‌گذشتند. دوستانش عصرها با موتورهای پرسروصدا به کوچه می‌آمدند. لباس‌های تیره، صدای بلند موزیک از اسپیکر موبایل، و بوی تنباکو همه‌جا را پر می‌کرد.

در یکی از همان عصرها، هوا کمی گرفته بود، نور غروب انگار سنگین‌تر روی حیاط افتاده بود. صدای موتور خاموش شد، و سه پسر داخل شدند. یکی از آن‌ها، با خنده‌ای شیطنت‌آمیز گفت: «هنوز اون ماهی هست؟ شرط می‌بندم نمی‌تونی بگیریش!»

پسر لبخندی زد، گوشی را کنار گذاشت و آستین‌هایش را بالا زد. گفت: «شرط؟ اگه گرفتم، می‌ندازیمش رو زغال!» دوستانش خندیدند. یکی از آن‌ها تابه‌ی فلزی را از انبار آورد. دیگری زغال را دمید.

ماهی، از دور، سایه‌ها را دید. آسمان کوچکش تیره شده بود. آب، لرزید. موجی

کوتاه، و بعد دستی درون حوض. ماهی، بی‌اختیار، سعی کرد به گوشه‌ای پناه ببرد. اما بدنی سنگین داشت. پریدن را یادش رفته بود.

دست به درون آب فرو رفت، ناگهانی و خشن. ماهی، لرزید. اما غریزه‌اش بیدار شد. با باله‌ای نیرومند، ناگهانی به گوشه‌ای شیرجه زد. دست در آب لرزید، قطرات پاشید، اما به تور نخورد. خنده‌ای آمد: «فرز شده!»

پسر دیگر کمر خم کرد، این بار با جدیت. دستش را آهسته پیش برد، درست مثل آن روز اول، اما این‌بار ماهی دیگر آن کودکِ بازیگوش نبود—ترسی در جانش دویده بود. از لابه‌لای خزه‌ها گذشت، به طرف گوشه‌ی تاریک حوض، اما صداهای بیرون او را تعقیب می‌کردند. صدای قهقهه، صدای «بگیرش!» صدای شعله.

دستی دیگر، از سمت مخالف. ماهی دوباره چرخید، اما بدنی که زمانی سبک بود، حالا سنگین‌تر شده بود. جستی نصفه زد، به دیوار خورد، موجی کوتاه و ناامید.

و در نهایت، یک چنگ. دست، این‌بار محکم‌تر بود. ماهی بالا کشیده شد. آب از تنش چکه کرد. دنیا، یک‌باره نورانی شد. هوا خشک بود. خورشید نیمه‌مرداد در آسمان می‌سوخت. صداها در گوشش می‌پیچیدند: «آخیش! گرفتی!» «حالا بندازش!»

در تشت فلزی افتاد. خودش را به دیواره زد، دمش را کوبید، اما فلز، سرد و بی‌رحم بود. شعله بالا رفت. صدای جرقه، صدای هیس زغال خیس‌شده. صدای تمسخر.

ماهی، که روزگاری با رقص نور و آب می‌زیست، حالا در محاصره‌ی شعله‌هایی بود که نه از قضا، که از بی‌رحمی بی‌خیالانه‌ی آدم‌ها زاده شده بودند.

و ماهی، که روزگاری زیر نور خورشید در رودخانه می‌رقصید—در آب‌های آزاد، با صدای زلال جریان، با عمقی بی‌پایان و آزادی در هر جهت—حالا در میان شعله‌هایی خاموش شد که نه از قضا، بلکه از بی‌تفاوتی آمده بودند. او

همه‌چیز را از دست داده بود: جریان رود، عمق آب، آبی بی‌مرز، نور بازیگوش خورشید بر سطح مواج، حتی حس انتخاب. و در عوض چه به دست آورده بود؟ یک حوض کوچک، سقفی تنگ، روزهایی تکراری، و در نهایت، تابه‌ای داغ و خنده‌های سرد. تاوان امنیت، مرگ بی‌صدا بود.

ماهی دیگر رمقی نداشت. پریدن یادش رفته بود. تمام آن سال‌ها که خیال می‌کرد در حال زیستن است، در حقیقت فقط در حال به تعویق انداختن مرگی بی‌صدا بود. و حالا، میان دود زغال، شعله‌های سرخ و خنده‌هایی که او را نه یک موجود زنده، بلکه یک بازی تفریحی می‌دیدند، نفس آخر را کشید. چشمانش، که روزگاری انعکاس آفتاب را می‌ربود، کم‌نور شد. و در آخرین لحظه، فهمید که چه بهایی پرداخته: بهای نرفتن، نترسیدن، و ندانستن این‌که دنیای بزرگ‌تری هم هست. مرگی نبود که یک‌باره آمده باشد؛ این پایان، سال‌ها در حوضچه شکل گرفته بود.

بخش دوم: آیدا

اتوبان جنوب، زیر نور نارنجی و سنگین غروب، کش‌دار و خسته به نظر می‌رسید. بادی خاک‌آلود با ذرات معلق، مثل پرده‌ای غبارآلود روی آسفالت می‌رقصید. کامیون‌ها با صدایی خفه و کشیده می‌گذشتند، و پژو ۴۰۵ خاک‌نشسته‌ای، با صندوق عقبی نیمه‌باز و طنابی شل، در امتداد خط سفید آهسته پیش می‌رفت. هر از گاهی صندوق عقب با ضربه‌ای خفیف تکان می‌خورد و ذرات گرد و غبار از لبه‌های آن بالا می‌پریدند.

درون صندوق، میان چمدان‌های قدیمی و پتویی با نقش گل‌های محو شده، دختری دوازده‌ساله نشسته بود: آیدا. شال نخی خاکستری‌اش نیمی از موهای نامرتبش را پوشانده بود. صورتش رنگ‌پریده، گونه‌هایش کمی آفتاب‌سوخته، و چشم‌هایش شفاف اما خسته بود—چشمانی که انگار بیشتر از سنش، راه دیده بودند. زانوهایش را بغل گرفته بود و به خط افق دوردست، که آرام‌آرام در مه غروب محو می‌شد، خیره مانده بود. کنار دستش، چرخ خیاطی مادربزرگ بود؛ چرمی کهنه روی آن کشیده شده بود و دسته‌ی لقش با هر لرزش ماشین،

صدا می‌داد.

بوی پلاستیک کهنه، گاز ماشین، و گرد جاده، بوی خاص مهاجرت داشت؛ بویی که همیشه با دل‌تنگی، سؤال، و کمی امید آمیخته است. در آن لحظه، آیدا نه فقط در صندوق عقب یک ماشین، که در آستانه‌ی یک زندگی تازه نشسته بود—زندگی‌ای که نمی‌دانست قرار است او را بسازد، یا به مرور از درون بشکند.

شال نخی خاکستری، صورتی رنگ‌پریده، و چشمانی خسته داشت. دست‌هایش دور زانو حلقه شده بود. کنارش، چرخ خیاطی قدیمی مادربزرگ، با جلدی چرمی و دکمه‌ای که همیشه لق می‌زد. بوی پلاستیک، گاز ماشین، و غبار تابستان، فضا را گرفته بود.

تهران را ترک می‌کردند. پدر، با پیراهن آستین‌کوتاه سفید و خودکاری در جیب، از آوار کاری در اداره راه، به مأموریت جدیدی در شهر کوچک فرستاده شده بود. شهری کوهپایه‌ای، با خانه‌های سنگی، مدرسه‌ای با یک کلاس نقاشی، و کوچه‌هایی که بوی نان تازه می‌داد اما پنجره‌ای به رؤیا نداشت.

خانه‌ی جدید، دو اتاق با سقف‌های کوتاه و دیوارهای سفیدآهکی داشت؛ ساده، ساکت، و کمی نمور. پنجره‌های کوچک با شیشه‌هایی موج‌دار که نور را کدر می‌کردند، منظره‌ای از کوچه‌ی خاکی و بام‌های کاهگلی خانه‌های اطراف را نشان می‌دادند. کف خانه با فرش‌های کهنه‌ای پوشیده شده بود که گوشه‌هایشان بالا آمده و با تکه‌چوبی مهار شده بودند.

حیاط، پر از گلدان‌های سفالی بود که از لب آن‌ها نعنا و شمعدانی آویزان شده بود. در گوشه‌ای، یک آینه‌ی مستطیلی که قاب چوبی‌اش از باران و آفتاب ترک برداشته بود، تکیه داده شده بود به دیوار.

مغازه‌ی مادربزرگ در همان حیاط بود—فضایی نیمه‌باز، با سقف شیروانی کوتاه و بوی ترکیبی از پارچه‌ی تازه، چسب، و اتوی داغ. قفسه‌هایی چوبی در دیوار نصب شده بود، پر از قرقره‌های رنگارنگ نخ، کشوهایی که با صدای جیر جیر باز می‌شدند، و جعبه‌هایی پر از دکمه‌های براق. میز کار بزرگ وسط

مغازه قرار داشت؛ رویش لکه‌های رنگ، جای سوختگی اتو، و تکه‌پارچه‌هایی که همیشه در حال تغییر بودند. آینه‌ی شکسته‌ای در گوشه‌ی اتاق نصب شده بود؛ نصفه، ولی هنوز کافی برای دیدن نیمه‌ای از رؤیا.

آیدا، آرام‌آرام، کنار همان میز بزرگ شد. اولین بار که سوزن را در دست گرفت، هوا بوی چای دارچینی و صابون رختشویی می‌داد. مادربزرگش با روسری قهوه‌ای و دامن گشاد گل‌دار، کنارش ایستاده بود و با مهربانی مراقب انگشت‌های لرزانش بود. آیدا روی تکه پارچه‌ی سفید، دوختی بی‌نظم زد—کج و معوج، ولی از ته دل. آن شب تا دیروقت بیدار ماند تا همان دوخت را چندبار تمرین کند.

و روزی رسید که با دست خودش، برای عروسک پارچه‌ای‌اش یک لباس آبی دوخت. وقتی مادربزرگ با لبخند گفت: «این‌و خودت دوختی؟!» برق چشمانش مثل شیشه‌های رنگی مسجدی در آفتاب ظهر درخشید.

چند ماه بعد، مادر سفارش یک لباس برای مشتری را به آیدا سپرد. پارچه بنفش بود با طرح گل‌های طلایی. آیدا برش زد، الگو کشید، دوخت. با دقتی وسواس‌گونه. وقتی مانتو آماده شد، زن میانسالی که برای مراسم عقد دخترش آمده بود، نگاهی انداخت و گفت:

«یقه‌اش زیادی بلنده. آستیناش هم یه کم فانتزیه. ساده‌ترش کن. مثل بقیه.»

آیدا لبخند زد. گفت «چشم.» ولی دلش فروریخت. احساس کرد طرحش را پوشانده‌اند، درست مثل پارچه‌ای که روی آینه‌ی شکسته‌ی گوشه‌ی اتاق می‌کشیدند.

آن شب، در دفتر طرح‌هایش نوشت: "اینا هنوز منو نمی‌بینن. شاید یه روز ببینن. شاید یه‌روز جای دیگه‌ای."

نخ‌ها برایش شعر می‌گفتند. دکمه‌ها خاطره داشتند. مانتوهایی می‌دوخت که هیچ‌کس شبیهش را ندیده بود. اما مشتری‌ها فقط یک چیز می‌خواستند: «چیزی شبیه کارهای قبل.»

او پذیرفت. خندید. سر تکان داد. اما هر شب، پیش از خواب، دفتر طرح‌هایش را ورق می‌زد. لباس‌هایی با یقه‌های باز، آستین‌های بلند، و رنگ‌هایی که جرات می‌خواست.

سالیانی بعد، شاگردی پیدا کرد: رها. با ذهنی باز، تلفنی هوشمند، و چشمانی درخشان. روزی گفت: «می‌خوای بیای دبی؟ بوتیک بزنیم؟ من رابط دارم. کارهات برند می‌شن.»

آیدا لبخند زد. قلبش لرزید. پلک‌هایش تندتر شدند. صدای رها، انگار از فاصله‌ی دورتری می‌آمد. ذهنش پر شد از صحنه‌هایی موازی—ویترینی در دبی، تابلو نئونی با نام مشترک‌شان، دختران جوانی که لباس‌هایی با برچسب آیدا را می‌پوشند. اما بعد، صدایی آرام، با لهجه‌ی آشنا، در ذهنش گفت: «اینجا مطمئن‌تره... هنوز خیلیا هستن که بهت احتیاج دارن.»

او مکث کرد. دست‌هایش را روی زانوانش گذاشت. نگاهش را از چشم‌های درخشان رها برداشت. از پنجره، کوچه‌ای خاکی دیده می‌شد. صدای گاری می‌آمد و زنگ دوچرخه. و با صدایی نرم اما محکم گفت: «فعلاً نه.»

همان شب، پشت چرخ نشست. لباس سفیدی می‌دوخت. صدای نخ و سوزن در اتاق پیچید. بوی اتو، بوی گرم پارچه، و صدای آهسته‌ی رادیو. دستش لرزید. دلش هم.

در گوشه‌ای، دفترچه‌ای بود. روی آن، طرحی که فردا قرار بود در ویترین بوتیک دبی، با امضای رها، رونمایی شود. و در دل آیدا، صدایی خاموش زمزمه کرد:

«تو هم در این حوض ماندی. نه از روی ناتوانی. از روی عادت.»

لباس سپیدی که می‌دوخت، کم‌کم زیر دستش ایستاد. چرخ خیاطی، انگار صدایش خاموش شد. پارچه‌ای که می‌دوخت، شبیه لباسی بود که می‌توانست در فشن‌شوی پاریس بدرخشد—اما قرار بود فردا، با برندی دیگر، در جایی دیگر، معرفی شود.

آیدا سرش را بالا آورد. اتاق ساکت بود. فقط بوی گرم پارچه، و صدای رادیویی که حالا دیگر محو شده بود. او، در آن لحظه، چیزی را از دست داده بود که سال‌ها برای ساختنش زحمت کشیده بود—نه طرح، نه پارچه، نه برند.

بلوغِ رویا. صدای بلندِ "من می‌تونم". فرصتی که از کنارش گذشت، بی‌آن‌که به دنبالش برود.

او سال‌ها، به خیال اینکه دارد رشد می‌کند، فقط در همان ظرف کوچک مانده بود. و حالا، درست مانند ماهی، فهمیده بود که آن ظرف، فقط جای زنده‌ماندن بود و نه زندگی.

نتیجه

ماهی، خودش نخواست در حوض بماند. آیدا هم نه. اما هر دو، زمانی که هنوز امیدی برای شنا کردن بود، پشتِ احساس امنیت، جا ماندند. و آن ظرفی که زمانی به نظرشان پناهگاه می‌آمد، کم‌کم دیوار زندان‌شان شد.

اگر تو هم گاهی در دل شب، میان کارهای تکراری، نگاهت می‌افتد به رؤیایی قدیمی که زمانی از درونت می‌جوشید... اگر گاهی دلت برای خودت تنگ می‌شود، برای آن نسخه‌ای که بی‌پروا رؤیا می‌بیند...

اگر هنوز صدای رودخانه‌ای در تو جاری‌ست که هیچ‌کس نمی‌شنود، بدان: آن صدا، نجات‌دهنده‌ی توست.

رشد، با ترک عادت شروع می‌شود. آزادی، با یک «نه» به آسودگی کوچک. و رؤیا، با جرأتِ پریدن از دیوارهایی که روزی به‌خاطر دوست‌داشتن‌شان ساخته شد.

بلند شو.

از لبه‌ی حوض بپر بیرون. تو برای دریا ساخته شده‌ای، نه برای این ظرف کوچک. وقت رفتن است.

تونل نوزدهم:

تغییر هدف به‌جای تغییر مسیر

تونل نوزدهم: تغییر هدف به‌جای تغییر مسیر

مقدمه:

بعضی وقت‌ها، نه از روی ترس، بلکه از جایی عمیق‌تر—از خستگی جان، از تاریکی فهم‌نشده، از نابلدی مطلق—تصمیم می‌گیریم که آرزو را دور بیندازیم، نه راهش را عوض کنیم.

شاید صدای اطرافیان، شاید فشار زمان، شاید خستگی از تلاش‌های بی‌ثمر، کاری کند که فراموش کنیم مقصد همان‌قدر ارزشمند است که زمانی در دل برایش لرزیده‌ایم. شاید فکر می‌کنیم راهی نیست. شاید فکر می‌کنیم شکست خورده‌ایم. اما اصل ماجرا این نیست. اصل ماجرا این است که ما فقط بلد نبودیم چگونه ادامه بدهیم، نه اینکه آرزویی بیهوده داشته‌ایم.

این تونل، درست وقتی فعال می‌شود که فشارِ موقتیِ یک بن‌بست، چشمان‌مان را به تمام راه‌های دیگر می‌بندد. جایی که ناامیدی به‌جای تأمل می‌نشیند، و ما به‌جای جستجوی راه‌های تازه، اصل مقصد را زیر سؤال می‌بریم. مثل کسی که چون از یک مسیر به خدا نرسیده، تصمیم می‌گیرد که خدا دیگر وجود ندارد. نه اینکه مسیر را عوض کند، بلکه کل هدف را می‌سوزاند. اینجا همان لحظه‌ی خطاست. جایی که آدم، به‌جای ایستادن و نفس کشیدن، خودش را از رؤیایش جدا می‌کند.

راه‌های رسیدن زیادند. اما حذف مقصد، حذف هویت است.

داستان: قطار، مه، و زنی میان شک و شهامت

قطار شیراز- تهران، آرام از دل ایستگاه بیرون خزید. نسیم بهاری همراه با رطوبت باران دیشب، بوی خاک نم‌خورده، شکوفه‌های بادام و ته‌مانده‌ی دود دیزل را در هوا پخش می‌کرد. لیدا پالتوی نازک خاکی‌رنگش را روی زانو انداخت و کنار پنجره نشست. بخار نفسش شیشه را مه‌آلود کرد.

کوپه نیمه‌گرم بود. چای تازه‌دم در استکان‌های کمرباریک روی سینی فلزی، میان واگن می‌چرخید. بوی چای و هل، آمیخته با بوی پارچه‌های نم‌کشیده، نان تازه، و اندکی بوی نفتالین از پتوهای قدیمی، فضای قطار را پر کرده بود. از راهروی واگن صدای برخورد پاها با کف آهنی، گاه‌به‌گاه سکوت کوپه را می‌شکست. صدای منظم ریل‌ها، همچون تپش قلبی یکنواخت، بی‌وقفه در پس‌زمینه می‌کوبید.

قطار به‌آرامی از شهرک‌های حاشیه‌ی تهران عبور می‌کرد. صدای سگ‌هایی که در دوردست پارس می‌کردند با بوق سنگین قطار درهم می‌آمیخت. دود کارخانه‌ها در مه گم می‌شد، و نور آفتاب تازه‌نفس از پشت کوه‌های البرز دزدکی سرک می‌کشید.

لیدا سرش را به پنجره تکیه داد. صورتی کشیده با پوستی گندم‌گون، ابروهایی پر و بلند، و چشمانی عسلی که حالا رنگ خستگی داشت. لب‌های بدون

رژ، فقط با رد کم‌رنگی از خشکی زمستان، کمی فشرده شده بودند. روسری خاکی‌رنگ با لبه‌ی دوزی‌شده روی شانه‌اش افتاده بود و پالتوی ساده‌ی کرم‌روشنش، مثل حال این روزهایش، نه تازه بود و نه کهنه.

صدای سوت چای‌فروش دوره‌گرد که از واگن عقبی می‌آمد، کم‌کم در ذهنش محو شد. بوی چای و بخار پتوهای قدیمی به مشامش می‌رسید. صورتش رنگ‌پریده بود. آخرین تصمیمی که گرفته بود، در ذهنش همچون طوفانی در حال چرخش بود: بستن گالری‌اش در شیراز و شروع کاری تازه در تهران... یا شاید ترک همه‌چیز.

لیدا یک طراح طلا و جواهر بود. نه از آن‌هایی که در گالری‌های لوکس فقط اسم‌شان روی تابلو می‌درخشد، بلکه از آن‌ها که از زیرزمین خانه‌ی پدری شروع کردند. اولین بار از ته‌مانده‌ی طلای شکسته‌ی مادربزرگش یک انگشتر ساخت. بعدها رفت کلاس‌های طلاسازی، شاگردی کرد، با دست‌های خودش قالب گرفت، ریخت، و پرداخت کرد. یک‌بار در نمایشگاه ملی صنایع دستی برنده شد. یک‌بار هم طرح گردنبندش در یک مزون پاریسی توجه‌ها را جلب کرد. اما بیشتر شهرتش به‌خاطر گالری کوچکش در خیابان خاک‌خورده‌ای از شیراز بود؛ جایی که طرح‌های ساده اما پرمعنایش مشتریان وفادار پیدا کرده بود.

با همه‌ی این‌ها، از چند ماه پیش، همه‌چیز شروع کرد به فروریختن. فروش پایین آمده بود. تورم دهان باز کرده بود و رکود مثل پتوی سنگین روی کسب و کارش افتاده بود. اجاره‌ی بالا، قبض‌هایی که هر ماه بیشتر می‌شدند، و مشتری‌هایی که فقط نگاه می‌کردند و می‌رفتند. یک روز برق گالری را قطع کردند. یک شب با چراغ قوه در دفتر نشست و طرح زد. سه ماه پیاپی دخل با خرج نمی‌خواند.

در تاریکی آن شب‌ها، طرح‌هایش روی کاغذ مثل جان‌مایه‌ای بی‌صدا می‌جوشیدند، ولی گویی دیوارها تنگ شده بودند. احساس می‌کرد هرچه بیشتر دست‌وپا می‌زند، بیشتر در گل فرو می‌رود. خواب‌هایش پر از

ویترین‌های خالی، گالری‌های تاریک، و ناتمام‌ماندن سفارش‌ها بود. یک بار حتی وقتی به مشتری وفادارش گفت «تا دو هفته‌ی دیگه آماده‌ست»، به‌جای لبخند همیشگی، اشکش بی‌هوا ریخت.

این شد که حالا، در این قطار، نشسته بود و فکر می‌کرد: شاید وقت آن رسیده که همه‌چیز را رها کند... یا شاید، فقط مسیر را عوض کند.

درونش پر بود از تضاد: زنی مهربان و مؤدب در برخورد، اما در سکوتش گاهی خشم‌هایی پنهان داشت. همیشه با دقت لباس انتخاب می‌کرد، حتی اگر ساده بود، باید هماهنگ می‌بود. وسواسی در نگاه، وسواسی در رؤیا. اهل خنده‌های بلند نبود، اما لبخندهای آهسته‌اش چیزی از گرما کم نداشت. حالا اما مدتی بود که همان لبخندها هم ته‌نشین شده بودند.

هم‌کوپه‌ای‌اش، زنی میانسال با لهجه‌ی آباده‌ای، شالی گلبهی روی شانه‌اش انداخته بود و صدای زیلوی نرم زیر بقچه‌اش با هر حرکتش خش‌خش می‌کرد. بوی نان شیرمال و پنیر تازه از سفره‌ی کوچک‌اش بالا می‌زد. چهره‌اش آرامش داشت و نگاهش مهربان بود.

با لبخندی گفت: "نوش جون کن دخترم، سفر بی چای نمی‌چسبه."

صدایش آرام و خش‌دار، شبیه بوی چوب نیم‌سوخته بود.

لیدا که در افکارش غرق بود، با مکثی کوتاه لبخند زد. صدای زن نرم و مادرانه بود، طوری که بخشی از خستگی‌اش را شُست. گفت: "ممنونم... بوی چای‌تون آدمو پرت می‌کنه به خونه‌ی مادربزرگم... همون آشپزخونه‌ی کوچیک با پنجره‌ی رو به حیاط..."

بوی چای بهارنارنج زن، با حرارت بخار، فضایی صمیمی و ساده در کوپه ساخته بود. صدای خش‌خش آرام کشیده‌شدن کیسه‌ی نایلونی بر صندلی، زن را به فکر برد: "پس هنوز اون خونه هست. تا وقتی آدم یه خاطره‌ی گرم داره، یعنی هنوز یه جایی برا برگشتن هست."

لیدا زیر لب، انگار دارد با خودش حرف می‌زند، گفت: "گاهی وقتا نمی‌دونم واقعاً باید برگردم یا ادامه بدم... انگار وسط یه پل ایستادم. پشت سرم دود، جلوترم مه."

زن، با دستی لرزان اما مطمئن، ظرف چای را جلو آورد. بخار از لبه‌ی استکان بالا می‌رفت، صدای قل‌قل کمرنگ آب جوش از فلاسک هنوز در فضا بود: "آدم فقط وقتی باید برگرده که از راه خسته شده، نه از مقصد. گاهی فقط باید کفشاتو عوض کنی، نه مسیرتو."

قطار وارد تونلی شد. واگن تاریک شد. نور سبز بالای کوپه، سایه‌ی چهره‌ها را کشدار و وهم‌انگیز کرده بود. صدای فلز به فلز پیچید. بوی آهن داغ و نم وارد کوپه شد.

زن گفت: "منم یه روزی تصمیم گرفتم همه‌چی رو ول کنم. وقتی بچه‌م رفت خارج. حس می‌کردم دیگه کاری ندارم اینجا... قلبم خالی شده بود."

لیدا نگاهش کرد. چشمان زن برق می‌زد. از آن برق‌هایی که از زخمِ التیام‌یافته می‌آید. بوی چای سردشده زیر بینی‌اش آمد، تلخ و آرام: "و چی شد؟ ول کردی؟"

زن لبخند زد. نگاهش رفت سمت بخار چای:

«نه. یه باغچه زدم پشت خونه. کوچیک بود، اما برام دنیایی شد. از بچه‌م دور بودم، ولی از خودم نه. آدم نباید از خودش دور شه.»

قطار ایستاد. صدای مردی از بیرون پیچید: "فالوده شیرازی! آلبالو، لیمو، گلاب تازه!"

بوی گلاب و یخ، با صدای ترق و تروق قاشق‌هایی که به دیواره‌ی ظرف خورده می‌شدند، در فضا پیچید. بوی سرد فالوده، شبیه نسیم عصر تابستان در کوچه‌های خاکی، به کوپه خزید.

زن هم‌کوپه‌ای یک لیوان گرفت، با انگشت اشاره آهسته دور لیوان چرخاند:

"بیا بچش، فالوده‌ی راهه، شیرین اما یخزده، درست مثل بعضی تصمیمای زندگی."

لیدا لب زد، صدایش آرام بود، شبیه اعتراف:— "من فالوده‌ی رؤیاهامو گذاشتم یخ بزنه..."

زن نگاهی گرم به او کرد، صدایش نرم و نافذ شد:— "هنوزم می‌شه گرمش کرد. شاید نه با آفتاب، با اراده. باور کن تو هم می‌تونی."

در دلش چیزی روشن شد.

ناگهان حرف‌های زن، مثل چوب کبریتی در تاریکی ذهنش، جرقه‌ای زد. همان‌طور که بخار چای از لب استکان بالا می‌رفت و بوی گلاب هنوز در فضای کوپه مانده بود، ذهنش آرام به عقب برگشت. یک تصویر، روشن و زنده، مثل پرده‌ای سینمایی روی فکرش نشست:

تابستانِ سالی بود که انگار آفتاب هم داغ‌تر از همیشه می‌تابید. پنکه‌ی سقفی اتاقش بی‌صدا می‌چرخید، کتاب‌های تست تلنبار شده بودند، و ناامیدی مثل ملافه‌ای نمدار روی تنش نشسته بود. کنکور را خراب کرده بود. در را بسته بود تا گریه‌هایش را کسی نبیند. صدای مادری که پشت در می‌گفت «اشکال نداره، یه راه دیگه پیدا می‌کنی» فقط ته قلبش می‌لرزاند.

همه گفتند برو سراغ رشته‌ای دیگر. خودش هم مدام بین بله و نه در نوسان بود. اما یک شب، همان وقتی که بوی چای زغالی حیاط با بوی شب‌بو قاطی شده بود، تصمیم گرفت خودش راهش را باز کند. آن شب تا سحر نقاشی کشید. صبح فردا، فرم ثبت‌نام کلاس طراحی آزاد را پر کرد. شب‌ها تا صبح طراحی می‌کرد، روزها در کلاس‌های کارگاهی شاگردی می‌کرد. تنهایی، سختی، بی‌پولی—همه بود. اما شش ماه بعد، وقتی اولین سفارش رسمی‌اش را گرفت و دستی را که تابلو را تحویل می‌گرفت دید که لرزش خفیفی از هیجان دارد، فهمید راهش را پیدا کرده. بعدتر، گالری‌اش را همان‌جا با دست خالی، اما با دستِ پر از ایمان، راه انداخت.

و حالا...

با خودش گفت: "اون موقع فقط یه دختر خسته و ناامید بودم، توی اتاقی تاریک، با دل شکسته، بی‌پول، بی‌انگیزه... اما تسلیم نشدم. تو اون شب داغ و ساکت تابستون، که حتی پنکه هم حوصله نداشت بچرخه، یه چیزی درونم روشن شد. نه بلد بودم، نه مطمئن بودم... ولی شروع کردم. آزمون ندادم، مسیر خودمو ساختم. راه خودمو کندم از دل دیوار. حالا چرا یادم رفته که همون آدمم؟ چرا این‌بار، تو این تاریکی کاری، دارم خودمو جا می‌زنم؟ چرا به جای پیدا کردن مسیر، دارم رؤیامو عوض می‌کنم؟"

رؤیایی که مدت‌ها زیر خاکستر روزمرگی پنهان مانده بود، حالا انگار نفس تازه‌ای کشید. آرام، اما قطعی.

در ذهنش تصویر یک مسیر تازه شکل گرفت: نه یک رویای تازه، بلکه همان رؤیای قدیمی در لباسی نو. یک پلتفرم فروش آنلاین، آموزش طراحی طلا برای زنان خانه‌دار، برگزاری ورکشاپ‌های مجازی از خانه. بی‌نیاز از گالری فیزیکی، بی‌نیاز از اجازه دیگران. فقط خودش، و توانایی‌اش، که حالا دوباره یادش آمده بود.

قطار به پیچ تندی رسید. لرزش ناگهانی واگن باعث شد فنجان چای کمی بریزد و بخار گرم آن به گونه‌اش بخورد. لبخندی زد، اما نه از جنس آرامش—از جنس شهامت. با خودش زمزمه کرد:

"تمام نمی‌کنم. تغییر می‌دم. راه رو، نه رؤیا رو. همون‌طور که اون شب تابستونی نکردم. همون‌طور که هنوز بلدم چطور دوباره بسازم."

چشمانش را بست. دلش هنوز سنگین بود، اما دیگر بی‌جهت نمی‌تپید. سکوتی از جنس صلح، آرام در وجودش نشست. تصمیم گرفته بود. و این‌بار، نه برای پاک کردن، که برای ادامه دادن.

نور آفتاب از لابه‌لای ابرها بیرون زد. تلالویش بر شیشه‌ها افتاد. بوی نارنج و خاک گرم، از پنجره‌ی باز وارد شد. صدای دور زنگ دوچرخه‌ای در حیاط یک

خانه روستایی بیرون واگن، دلش را لرزاند.

لیدا پالتو را مرتب کرد، دفترچه‌اش را درآورد، و نوشت:

"من از نو شروع می‌کنم. نه چون رؤیام اشتباه بود، چون بالاخره راه درستش را پیدا کردم."

نتیجه:

گاهی مشکل از هدف نیست، از راهی‌ست که انتخاب کرده‌ای.

مثل کسی که به‌جای گشودن راهی تازه به سوی خدا، خودش را بی‌خدا می‌پندارد؛ تو هم ممکن است چون از یک مسیر نتیجه نگرفته‌ای، به کلی خواسته‌ات را کنار بگذاری.

اما دست نگه‌دار... شاید فقط باید راه تازه‌ای بیابی.

رؤیای درست را حذف نکن. فقط مسیر را عوض کن.

در همان قطاری که فکر می‌کردی پایان راه است، ممکن است مسیر تازه‌ای آغاز شود.

و اگر روزی تردید دوباره آمد، جمله‌ای را از دل یاد بیاور: «من تمام نمی‌کنم. من ادامه می‌دهم، از راهی دیگر. چون رؤیایم، هنوز زنده است.»

گاهی مشکل از هدف نیست، از راهی‌ست که انتخاب کرده‌ای.

مثل کسی که به‌جای گشودن راهی تازه به سوی خدا، خودش را بی‌خدا می‌پندارد؛ تو هم ممکن است چون از یک مسیر نتیجه نگرفته‌ای، به کلی خواسته‌ات را کنار بگذاری.

اما دست نگه‌دار... شاید فقط باید راه تازه‌ای بیابی.

رؤیای درست را حذف نکن. فقط مسیر را عوض کن.

در همان قطاری که فکر می‌کردی پایان راه است، ممکن است مسیر تازه‌ای آغاز شود.

تونل بیستم:

تمرکز بر تغییر دیگران به جای خود

تونل بیستم: تمرکز بر تغییر دیگران به جای خود

وقتی به جای ساختن خودت، می‌خواهی دنیای اطراف را تعمیر کنی...

مقدمه

آدم‌هایی را دیده‌ای که تمام انرژی‌شان را صرف اصلاح دیگران می‌کنند؟

مدیرهایی که مدام از تیم‌شان گلایه دارند، ولی خودشان رشد نمی‌کنند؟

پدر و مادرهایی که فرزندانشان را به کلاس خودشناسی می‌فرستند، ولی هنوز با خشم خود کنار نیامده‌اند؟

یا زوج‌هایی که درصدد تغییر یکدیگرند، اما حتی یک گام در مسیر خودسازی برنداشته‌اند؟

چند بار فکر کرده‌ای اگر فلانی عوض شود، همه‌چیز بهتر می‌شود؟

آیا از خود نپرسیده‌ای: «چرا این‌قدر روی تغییر دیگران حساس هستم؟ نکند

چون روبه‌رو شدن با خودم سخت‌تر است؟»

ما در روزگاری زندگی می‌کنیم که خودشناسی با مشاوره دادن اشتباه گرفته شده است. هرکسی پادکستی دارد، هرکسی در حال «آگاه‌سازی» است، اما کمتر کسی خودش را آگاه می‌کند. گویی نسل ما پر است از مربیانی که هنوز خود، بازی را یاد نگرفته‌اند.

در این میان، تونل خاموش ما را در بر می‌گیرد: تونل تمرکز بر تغییر دیگران. در این تونل، آینه را رها می‌کنی و به‌جای آن، دست به تمیز کردن شیشه‌های غبارگرفته‌ی اطراف می‌زنی.

همه باید تغییر کنند. دنیا باید بهتر شود. اما تو، هیچ‌گاه از خودت نمی‌پرسی:

من چقدر از آن‌چه نقد می‌کنم، در خودم دارم؟

داستان: وقتی «تحول» فقط در حرف است...

فرهاد، مدیر یک شرکت استارتاپی بود. دفترش در نگاه اول، نمونه‌ای از مدرن‌ترین فضای کاری به‌نظر می‌رسید: دیوارهای تمام‌شیشه‌ای که نور طبیعی را سرازیر می‌کرد، میزهای سفید و مینیمال، گلدان‌های کوچک زینتی، و یک لوگوی نئونی درخشان در انتهای سالن کنفرانس. اما در لایه‌ی زیرین، فضا پر بود از اضطرابی خاموش. همه‌چیز شبیه موفقیت بود، اما هیچ‌کس احساس موفق بودن نداشت. ظاهر دفتر، برای نمایش بود؛ باطنش، برای فرار از روبه‌رو شدن با حقیقت.

فرهاد با کت‌های طوسی، گوشی هوشمند همیشه در دست، و راه‌رفتن‌هایی با قدم‌های دقیق، اقتداری خاموش را تداعی می‌کرد. بلد بود چطور جملات انگیزشی بگوید—«تغییر از درون شروع می‌شود»، «ما باید مسئولیت‌پذیر باشیم»، «ذهن رشد یعنی پیروزی»—اما نه خودش تغییر می‌کرد و نه از دیگران می‌پذیرفت.

وقتی اوضاع بحرانی شد، آوا را استخدام کرد: مشاور جوان تحول سازمانی.

دختری حدوداً سی ساله، با موهای فر کوتاه، عینک گرد و صدایی بلند. رزومه‌اش پر بود از مدرک‌های بین‌المللی کوچینگ و تجربه‌هایی کوتاه اما درخشان. در جلسات، با شور وارد می‌شد، اسلایدهای بولد نمایش می‌داد، و با لحن TED گونه می‌گفت: «باید نگرش‌هامون رو بازتعریف کنیم».

جلسه‌های اول شبیه نمایش بود. کاوه مدیر مارکتینگ، زیر میز با دوستش چت می‌کرد: «جلسه‌ی انگیزشیِ امروز... نسخه‌ی تکراری دیروزه.» سمیه، مسئول منابع انسانی، دفتری را برای تظاهر باز کرده بود. مهدی، طراح ارشد، به صفحه‌ی خالی خیره مانده بود و نرگس، تازه‌وارد مشتاق، میان باور و تردید دست‌وپا می‌زد. لیلا، گرافیست خاموش، فقط نگاه می‌کرد و طراحی نمی‌کرد.

سه ماه گذشت. پروژه‌ی «پُل» متوقف شد. کمپین‌ها اجرا نشدند. نیروهای کلیدی رفتند. جلسات لغو شدند. اما فرهاد همچنان گفت: «تیم به بلوغ نرسیده» و آوا تأکید کرد: «نیاز به آموزش بیشتر دارند».

تا آن جلسه‌ی خاص...

طراح جوان ایستاد و گفت: «شما هیچ‌وقت نمی‌پرسین خودتون چقدر آماده‌ی تغییرین.»

سکوت سنگینی در فضا افتاد. بعد، سمیه گفت: «ما از شعار خسته‌ایم.»

مهدی گفت: «الهام از بین رفته.»

کاوه گفت: «شما خودتون، بزرگ‌ترین مانع رشد مایین.»

نرگس گفت: «من به سکوت تربیت شدم، نه به رشد.»

و لیلا گفت: «وقتی شنیده نمی‌شیم، تصویر بی‌معناست.»

آن شب، همه رفته بودند. آوا به فنجان قهوه خیره بود. فرهاد به دفترچه‌اش. مکالمات درونی‌شان بیدار شد: «من فقط تکرار کردم... هیچ‌وقت نزیستم.»

ـ «فکر کنم ما از تغییر، فقط ابزار ساختیم... نه مسیر. فکر کنم ما از تغییر،

فقط ابزار ساختیم... نه مسیر.»

و آوا آهسته گفت: «من فقط یاد گرفتم دیگران رو تحلیل کنم. نه خودمو.»

آن شب، دفتر نه بسته شد، که برای اولین‌بار گشوده شد.

«تغییر را ابزار نکن؛ آن را زندگی کن.»

گاهی آن‌چه ما «پایان تلخ» می‌دانیم، آغاز تلخِ رهایی‌ست. این سکوت، شکست نبود؛ اعتراف بود. نطفه‌ی چیزی تازه بود: تغییری واقعی، نه در دیگران—در خود.

نتیجه:

گاهی آن‌قدر مشغول تغییر دادن دیگران هستیم که فراموش می‌کنیم خودمان ناتمام مانده‌ایم.

فرهاد می‌خواست تیمش رشد کند. آوا می‌خواست تحول ایجاد کند. اما هیچ‌کدام حاضر نبودند ابتدا در آینه نگاه کنند. و تونل همین‌جا شکل می‌گیرد: جایی که نیت خوب، بی‌آن‌که بفهمی، تو را به مسیر نادرست می‌کشاند.

تو چطور؟

آیا تو هم گاهی پشت نقد، آموزش یا دلسوزی، خودت را پنهان کرده‌ای؟

اگر پاسخ آری‌ست، بدان که همه‌چیز از یک پرسش ساده آغاز می‌شود:

«من سهم خودم در این وضعیت چیست؟»

پرسیدن همین یک سوال، مسیر را عوض می‌کند. نه فقط برای دیگران؛ اول، برای تو.

شاید وقت آن رسیده باشد که از تصحیح جهان، برگردی به ساختن خودت.

تونل بیست و یکم:
اعلام به جای اجرا

تونل بیست ویکم : اعلام به‌جای اجراء

وقتی گفتن، جای انجام دادن را می‌گیرد...

مقدمه

چند بار پیش آمده که ایده‌ای نو در سرت جرقه زده و همان لحظه با هیجان گفته‌ای: «حتماً اینو اجرا می‌کنم!»

و بعد... هیچ.

ما در دنیایی زندگی می‌کنیم که بیشتر از «حرکت واقعی»، به «نمایش حرکت» جایزه می‌دهد.

دنیایی پر زرق‌وبرق، که در آن نور رینگ‌لایت (لامپی که برای تولید محتوا استفاده می‌شود)، مهم‌تر از نور تلاشِ نیمه‌شب است. جایی که اگر کارت را بلد نباشی، اما بلد باشی چطور درباره‌اش پست بسازی، برنده‌ای.

در این دنیای شو، کافی‌ست بگویی «در راهیم» یا «داریم یه اتفاق بزرگ رقم می‌زنیم»—نه کسی سؤال می‌پرسد، نه کسی نتیجه می‌خواهد. فقط باید بلد باشی «ظاهر موفقیت» را بازی کنی.

انگار دیگر لازم نیست چیزی را تمام کنی؛ فقط کافی‌ست تصویر شروع را در قاب بگذاری و منتشر کنی. همین کافی‌ست تا همه تو را در حال پیشرفت ببینند، حتی اگر سال‌هاست قدمی برنداشته‌ای.

اما این دقیقاً همان تونل است.

تونلی که در آن، احساس پیشرفت با خود پیشرفت اشتباه گرفته می‌شود.

تونلی که در آن، هیجان اعلام جای درد ساختن را می‌گیرد.

جایی که فقط چون حرفی زده‌ای، خیال می‌کنی کاری کرده‌ای.

انگار گفتنِ «من در راه‌ام»، خودش معادل رسیدن است.

در حالی که مسیر، با سکوت و عرق پیش می‌رود— نه با استوری و استیکر.

اعلام، قرار نیست پایان باشد. حتی شروع هم نیست. تا زمانی که کاری انجام نشده، هیچ‌چیز تغییر نکرده است—جز تصورت از خودت. تونل اعلام به‌جای اجرا، تونلی‌ست برای کسانی که بی‌وقفه شعار می‌دهند، بدون آن‌که زمین را شخم بزنند.

داستان: مدیر پروژه‌های ناتمام

هوا خشک و داغ بود. آفتاب، مستقیم و بی‌رحم، از آسمانی بی‌ابر می‌تابید و آسفالت حیاط مدرسه را داغ کرده بود؛ طوری که نفس کشیدن، مثل بلعیدن گرما بود. مانی ۹ ساله، در شهر بندری‌ای در جنوب ایران زندگی می‌کرد—جایی که ظهرها، آسمان آبی نبود، سفید بود؛ سفید از شدت حرارت. با لباسی چسبیده به تن و پیشانی خیس از عرق، با وسواس بچه‌گانه‌ای اطراف سد کوچکش را می‌چید. نی نوشابه، قوطی ماست، تکه‌چوب، نخ... همه با دقت کنار هم چیده شده بودند؛ مثل اختراعی دست‌ساز از دنیای ذهنی یک کودک جست‌وجوگر.

نقشه‌ای کشیده بود روی برگه‌ای پاره از دفتر مشق—با مداد قرمز، با جزئیات. آن‌قدر جدی که انگار قرار است همین اختراع، آینده‌ی آب‌رسانی جهان را متحول کند.

بعد از مدرسه، وقتی پدر با شلواری اتوکشیده و کیف چرمی وارد خانه شد، مانی مثل فشفشه از پله‌ها دوید پایین: دست‌های کوچکش را به نرده‌ها گرفته بود، موهای عرق‌کرده‌اش به پیشانی چسبیده بودند، و چشم‌هایش برق می‌زد؛ برقِ کسی که یک جهان تازه کشف کرده و حالا آمده تا آن را به مهم‌ترین آدم زندگی‌اش نشان دهد. قلبش تند می‌زد، نه از دویدن، از شوق. نفس‌نفس‌زنان، با گونه‌هایی گل‌انداخته، خودش را به در رساند.

ـ «باباااا! یه چیز خفن ساختم! آب رو می‌بره بالا، خودش می‌ریزه پایین! بیا ببینش! واقعاً کار می‌کنه! من خودم ساختمش، خودِ خودم! فقط نگاه کن، فقط یه دقیقه!»

چشمانش برق می‌زد. لب‌هایش از شادی می‌لرزیدند. انگار دنیا منتظر تماشای این کشف بود.

ـ «بازم این حیاطو بهم ریختی؟ مگه نگفتم با زباله بازی نکن؟ برو تکالیفتو بنویس.»

مانی خشکش زد. چشم‌هایش از برق به تیرگی رفتند.

ظهر آن روز، آن گرمای خشکی که مثل پتوی شعله‌ور دور بدنش پیچیده بود، حالا داشت در ذهنش با شب‌های خیس بندر ترکیب می‌شد. تضادی عجیب بود—ظهرهایی که از شدت آفتاب هوا نمی‌جنبید، و شب‌هایی که هوا آن‌قدر مرطوب بود که نفس کشیدن مثل نوشیدن بخار می‌شد.

جنوب، هم می‌سوزاند، هم خیس می‌کرد. هم لَختت می‌کرد، هم رویا می‌پاشید توی دلت.

مانی کاغذ را تا کرد، گذاشت توی کشوی میز و دیگر بازش نکرد.

آن شب، دنیا یادش داد که ساختن خطرناک است. نه فقط چون ممکن است شکست بخوری، بلکه چون ممکن است آن‌که برایش ساختی، حتی نگاهی هم نیندازد. مانی، میان سکوت سنگین خانه، با بغضی پنهان پشت پلک‌های خسته‌اش، حس می‌کرد همه‌ی شورش به هدر رفته. قلبش تند می‌زد، اما نه از هیجان؛ از دردی بی‌صدا. همان لحظه، چیزی درونش آهسته خاموش شد— انگار آتشی که هیچ‌کس دنبالش نیامد، دیگر نخواست بسوزد.

از آن به بعد، مانی فقط می‌گفت. فقط ایده می‌داد. فقط می‌درخشید در گفت‌وگوها، در جلسه‌ها، در توییت‌ها. اما هیچ‌وقت... نمی‌ساخت. چون ساختن یعنی امکان شکست. و مانی از آن روز، ترسیده بود از شکسته شدن.

سال‌ها گذشت. شد مانیِ معروف. مردی با لبخندهایی از جنس فتوشاپ، جملاتی قصار برای کپشن‌های انگیزشی، فایل‌هایی شیک برای ارائه، و جدول‌هایی رنگی که بیشتر دیده می‌شدند تا اجرا می‌شدند. در دنیای دیجیتال، فالوئر داشت، لایک می‌گرفت، در لیست دعوت‌نامه‌های پنل‌های تخصصی جا می‌گرفت. اما در خلوت، هنوز همان کودک بود. کودکی که پروژه‌هایش را کسی ندید، کسی تحسین نکرد، و حالا هم، با همه‌ی این ظاهر موفق، هنوز نقشه‌به‌دست مانده بود—بی‌تماشاچی، بی‌لبخند، بی‌دلخوشی به نتیجه.

در دل تمام آن استوری‌ها، در پست‌هایی که می‌گفت: «به‌زودی...» «در حال طراحی یک دوره فوق‌العاده...» همه‌چیز بود—هیجان، شعار، رنگ، بازخورد، حتی فریبِ امید. فقط یک چیز کم بود: نتیجه. همان چیزی که قرار بود همه‌ی این‌ها به آن ختم شود، اما هیچ‌گاه نرسید.

و یک شب بارانی، روی مبل چرم مشکی دفترش، همان‌طور که صدای باران آرام روی شیشه‌ی دوجداره می‌کوبید، ناگهان یاد جنوب افتاد. اتاقی مدرن، با نور زرد گرم، دیوارهایی پوشیده از قفسه‌های کتاب و لوح‌های تقدیر قاب‌شده. روی میز شیشه‌ای، کنار مانیتور ۲۷ اینچی، فنجانی قهوه‌ی نیمه‌سرد مانده بود. شمعی عطردار آهسته می‌سوخت و در هوا بوی وانیل و چوب صندل می‌پیچید. سکوت محیط تنها با صدای تق‌تق باران و نفس‌کشیدن آرام دستگاه

تصفیه هوا شکسته می‌شد. همه‌چیز شیک بود، همه‌چیز درست، اما چیزی گم شده بود؛ چیزی که از لابه‌لای بخار شیشه و سکوت چرم، داشت او را به خاطره‌ای دور پرتاب می‌کرد.

یاد آن شب‌هایی که در بندر، روی پشت‌بام خانه‌ی مادربزرگ، زیر آسمانی مه‌آلود از بخار و نم، دراز می‌کشید و با صدای یکنواخت موج‌ها خوابش می‌برد. هوای شرجی آن‌قدر سنگین بود که انگار نفس کشیدن از لابه‌لای پنبه‌های خیس می‌گذشت. پوست، دائم خیس عرق بود، حتی وقتی بادی نمی‌وزید. شب، هنوز زنده بود؛ با بوی ماهی خشک و هندوانه‌ی قاچ‌شده، با صدای جیرجیر کولر آبی و خنده‌ی بچه‌هایی که با زیرپوش و شلوارک، دنبال هم می‌دویدند.

همان شب‌ها بود که در دل سکوت خفه‌ی رطوبت، رویاهایش را برای آسمان می‌گفت. هر شب، یکی از آرزوهای کوچک کودکانه‌اش را در دل شب رها می‌کرد؛ گویی ستاره‌ای خاموش را در دل مه می‌کاشت. می‌دانست کسی نمی‌شنود، اما همین گفتن، همین تخیل‌کردن، خودش یک لذت پنهان داشت. آن‌جا، جایی بود که می‌توانستی بدون ترس بسازی—نه با دست، که با دل. و مانی، با لبخندی محو، هر شب بخشی از خودش را در آسمان می‌سپرد؛ نه با اندوه، که با امید.

و حالا، سال‌ها بعد، در این دفتر خنک و شیک، با دیوارهایی از بتن صیقلی، پنجره‌هایی قدی رو به یک منظره بی‌حرکت شهری، کف‌پوشی خاکستری-کرم که هر قدم روی آن بی‌صدا گم می‌شد، و بوی مداوم دستگاه خوشبوکننده‌ای که هر چند دقیقه یک‌بار پاف می‌زد، مانی نشسته بود. نور چراغ‌های هالوژن روی سقف، دقیق و مهندسی‌شده، هیچ سایه‌ای باقی نمی‌گذاشت. اینجا نه جایی برای خیال بود، نه برای رویا؛ فقط بهره‌وری. اما درست در میان این هندسه سرد و دقیق، صدای آن شب‌ها—شب‌هایی که با شرجی بندر و صدای خنده‌ی کودکانه آمیخته بودند—آرام در گوشش زمزمه کردند...

به سقف نگاه کرد. صدای باران هنوز روی شیشه می‌کوبید، اما ذهنش دیگر در جنوب بود، در آن شب‌های خیس، میان نم و خیال.

زمزمه کرد، نه با تلخی، نه با اندوه، بلکه با دردی پذیرفته‌شده، با لبخندی پنهان، همان لبخندی که کودکِ نقشه‌به‌دستِ درونش هنوز بلد بود: «من فقط حرف زدم... فقط حرف. اما شاید وقتشه بسازم... فقط بسازم.»

و همان‌جا، درست در آن لحظه، نقطه‌ی تغییر شکل گرفت—نه با هیاهو، نه با تصمیمی قاطع، بلکه با سکوتی آرام و فهمی عمیق. مانی حس کرد چیزی درونش جابه‌جا شد. نه یک جرقه‌ی احساسی زودگذر، که نوعی تصمیم درونی، که آرام می‌آید و ریشه می‌دواند. برای اولین‌بار، بعد از سال‌ها، احساس نکرد که باید دیده شود؛ فقط احساس کرد باید کار کند. چیزی ساده، کوچک، اما واقعی.

او فهمید که شاید آن‌کس که برایش ساخته بود، هیچ‌گاه نگاه نکرد. اما این بار قرار بود برای خودش بسازد.

فهمید که نساختن، او را از شکست محافظت نکرده بود—فقط از رشد محرومش کرده بود. و بدتر از آن، روحش را خالی کرده بود از شجاعت تجربه. آن شب بارانی، در دل آن دفتر ساکت و شیک، او شکست را پذیرفت—نه به‌عنوان پایان، بلکه به‌عنوان بخشی از مسیر. دلش شکست از تمام سال‌هایی که در ظاهر موفق بود و در باطن، خالی.

اما همین شکست، او را دوباره ساخت. از دل همان اعتراف بی‌صدا، جرقه‌ای زد؛ جرقه‌ای که نه هیجان داشت، نه نمایش. فقط حقیقت داشت. و همین حقیقت، پایه‌ی ساختمانی تازه شد؛ ساختمانی بی‌نما ولی با اسکلتی محکم: خود واقعی‌اش.

فهمید که سال‌ها بازی در نقش موفق، او را از خودِ واقعی‌اش دور کرده بود. و حالا، برای نخستین‌بار، قرار بود خودش را زندگی کند.

و این، آغاز بود.

من از دل سکوت، دوباره خودم را ساختم؛ نه با فریاد، با یک آجرِ آرامِ راست‌گویی.

نتیجه:

گاهی تغییر، با فریاد نمی‌آید. با طوفان و تصمیمات انقلابی هم نمی‌آید. گاهی تغییر، آرام است—در سکوتی بین باران و سقف، در فاصله‌ی دو نفس، در لحظه‌ای که چیزی درونت آرام جابه‌جا می‌شود و تو، بی‌آن‌که اعلامش کنی، شروع می‌کنی.

مانی آن شب را به‌خاطر داشت. نه چون کاری کرد، بلکه چون دیگر فقط نمی‌خواست بگوید. دلش می‌خواست انجام دهد، حتی اگر هیچ‌کس نداند.

تو چطور؟ چند بار درباره کاری گفته‌ای: «می‌خوام انجامش بدم» اما هنوز آغازش نکرده‌ای؟

شاید چون مثل مانی، روزی یک «نه» شنیدی. یک سکوت. یک بی‌تفاوتی که روحت را از ساختن ترساند. اما بدان، راه بازگشت همیشه هست. و بازگشت، نه با حرف، بلکه با حرکت آغاز می‌شود.

مانی بالاخره یک شب، بی‌خبر از همه، پروژه‌اش را شروع کرد. بدون اعلام، بدون وعده. فقط کار. فقط تمرکز. فقط وفاداری به کاری که دوستش داشت.

ماه‌ها در سکوت گذشت. و در سکوت، کار تمام شد. یک وب‌سایت ساده اما واقعی، یک منبع کاربردی برای کارآفرینان جوان، با محتوایی که خودش نوشته بود. بی‌هیاهو. بی‌منت.

ساعت ۹ شب، آدرس را در گوشی مادرش وارد کرد و آرام به دستش داد.

مادر نگاه کرد. لبخند زد. چیزی نگفت.

و همان لحظه، مانی فهمید:

برای دیده شدن، لازم نیست همیشه بگویی. گاهی باید بسازی، و اجازه بدهی نتیجه، خودش فریاد بزند.

تونل بیست و دوم:

تجربه یا تکرار

تونل بیست و دوم: تجربه یا تکرار

وقتی سال‌ها کاری را انجام داده‌ای، اما نه برای یاد گرفتن؛ برای جا ماندن.

مقدمه

می‌گویند فلانی «بیست سال تجربه دارد»؛ اما آیا واقعاً تجربه دارد؟

یا فقط یک سال را بیست بار تکرار کرده؟

بین تکرار و تجربه، تفاوتی هست به بزرگیِ درک و تغییر. تکرار امن است؛ تجربه درد دارد.

تکرار یعنی «همان کار را دوباره انجام دادن»؛ تجربه یعنی «از هر بار انجام دادن، چیزی نو فهمیدن».

در فضای کسب‌وکارهای سنتی، این تونل بسیار رایج است. آنجا که سال‌ها کار کردن، به‌جای آن‌که عمقی بسازد، فقط دیواری از غرور می‌سازد. جایی که هر تغییری تهدید است، هر ایده‌ی تازه‌ای بی‌احترامی تلقی می‌شود، و

پیشکسوتی بهانه‌ای‌ست برای رد کردن نسل بعد. در چنین فضاهایی، «سابقه» به «سنگینی» بدل می‌شود، نه به بینش. و خطرناک‌ترین نقطه‌ی این تونل، وقتی‌ست که خودِ فرد باور می‌کند واقعاً باتجربه است؛ در حالی‌که فقط با گذشته‌اش در جا زده، نه با آینده‌اش حرکت کرده.

در این فصل، قصه مردی را می‌خوانی که همه او را «پخته» و «کارکشته» می‌دانستند—تا روزی که خودش فهمید، فقط سال‌ها تکرار کرده؛ نه زیسته، نه آموخته، نه تغییر کرده.

داستان: وقتی زمان، تجربه نمی‌سازد

هوای بازار تهران بوی عرق مردانه، چرم خیس‌خورده و چای تلخ می‌داد. نه فقط از شرجی ظهر تابستان، بلکه از تکراری که سال‌ها در این تیمچه‌ها نفس کشیده بود. آفتاب، رنگ زرد سوخته روی سقف‌های قدیمی انداخته بود و مغازه‌دارها، زیر لب دعا یا دود می‌فرستادند برای رونقی که دیگر فقط در خاطره‌ها بود.

میان آن راهروهای تنگ و پرهیاهوی بازار، حجره‌ای نفس می‌کشید که در ظاهر چیزی از شکوه نداشت—تابلویی چوبی با رنگ پَریده، پیچ‌شده به دیوار گچی کهنه—اما هنوز، هر که از کنارش می‌گذشت، بی‌اختیار نگاهش می‌کرد. «چرم جلال» نوشته بود، با خطی کهنه اما باصلابت. حجره‌ای کهنه، اما پر از نام و خاطره. جلال، استادکار باسابقه‌ی کفش‌های دست‌دوز، نه فقط صاحب مغازه، که نگهبان سنتی فرسوده بود؛ کسی که گذشته را حفظ کرده بود، بی‌آن‌که از خودش بپرسد: آیا واقعاً این گذشته، هنوز زنده است؟

جلال، مردی حدود شصت ساله، روی چهارپایه‌ای کوتاه نشسته بود. پیش‌بند چرمی کهنه‌اش به نشانه افتخار دور کمرش بسته شده بود. دستانش، مثل پوست دباغی‌شده، پینه‌بسته و قهوه‌ای، مدام بر قالب چوبی ضربه می‌زدند. همان ضربه‌ها، همان ریتم، همان غر زدن زیر لب: «کفش باید نفس بکشه... اینا رو نمی‌شه یاد داد. فقط باید تکرار کرد.»

همه به او سلام می‌دادند، بعضی‌ها با دو دست روی سینه، بعضی‌ها با احترام سر خم می‌کردند؛ حتی کاسب‌های دیگر، موقع عبور، دستی بر شانه‌اش می‌زدند و می‌گفتند: «استاد جلال، همیشه از شما یاد می‌گیریم.» از تجربه‌اش نقل قول می‌آوردند، حرف‌هایش را در مغازه‌های دیگر تکرار می‌کردند. اما زیر آن همه احترام، چیزی خاموش مانده بود. هیچ شاگردی بیش از چند ماه نمی‌ماند. می‌آمدند با شوق، می‌رفتند با زخم—بی‌آن‌که دلیلش را بلند بگویند.

تا روزی که سارا آمد؛ دختری ۲۶ ساله، لاغراندام با پوستی گندمگون و صدایی آرام. موهای کوتاهش زیر شال آبی رنگش تاب می‌خورد، و عینک ظریفی روی بینی باریکش نشسته بود. کوله‌ای بر دوش داشت، پر از دفتر طراحی، ماژیک رنگی، و کاغذهایی که گوشه‌شان تا خورده بود از بس که باز و بسته شده بودند. اما آن‌چه او را متمایز می‌کرد، چشم‌هایش بود: کنجکاو، بیدار، و بی‌هراس از پرسیدن. چشم‌هایی که دنبال «چرایی» می‌گشتند، نه فقط «چگونه». گفت آمده کارآموزی کند، اما صدایش شبیه کسی بود که آمده چیزی را تغییر دهد.

جلال با لبخند نگاهی به دستان بی‌تاول او انداخت و گفت: «تو اینا رو نمی‌تونی یاد بگیری، خانم. اینا سی سال تجربه می‌خواد.»

سارا لبخند زد. نشست. نگاه کرد. سکوتش اما پر از حضور بود—مثل آینه‌ای که رو به حجره گرفته باشی. بی‌ادعا، بی‌صدا، اما با نوری در چشمانش که می‌گفت آمده تا چیزی را روشن کند. از فردای آن روز، شروع کرد به پرسیدن. نه درباره «چطور»، درباره «چرا؟»:

- چرا قالب‌ها همونه؟
- چرا همه‌ی کفشا قهوه‌ای یا مشکی‌ان؟
- چرا بسته‌بندی نداره؟
- چرا مشتری‌ها کمتر شدن؟

جلال اول با بی‌حوصلگی جواب می‌داد. در نگاه اول، سارا برایش یک دخترک دانشگاه‌رفته‌ی خیال‌پرداز بود که آمده تا چند سؤال بی‌ربط بپرسد و بعد هم پُزِ کارآموزی‌اش را بدهد. با نگاهی از بالا به پایین، پر از تمسخر و محافظه‌کاری،

لبخند محوی زد و گفت: «ما این کارو سی ساله داریم انجام می‌دیم. تو هنوز بچه‌ای.»

اما سارا، با همان لبخند شیطنت‌آمیز دخترانه‌اش، سرش را کج کرد، با انگشت آرام روی میز ضرب گرفت و طوری که انگار دارد سوالی کودکانه می‌پرسد، گفت: «استاد... اگه سی ساله داری یه کارو دقیقاً همون‌جوری انجام می‌دی، واقعاً تجربه‌ست؟ یا فقط یک سال رو سی بار تکرار کردی؟»

صدایش آرام بود، اما مثل قطره جوهری در آب، بی‌صدا در فضا پخش شد. نگاهش نه جسورانه، که بازیگوش بود؛ مثل کسی که می‌داند با همین سؤال ساده، ستون‌های کهنه‌ای را می‌لرزاند.

صدای چکش ایستاد. هوا انگار برای لحظه‌ای ایستاد. جلال به کفش نیمه‌تمامی که در دستانش سنگینی می‌کرد نگاه کرد. به بند چرمی‌ای که زمان از جانش رطوبت را دزدیده بود، به قالبی چوبی که دهانش باز مانده بود و از مد افتاده به‌نظر می‌رسید، و به چرمی که زیر نور زرد حجره، خشک و ترک‌خورده به نظر می‌رسید—مثل خودش. این‌ها دیگر نه نماد تجربه، که شواهد جرم تکرار بودند. در آن لحظه، سنگینی آن کفش، سنگینیِ سال‌هایی شد که از کنار یادگیری گذشته بود. دیوار غرورش لرزید.

آن شب، در سکوت تاریک حجره، کهنه‌ترین چراغ هم نوری نداشت. جلال، با دستی لرزان، صندوقچه‌ی چوبی را که سال‌ها در کنج قفسه خاک خورده بود، بیرون کشید. قفل زنگ‌زده با ناله‌ای باز شد. درون صندوق، چند نامه‌ی زردرنگ خوابیده بود، کج و تاخورده، بوی رطوبت و ناتمام‌ماندگی می‌داد.

دستش روی نامه‌ها مکث کرد. نگاهش خیره بود، اما انگار نمی‌دید. لب‌هایش لرزید، نه برای خواندن، بلکه برای نپذیرفتن.

– «استاد، من رفتم چون هیچ‌کس صدایم را نمی‌شنید...»

– «امیدوارم یک روز از گذشته فاصله بگیرید...»

حس گم‌گشتگی مثل باری از پشت به او کوبید. نه خشم، نه اندوه؛ نوعی سردرگمی بی‌کلام. تمام آن سال‌ها، حالا مثل دیواری بلند پشت سرش بالا رفته بود، و جاده‌ای جلوتر نبود.

نمی‌دانست باید پشیمان باشد یا مچاله شود یا فقط بنشیند. ذهنش، خالی و پر از صدا بود؛ چکش‌هایی که دیگر نمی‌زد، صدای شاگردانی که رفته بودند، و سکوتِ سنگینی که نمی‌شکست.

در همان لحظه‌ای که اشک از گوشه‌ی چشمش گذشت، سارا در را آرام بست و رفت. صدای بسته شدن در مثل خطی کشیده بر پایان یک فصل در گوش جلال طنین انداخت. بعد از آن، فقط سکوت ماند—سکوتی سنگین و بی‌زمان، که گویی تمام حجره را بلعیده بود.. نه خداحافظی کرد، نه منتظر ماند. و جلال، نفهمید. فقط نشسته بود، میان نامه‌ها، در حجره‌ای که حالا دیگر فقط صدای نفس خودش را داشت.

اشک در چشم‌هایش نشست. خودش را در آینه دید؛ چهره‌ای تکیده، ابروهایی افتاده، و نگاهی که میان حیرت و پشیمانی تاب می‌خورد. انگار خودش را بعد از سال‌ها می‌دید—نه آن استادی که همه می‌شناختند، بلکه مردی تنها، با پوستی پیر و چشمانی که از درون فروریخته بودند. در آن قاب کوچک و تار، جلالِ قدیمی ترک برداشته بود. نه استاد، نه تجربه‌مند؛ بلکه مردی که فقط دوام آورده بود، نه یاد گرفته بود.

فردا صبح، وقتی سارا وارد حجره شد، نور خورشید از لابه‌لای پنجره‌ی مشبک افتاده بود روی میز کار جلال—مثل نواری از روشنایی که ناگهان زمان را متوقف کرده باشد. بوی چرمِ تازه با بوی کمرنگ قهوه‌ی مانده آمیخته شده بود. کفش روی میز بود؛ نه سنتی، نه مدرن. ترکیبی از هر دو، با دوختی نرم‌تر، قالبی اصلاح‌شده و رنگی گرم که تا دیروز در این حجره ممنوع بود.

سارا با گام‌هایی مردد جلو آمد؛ نه از ترس، بلکه از احترامی آمیخته به تردید. چشم‌هایش هم‌زمان برق اشتیاق و نوعی ناباوری داشت. در دلش موجی از

احساسات در هم تنیده می‌چرخید—شگفتی از تغییر، دلگرمی از دیده شدن، و شاید کمی ترس از چیزی که دیگر مثل دیروز نبود. هر قدمی که برمی‌داشت، انگار دارد مرزهای دیروز را با امروز جابه‌جا می‌کند.. چشم‌هایش درشت‌تر شد، انگار که باور نداشت این همان میز دیروز است. دست برد و کفش را لمس کرد. پوست چرم، نرم‌تر از همیشه بود. جلال، کمی عقب‌تر ایستاده بود، آستین بالا زده، دست‌ها هنوز کمی لرزان. سکوت میان‌شان آن‌قدر سنگین بود که صدای بال زدن یک کبوتر پشت پنجره شنیده می‌شد.

جلال، این‌بار نه پشت به سارا، که با نگاهی آرام و طولانی به چشمانش خیره شد. در نگاهش، چیزی نرم شده بود؛ شکستی که در سکوت، به نوری تازه بدل شده بود. لبخند کمرنگی بر لبش نشست—از آن لبخندهایی که نه از رضایت، بلکه از رهایی می‌آید. گویی در همان لحظه، جلال قدیمی فروریخت و مردی نو، با رگه‌ای از امید، از میان آوار بیرون آمد. حجره هم تغییر کرده بود؛ انگار دیوارها نفس می‌کشیدند و نور، با طمأنینه‌ای تازه، درون فضا می‌چرخید. در نگاهش ردی از خستگی دیده می‌شد، اما پشت آن خستگی، چیزی تازه جوانه زده بود—شاید شرم، شاید پذیرش، شاید آغاز یک زیستنِ دوباره.

ابروهایش اندکی افتاده بودند، صورتش کمی رنگ باخته بود، اما لب‌هایش بی‌صدا حرکتی نرم داشتند، مثل کسی که دارد یک شعر تازه را به خاطر می‌سپارد. او آهسته قدمی به جلو برداشت، دستش را روی میز گذاشت، و صدایی گرفت اما بی‌تردید گفت: «شاید الان... واقعاً دارم یاد می‌گیرم.»

و در همان لحظه، نوری که از پنجره به داخل تابیده بود، کمی جابه‌جا شد؛ مثل نفس تازه‌ای که پس از سال‌ها حبس، در دل حجره وزیدن گرفته باشد. انگار نور هم فهمیده بود که چیزی در این فضا تغییر کرده، که جلالی تازه از درونِ جلالِ قدیمی متولد شده است. انگار زمان دوباره به جریان افتاده بود، و در میان آن دو، چیزی شکسته بود—نه برای تمام شدن، بلکه برای تازه شروع شدن.

نتیجه:

شاید تو هم کسی را بشناسی که سال‌ها کاری را انجام داده، اما هر بار، دقیقاً به همان شیوه، همان نگاه، همان مسیر.

ما گاهی، به‌جای تجربه، تکرار می‌کنیم؛

نه چون نمی‌دانیم، بلکه چون از تغییر می‌ترسیم.

چون تکرار، امن است. تجربه، ناآرام.

تکرار، تحسین می‌آورد؛ تجربه، گاهی شکستن.

اما آنچه ما را رشد می‌دهد، تعداد سال‌ها نیست؛

تعداد گام‌هایی‌ست که در تاریکی برداشته‌ایم.

بپرس از خودت:

آیا واقعاً تجربه کرده‌ام؟ یا فقط تکرار کرده‌ام؟

آیا جایی برای آموختن مانده‌ام؟ یا فقط دارم آموخته‌هایم را حفظ می‌کنم؟

شاید وقت آن رسیده باشد که بگویی: «دیگر کافی‌ست... حالا نوبتِ یاد گرفتنِ واقعی‌ست.»

تونل بیست‌و سوم:
به‌جای یک نقطه، چند نقطه...

تونل بیست‌و‌سوم: به‌جای یک نقطه، چند نقطه...

تونل پخش‌شدگی ذهن: وقتی همه‌چیز مهم است، هیچ‌چیز مهم نیست

مقدمه:

در مدرسه، یادمان دادند با پرگار، دایره بکشیم؛ اما هیچ‌کس نگفت اگر زیاد بچرخی، وسط صفحه سوراخ می‌شود. در بزرگسالی، همان بازی ادامه یافت. این‌بار با پروژه، هدف، شوق، مسئولیت، رویا... اما نتیجه؟ گاهی فقط یک صفحه‌ی سوراخ‌شده‌ی زندگی‌ست.

تونل «تمرکز بر چند نقطه» شاید شیک به‌نظر برسد؛ مثل مدیری که همزمان ۵ پروژه دارد، یا کارآفرینی که ده جور برند می‌سازد. اما در حقیقت، این تونل ذهنی، ما را از عمق گرفتن محروم می‌کند—و به‌جای پیشرفت، در مسیر پاشیدگی و خستگی می‌فرستد. وقتی تمرکز به چند نقطه تقسیم شود، هیچ نقطه‌ای به نتیجه نمی‌رسد؛ فقط خستگی، فقط آشفتگی، فقط صفحه‌ای پُر از جای مداد—بی‌معنا، بی‌مرکز.

داستان: شتاب، سکوت، و یک فروپاشی آهسته

ساعت هشت و پنجاه و دو دقیقه‌ی صبح بود. آسمان تهران نیمه‌ابری و سنگین. دفتر مرکزی هلدینگ، در طبقه‌ی دوازدهم برجی شیشه‌ای، هنوز در سکوت صبحگاهی غوطه‌ور بود. اما در اتاق شیشه‌ای رها، نور مصنوعی مهتابی، بی‌رحمانه بر میز بزرگی از چوب گردو می‌تابید. روی میز، دو لپ‌تاپ باز، سه فنجان قهوه‌ی نیمه‌خورده، دفتر یادداشت‌هایی با گوشه‌های تاخورده، و گوشی‌ای که بی‌وقفه می‌لرزید—ولی هیچ‌وقت پاسخ داده نمی‌شد. تماس‌ها را نادیده می‌گرفت، پیام‌ها را باز نمی‌کرد، یا گاهی حتی حذفشان می‌کرد پیش از آنکه چشمش واقعاً بخواندشان. در ذهنش، اولویت‌ها چیده شده بودند، اما اجرای آن‌ها همیشه به فردایی موهوم واگذار می‌شد. صدای زنگ‌هایی که هیچ‌وقت پاسخ نگرفتند، با گذر زمان به بخشی از پس‌زمینه‌ی زندگی‌اش تبدیل شده بودند؛ موسیقی ثابتی از فرصت‌های ناتمام.

رها، زنی حدوداً سی‌وشش‌ساله با صورتی کشیده، پوستی گندمگون، و چشم‌هایی درشت و قهوه‌ای بود—چشمانی که انگار از کودکی بار تفکر و تردید را به دوش می‌کشیدند. موهایش مشکی و موجدار، به‌دقت بالا بسته شده بود، اما چند تار رها روی شقیقه‌اش افتاده بودند، بی‌توجه به نظم ظاهری‌اش.

اندامش نرم و خوش‌تراش بود، شبیه منحنی‌های آرام یک ویلن؛ نه برای نمایش، که برای حضور. راه رفتنش، آهسته اما دقیق، بی‌صدا اما تأثیرگذار بود. هر حرکتی از او، بی‌تکلف و موزون، توجه را بی‌آنکه بخواهد می‌ربود؛ ترکیبی از زنانگی و اقتدار در سکوتی حرفه‌ای.

او لباسی رسمی پوشیده بود؛ کت و شلواری که با وقار و اعتمادبه‌نفس ترکیب شده بود. اما در زیر این ظاهر مدیریتی، اضطراب خاموشی در حرکاتش موج می‌زد. لب‌های باریک و بی‌رنگش گاه به لرزش می‌افتادند، گویی جمله‌ای ناگفته میان دل و دهانش مانده.

انگشتانش، کشیده و مراقب، مدام روی میز می‌کوبیدند یا لبه‌ی فنجان قهوه را لمس می‌کردند—نه برای نوشیدن، بلکه برای یادآوری اینکه هنوز بیدار است.

رها شبیه ناخدایی بود که هم‌زمان سکان چند کشتی را در دست داشت—یکی به‌سوی تجارت، یکی به‌سوی آموزش، یکی به‌سوی توسعه‌ی فردی، و یکی دیگر به‌سوی سوددهی سریع—اما هیچ‌کدامشان به ساحل نرسیده بودند. چشم‌هایش مثل دریانوردی بودند که ستاره‌ها را می‌شناسد، اما جهت‌نما را گم کرده. ذهنش پر از بادبان‌های برافراشته بود، ولی دریا درونش طوفانی بود. او همان ناخدایی بود که همیشه در سفر بود، اما هرگز در خانه‌اش لنگر نینداخت.

با این‌که هرگز مرزی میان خودش و اطرافیان ترسیم نکرده بود، اما همه از نگاهش حساب می‌بردند. او زیبایی داشت؛ اما زیبایی‌ای که نه فریبنده، بلکه مصمم بود. چهره‌اش توجه‌ها را جلب می‌کرد، و برخی تأییدش می‌کردند بی‌آنکه خودشان بدانند چرا. خودش هم آن‌ها را تأیید می‌کرد—نه از سر علاقه، بلکه از روی غریزه‌ای پیچیده. میان او و برخی همکاران مرد، رابطه‌ای پنهان از کشش وجود داشت؛ بی‌آن‌که کوچک‌ترین اشاره یا مرزی شکسته شده باشد. فقط سکوت، فقط تاییدهای ملایم، فقط فاصله‌هایی که هم امن بودند، هم آزاردهنده. این کشش خاموش، باری ناگفته بر شانه‌هایش گذاشته بود؛ انگار باید هم‌زمان مدیر می‌بود، زن می‌بود، و بی‌نقص می‌ماند. رها گاهی نمی‌دانست تأییدهایی که می‌گیرد از کدام جنس‌اند: احترام؟ میل؟ ترس؟ یا صرفاً بازتابی از ابهامی که خودش هم هنوز آن را کامل نمی‌فهمید.

او زن «شروع»ها بود—شروعِ پروژه، شروعِ ایده، شروعِ جلسه. همیشه پرانرژی، پر از واژه‌هایی مثل "فرصت"، "بازار"، "حرکت"... اما تهِ نگاهش، سایه‌ای از سردرگمی می‌رقصید.

هر صبح، مثل کسی که در میان انبوهی از نقشه‌های مبهم بیدار می‌شود، با فهرستی تازه از کارها به استقبال روز می‌رفت؛ اما این فهرست‌ها، نه قطب‌نما بودند و نه مسیر. فقط توده‌هایی متراکم از "بایدها" و "اگر بشودها" بودند که ذهنش را مثل مهی غلیظ می‌پوشاندند. شب، وقتی به خانه برمی‌گشت، آن فهرست هنوز آنجا بود—پر از خط‌خورده‌های بی‌نتیجه، تیک‌هایی که بیشتر شبیه دروغ‌های آرام‌بخش بودند. او خودش را در میان آن برگه‌ها گم می‌کرد؛

گم‌شده‌ای که دیگر حتی نمی‌دانست دنبال چه چیزی می‌گردد. نه‌تنها کاری تمام نمی‌شد، که خودش هم تکه‌تکه، خاموش، و کم‌فروغ‌تر از دیروز به پایان می‌رسید.

دستیارش، در یکی از آن روزهای شلوغ و بی‌اتمام، در زد و وارد شد. نازنین بود—دختری حدوداً بیست‌وهفت‌ساله با صورتی استخوانی، چشمانی درشت و هوشیار، و موهایی قهوه‌ای تیره که به‌نرمی در زیر شال نقره‌ای‌رنگش پنهان شده بود. پوستش روشن و بی‌روح بود، گویی نور مانیتورها بیش از آفتاب به آن تابیده‌اند. لب‌هایی خشک، با خطی باریک و بی‌رنگ، که انگار فرصت لبخند را از یاد برده بودند. شانه‌هایش کمی بالا، و نگاهش آرام اما سنگین بود؛ نگاهی که نمی‌خواست قضاوت کند، اما پر از تردید و اشتیاق برای دریافت پاسخی قطعی. لباسش ساده اما دقیق انتخاب‌شده بود: کت و دامن سرمه‌ای، کفش‌های تخت مشکی، و دفترچه‌ای چرمی در دست چپش که انگار همیشه آماده‌ی ثبت حرف‌های نیمه‌تمام بود.

– «مهندس، این سه تا پروژه رو تیم‌ها بلاتکلیف موندن... منتظر شماییم که بالاخره بگید بریم یا نه.»

نازنین لحظه‌ای مکث کرد. صدایش صاف و آرام بود، اما در دلش، هیاهویی جریان داشت. درون ذهنش، افکاری به‌سرعت برق می‌چرخیدند: «باز هم جواب سربالا؟ باز هم تعلیق؟ این پروژه‌ها تا کی باید بی‌صاحب بمونن؟»

او سعی می‌کرد آرامش‌اش را حفظ کند، اما در اعماق نگاهش، ناامیدی لرزانی موج می‌زد. در ذهنش صدای اعضای تیم را می‌شنید که پشت در جلسه، زیر لب می‌گفتند: «باز هم بلاتکلیفی... باز هم هیچی معلوم نیست.»

نازنین دلش می‌خواست بپرسد: «آیا واقعاً برنامه‌ای هست؟ یا فقط داریم وانمود می‌کنیم؟» اما فقط همان یک جمله‌ی رسمی را گفت. نه از ترس، بلکه از خستگی.

از خستگیِ بازی با کلماتی که هیچ‌وقت به تصمیم نمی‌رسند.

نازنین هم مثل رها، هیچ‌گاه وارد رابطه‌ای در محدوده فضای حرفه‌ای نشده

بود. حدها را می‌شناخت و رعایت می‌کرد. اما نمی‌توانست انکار کند که از نگاه‌های احترام‌آلود و توجه‌هایی که از برخی همکاران دریافت می‌کرد، بدش نمی‌آمد. حس خاص‌بودن، حتی اگر سطحی و گذرا بود، برای لحظاتی او را از یکنواختیِ فضای کاری بیرون می‌کشید. گاهی دلش می‌خواست دیده شود، نه فقط به‌عنوان یک کارمند دقیق، بلکه به‌عنوان زنی که می‌تواند زیبا، مستقل، و مهم باشد—بی‌آنکه هیچ مرزی را جابه‌جا کند.

رها، که داشت برای جلسه‌ای دیگر آماده می‌شد، ایستاد. شانه‌هایش عقب، چانه‌اش بالا، نگاهش تیزتر از همیشه. حتی اگر درونش دودل بود، اجازه نمی‌داد کسی شک کند. برای او، همه‌چیز در ظاهر منظم و منطقی جلو می‌رفت. حتی بی‌نظمی‌های اطراف را هم با سکوتی حساب‌شده مدیریت می‌کرد.

او در ذهنش هیچ تردیدی نداشت که توانایی‌اش فراتر از بیشتر کسانی‌ست که دور و برش حرف می‌زنند. در جلسات، او بود که خلاصه می‌کرد، که جمع‌بندی می‌نوشت، که تصمیم نهایی را می‌گرفت—در حالی‌که بقیه هنوز دنبال جمله‌ی اول می‌گشتند.

اگر پروژه‌ای کند پیش می‌رفت، برای او اشکال از تصمیم نبود، از اجرای ضعیف بود. اگر تیمی نتیجه نمی‌داد، به‌خاطر کم‌فهمی افرادش بود، نه کمبود منابع. او خودش را نقطه‌ی باثبات می‌دید در میانه‌ی طوفانی از نابلدی و ناتوانی اطراف. در دلش، نه با تفرعن، که با قطعیتی ساکت، می‌دانست: «من اوکی‌ام. این دیگران‌اند که بلد نیستند.»

نازنین را نگاه کرد و حتی بدون آن‌که چیزی بپرسد، فهمید که او منتظر دستور است، نه راهکار. نگاهی خیره به دیوار کرد. دیواری که روی آن، نقشه‌ی استراتژیک سه‌ساله‌شان با پین‌های رنگی و خطوط مارکر کشیده شده بود و حالا بیشتر شبیه جنگلی از سردرگمی بود تا نقشه.

فکر کرد: «کدوم پروژه؟ لجستیک؟ برندینگ؟ صادرات؟ اصلاً دلم با کدومه؟»

اما دلش، صدایی نداشت. فقط سکوتی سرد و بلند، مثل آخرین نفس بعد از دوی بی‌پایان.

او نه شوقی داشت، نه تمرکزی. فقط در حال دویدن بود—بدون آنکه بداند از چه، یا به‌سوی چه.

– «بذار فردا فکر کنم...» گفت.

اما خودش می‌دانست: فردا، فقط یک نقطه‌ی دیگر خواهد بود.

و وقتی نقطه‌ها زیاد شوند، هیچ‌کدامشان خانه نمی‌سازند. فقط شلوغی می‌سازند. و شلوغی، دشمن آرامش است.

آن شب، برای اولین‌بار، رها به خانه آمد و نه گوشی‌اش را چک کرد، نه لب‌تاپش را باز کرد. خانه، در سکوتی گرم فرو رفته بود. پرده‌ها نیمه‌کشیده، بوی خورشت سردشده در هوا، نور زرد لامپ سقفی افتاده بر فرشی با نقش‌های درهم.

کنار پنجره نشست، لیوان چای دارچینی را بی‌حرکت در دست گرفت، و فقط نگاه کرد؛

به چراغ‌های خیابان، به آدم‌هایی که بی‌خیال از زیر پنجره‌اش رد می‌شدند، به خودش که در بازتاب شیشه، تکه‌تکه شده بود.

و در آن لحظه، یک فکر ناگهانی آمد: «من کِی شدم زنی که فقط شروع می‌کنه و هیچ‌وقت نمی‌مونه؟ کِی از "سازنده بودن"، رسیدم به "پراکنده بودن"؟»

اشکی آرام، آهسته، بی‌تظاهر، از گونه‌اش پایین آمد. نه برای غم، بلکه برای آگاهی.

شاید بخشی از این اشک برای آن رابطه‌ای بود که روزی عمیق‌ترین نقطه‌ی زندگی‌اش شده بود. مردی آرام، هنرمند، و در عین حال مدیری موفق، که ذهنی ساختارمند را با دلی لطیف درآمیخته بود. کسی که پروژه‌های هنری‌اش جوایز گرفتند و جلسات کاری‌اش، سرنوشت برندها را عوض کردند. کنار رها، ترکیب‌شان شبیه اتحاد نبوغ و خلاقیت بود؛ با هم ایده‌هایی خلق کرده بودند که در همان چند ماه، تأثیری به‌اندازه‌ی سال‌ها گذاشت. با او می‌خندید، می‌نوشت، حرف می‌زد، و مهم‌تر از همه: با او سکوت می‌کرد.

آن رابطه، همان‌قدر عمیق بود که پروژه‌های بزرگ رها؛ و درست مثل آن‌ها،

با وعده‌ها و چشم‌اندازهای زیبا شروع شد، اما در میان شلوغی‌ها، تضاد زمان‌بندی‌ها، سفرهای ناتمام و اولویت‌هایی که مدام جابه‌جا می‌شدند، کم‌کم شکست.

نه به‌دلیل خیانت، نه به‌خاطر دعوا؛ بلکه از همان جنسی که پروژه‌های رها شکست می‌خوردند: بی‌توجهی به ثبات. نداشتن وقت. نداشتن حضور. نداشتن آن «لحظه‌ای که فقط مال ماست».

رها گاهی به خودش می‌گفت: «من بلد بودم عاشق باشم. فقط وقت نکردم عاشق بمونم.»

و آن اشک، حالا نه‌فقط برای خستگی، بلکه برای خاطره‌ای‌ست که ناتمام ماند.

آن مرد، با همه‌ی موفقیت‌ها و نبوغش، بی‌گناه نبود؛ اما آنچه رابطه‌شان را از هم پاشید، نه خیانت بود و نه فاصله. بلکه همان چیزی بود که پروژه‌های رها را نابود می‌کرد: تعویق، بی‌توجهی، و تمرکزهای گسسته.

رها گاهی با دروغ‌های مصلحتی، سکوت‌های کش‌دار، و قضاوت‌های تند، او را به عقب می‌راند. جلساتی که نیمه‌کاره رها می‌شدند، بحث‌هایی که با فریاد به‌جای حل، تمام می‌شدند، و کارهایی که هیچ‌وقت وقت‌شان نرسید—همه در رابطه‌شان هم تکرار شدند.

او همان رفتاری را که با پروژه‌ها و وظایف ناتمامش داشت، با عشقش هم کرد: حذف تماس‌ها، تعویق وعده‌ها، و انداختن بار همه‌چیز به دوش طرف مقابل. مرد، مثل همیشه آرام، هیچ‌وقت او را متهم نکرد. هیچ‌وقت نگفت: «تو مقصری.» بلکه مثل آدمی که پروژه‌ای را از دست داده، فقط عقب نشست و گذاشت خودش تصمیم بگیرد.

و حالا، این اشک، نه برای گم‌کردن یک مرد؛ بلکه برای آینه‌ای‌ست که دوباره پیش‌رویش ایستاده بود.

و شاید دقیقاً همان لحظه، تلفن همراهش که مدت‌ها روی حالت سکوت مانده بود، روشن شد. پیامی بی‌صدا روی صفحه آمد—از همان مرد. نه عاشقانه، نه پیچیده، اما پر از آن مهر بی‌صدایی که سال‌ها در زیر خاکستر باقی مانده بود.

فقط یک جمله‌ی کوتاه:

«گاهی فکر می‌کنم اگر فقط یک‌بار با هم ایستاده بودیم... شاید حالا همه‌چیز فرق می‌کرد. من هنوز فکر می‌کنم، چون هنوز باور دارم.»

این پیام، نه التماس بود، نه تقصیراندازی. فقط صدای کسی بود که هنوز، با همه‌ی سکوت‌ها و شکست‌ها، به آن چیزی که روزی داشتند وفادار مانده بود—کسی که نرفت، فقط ایستاد و صبر کرد. بی‌هیاهو، بی‌ادعا، فقط با قلبی باز و زخمی که هنوز می‌تپید.

رها لبخند زد. تلخ، آرام، ولی زنده. صفحه را خاموش نکرد. گوشی را روی میز گذاشت، ولی نگاهش هنوز روی آن مانده بود.

در دلش گفت: «شاید هنوز هم وقت باشد... شاید این هم فقط یک نقطه‌ی دیگر نباشد.»

آن اشک، نقطه نبود.

شروعِ یک خط بود—خطی رو به‌درون.

نتیجه:

شاید تو هم مثل رها، توانایی زیادی داری. فرصت‌های زیاد، ایده‌های عالی، دوستان مشتاق، بازارهای باز.

اما یادت باشد:

وقتی همه‌چیز مهم است، هیچ‌چیز مهم نیست.

تمرکز، مثل نوری‌ست که اگر در یک نقطه جمع شود، آتش روشن می‌کند؛

و اگر پخش شود، فقط سایه می‌اندازد.

اگر در حال‌حاضر، بین چندین گزینه مانده‌ای—تردید نکن.

فقط یکی را انتخاب کن.

حتی اگر اشتباه باشد، تو را به نقطه‌ای می‌برد.

اما اگر نمانی، اگر همه را بخواهی، هیچ‌جا نخواهی بود.

پس تو،

نه هزار نقطه باش،

یک مسیر باش.

تونل بیست و چهارم:
تکرار و توهم تغییر

تونل بیست و چهارم: تکرار و توهم تغییر

(وقتی مسیر همان است، مقصد هم همان خواهد بود)

دیوانگی فقط فریاد زدن در خیابان نیست.

گاهی آرام‌ترین و شیک‌پوش‌ترین آدم‌ها هم، دیوانه‌اند. وقتی بارها در همان مسیر قدیمی قدم می‌زنند و از جهان، آینده‌ای نو طلب می‌کنند.

شاید ظاهر کار عوض شود:

پلتفرم جدید، شریک تازه، برنامه‌ریزی مدرن. اما درون، همان تصمیم‌ها، همان واکنش‌ها، همان «رفتارهای تمرینی»ست.

و در پایان هر چرخه، همان دیالوگ قدیمی تکرار می‌شود:

«این‌بار فرق داشت، ولی نمی‌دونم چرا نشد...»

در این فصل، ما با تونلی روبه‌رو می‌شویم که پنهان‌تر از آن است که در نگاه

اول دیده شود:

تونل تکرار با امید به تغییر.

وقتی به‌جای دگرگونیِ خود، فقط لباسِ موقعیت‌ها را عوض می‌کنیم.

این فصل را با داستان مدیری آغاز می‌کنیم که بارها تیم‌هایش را عوض می‌کند، موقعیت‌ها را جابه‌جا می‌سازد، ساختارها را بازطراحی می‌کند، اما هیچ‌گاه به سراغ مهم‌ترین متغیر نمی‌رود: خودش. مدیری که فکر می‌کند مشکل از دیگران است، و راه‌حل، همیشه حذف یا جایگزینی بیرونی‌ست—در حالی‌که ریشه، در رفتارها و نگرش‌های تکرارشونده‌ی درون اوست.—شخصی که بارها عاشق می‌شود، اما همیشه با یک الگوی رفتاری مشابه، یا مدیری که تیم‌ها را عوض می‌کند، اما نه خود را.

داستان: شهاب، مدیر تیم‌ناباور

شهاب از آن مدیرهایی بود که هیچ‌چیز را در نیمه‌راه رها نمی‌کرد، مگر آدم‌ها را. هر بار که پروژه‌ای زمین می‌خورد، تیم را عوض می‌کرد. هر بار که خروجی نمی‌رسید، ساختار جدیدی می‌ساخت. رزومه‌های طلایی، لوگوهای نو، اسلایدهای رنگارنگِ استراتژی، همه چیز در شرکتش دائم در حال نو شدن بود—به‌جز خودش.

مخاطبش در آن لحظه، خانم دکتر ناصری بود؛ زنی در حدود پنجاه سالگی، با چهره‌ای آرام و صدایی کم‌حجم اما پرنفوذ. کسی که سابقه‌ی سال‌ها مدیریت منابع انسانی در شرکت‌های بزرگ را داشت و نگاهش، دقیق و بدون هیاهو بود. وقتی شهاب آن جمله را گفت، دکتر ناصری فقط برای لحظه‌ای سکوت کرد. لبخند نزد، حرفی نزد. فقط با نگاهی بلند، مستقیم، و بی‌تفسیر به چشم‌های او خیره شد. نگاهی که در آن، چیزی میان احترام، تردید، و خستگی دیده می‌شد. بعد، بی‌کلام از اتاق بیرون رفت.

آن نگاه، بعدها در ذهن شهاب ماند. نگاهی که کمتر کسی به او انداخته بود: نه تحسین‌آمیز، نه سرزنش‌گر، بلکه آینه‌ای بی‌طرف و بی‌رحم. در آن نگاه،

چیزی بود شبیه دانایی بی‌نیاز؛ انگار که دکتر ناصری، شهاب را نه به‌عنوان مدیرعامل، بلکه به‌عنوان انسانی ناتمام، اما ممکن، می‌دید. شهاب حس کرده بود آن چشم‌ها، سال‌ها تجربه‌ی شکست و اصلاح را در سکوت حمل می‌کنند. و درست همان‌جا، در آن ثانیه‌ی کش‌دار، فهمید دیده شدن، می‌تواند سنگین‌تر از هر نقد و تمجیدی باشد. آن نگاه، تا مدت‌ها شهاب را دنبال کرد؛ در جلسات، در تنهاییِ دفترش، در آینه. و بعدها، وقتی الهام هم همان‌طور نگاهش کرد، دانست این جنس نگاه، همیشه آغاز چیزی‌ست که پایانِ تکرار است.

او به خودش می‌بالید که انعطاف‌پذیر است، اما در واقع، اسیرِ نوعی انعطاف‌ناپذیری پنهان بود—تغییری سطحی، بدون تحول درونی. مثل بازیگری که لباس‌هایش را عوض می‌کند، اما همیشه همان نقش را ایفا می‌کند. شهاب، پشت نقاب مدیری خلاق، در حال تکرار الگوهای کهنه‌ای بود که بوی نا می‌دادند. تغییر چهره‌ی کارکنان، نه تنها صورت‌مسأله را حل نمی‌کرد، بلکه بهانه‌ای بود برای به‌تعویق‌انداختن یک مواجهه‌ی حیاتی: دیدن خویشتن. او با واژه‌هایی شیک، رفتارهایی پوسیده را تکرار می‌کرد؛ و این تکرار، لباسی نو بر تن بی‌عملی‌اش بود.

شهاب یک‌بار با طعنه به مدیر منابع انسانی گفت: «من شرکت رو مثل ماری که پوست میندازه، هر چند وقت یه‌بار نو می‌کنم. این‌جوری همیشه تازه می‌مونه.» جمله‌ای که از یکی از کلاس‌های مدیریت تحول که چند ماه پیش شرکت کرده بود، یاد گرفته بود؛ اما مثل خیلی چیزها، فقط در حد شعار در ذهنش مانده بود. در همان کلاس‌ها، اساتید گفته بودند: «اگر پوست می‌ریزی، یعنی بدنت رشد کرده؛ نه اینکه فقط کهنه رو دور ریخته باشی.» اما شهاب بیشتر شیفته‌ی استعاره‌ها بود تا معنی‌شان.

تا روزی که در جلسه‌ای بی‌مقدمه مشاور جدید گفت: «وقتی برای پنجمین بار تیم فروش عوض می‌شه، ولی فروش همون می‌مونه—شاید وقتشه تیم رو نگه دارید و چیزی دیگه رو عوض کنید. مثلاً نگاهتون رو؟»

شهاب برای اولین‌بار نه اخم کرد، نه جواب داد. فقط ساکت شد.

مشاور جدید، آقای دکتر کامبیز وثوقی، مردی بود میانه‌سال با ریش جوگندمی، عینکی با فریم ظریف، و صدایی که نه بلند بود و نه عجول، اما بی‌هیچ تردیدی شنیده می‌شد. کسی بود که بیشتر از آن‌که حرف بزند، گوش می‌داد—و وقتی چیزی می‌گفت، شبیه آن بود که وزنه‌ای سنگین به‌ناگاه بر زمین می‌افتد.

جمله‌اش، بی‌هیاهو بود، اما دقیقاً مثل برخورد با دیوار بتنی. بی‌تکلف، بی‌خشم، بی‌تملق.

شهاب تا پیش از آن، همیشه حرف‌ها را یا رد می‌کرد، یا تحلیل. اما این‌بار، ضربه درونی بود. انگار یکی از همان دیوارهای شیشه‌ای دفتر، ناگهان در ذهنش ترک برداشت.

برای اولین‌بار، خودش را نگاه کرد. نه از پشت نمودارهای رشد، نه در قاب جلسات هیئت‌مدیره. بدون چارت سازمانی، بدون لباس مدیرعاملی، بدون نقشه راه و بدون دفاعیه. فقط خودش را—خام، بی‌پوشش، و شاید برای نخستین‌بار؛ واقعی. و در این نگاه، چیزی مثل فروپاشی بی‌صدا جریان داشت. گویی سال‌ها شکست، که با واژه‌های شیک و عذرهای حرفه‌ای پنهان شده بودند، ناگهان سر برآوردند. حس پشیمانی، با طعمی تلخ و دیررس، در سینه‌اش پیچید. ذهنش فریاد می‌زد: «چرا زودتر نفهمیدم؟ چرا این‌قدر دیر؟»

او آن‌جا، میان نور مه‌آلود دفتر و سکوت مطلق، مستأصل بود. شبیه آدمی که سال‌ها در جاده‌ای اشتباه دویده و تازه روی تابلو خوانده: «مسیر بسته.»

و آن آغازِ تغییر بود، نه پایانِ بحران.

شرکت در ساختمانی مدرن در شمال شهر قرار داشت. فضای کاری باز، میزهای سفید با پارتیشن‌های نیمه‌شفاف، نور طبیعی که از پنجره‌های قدی سرازیر می‌شد، و صدای نرم تهویه‌ی مرکزی، تصویری از آینده‌ی اداری مدرن را تداعی می‌کرد. اما در دل این طراحی مینیمال، نوعی بی‌ثباتی جاری بود—آدم‌هایی که هر ماه عوض می‌شدند، صندلی‌هایی که مدام میزبان چهره‌های تازه بودند.

در تیم فعلی، چند چهره ماندگارتر از بقیه بودند:

ندا، مدیر بازاریابی، زنی جسور با مدل موی کوتاه و لباس‌هایی همیشه رنگی که در سکوت هم ایده می‌داد. او همیشه می‌دانست بازار به چه فکر می‌کند، اما دیگر به سختی می‌توانست بفهمد شهاب واقعاً چه می‌خواهد.

امیر، مسئول توسعه‌ی کسب‌وکار، مردی لاغر و کم‌حرف که همیشه با لپ‌تاپ در دست در راهرو قدم می‌زد. او سال‌ها بود در شرکت مانده بود، چون باور داشت بالاخره شهاب به ثبات می‌رسد.

الهام، منشی اجرایی، دختری با دقتی مثال‌زدنی که بارها دیده بود چگونه شهاب برای یک اشتباه کوچک کسی را کنار می‌گذارد، اما اشتباه‌های خودش را با لبخند «بی‌حوصلگی» رفع‌ورجوع می‌کند.

الهام دختری بود که عقل و احساس را با مهارتی بی‌نظیر با هم می‌آمیخت. نه تنها عاشق شهاب بود، بلکه شاید تنها کسی بود که شهاب را واقعاً می‌فهمید. عشقش کودکانه نبود—نه از آن دست احساساتی که با یک لبخند یا پیام خام می‌شود؛ بلکه عمیق، حساب‌شده، و بی‌ادعا. الهام هیچ‌گاه چیزی از شهاب نخواست. نه توجه بیشتر، نه تأیید. تنها چیزی که می‌خواست، این بود که شهاب رشد کند. اما همین، برایش سخت‌ترین خواسته‌ی دنیا شده بود.

بارها سعی کرده بود با او حرف بزند. بارها در دلِ پروژه‌های نیمه‌تمام، در لابه‌لای جلسات پُرتَنش، گوشه‌هایی برای صراحت پیدا کند. اما هر بار به دیوار لجاجت یا تردید برخورد کرده بود. شهاب، با آن‌که عاشق الهام بود—با همان نگاه‌هایی که گاهی طولانی‌تر از معمول روی صورتش می‌نشست، با آن مکث‌های بی‌کلام وقتی در اتاق می‌ماند—نمی‌توانست بپذیرد که کسی از درونش خبر دارد.

الهام نه می‌خواست او را عوض کند، نه او را ترک کند. عشقش مالک نبود، مشوق بود. مثل کسی که در سکوت، چراغی را روشن نگه می‌دارد تا مسافرِ سردرگم، مسیرش را پیدا کند. فقط می‌خواست شهاب، خودش را ببیند—نه

در قاب گزارش‌ها و موفقیت‌های موقتی، بلکه در عمق زخم‌هایی که سال‌ها با واژه‌های پیچیده پوشانده بود.

میان دوست‌داشتن و دانستن، همیشه چیزی کم بود؛ چیزی تلخ و درخشان. و آن چیز، شجاعتِ روبه‌رو شدن با خود بود. الهام می‌دانست این شجاعت، آسان نیست. خودش هم بارها طعم آن را چشیده بود. برای همین، عشقش به شهاب، بیشتر از جنس صبر و باور بود تا تملک و قضاوت. او تنها کسی بود که هم از شهاب دلخور می‌شد، و هم همچنان پشتش می‌ایستاد. چون باور داشت گاهی بزرگ‌ترین تغییر، از دلِ دردناک‌ترین نگاهِ صادقانه آغاز می‌شود—نگاهی که فقط از دستِ عشق ساخته است.

آن روز، وقتی جلسه‌ی مشاوره تمام شد، دفتر در سکوتی غلیظ فرو رفت. هوای اتاق سنگین شده بود؛ انگار کلمات مشاور هنوز میان پنجره‌ها و دیوارهای شیشه‌ای در رفت‌وآمد بودند. ندا روی صندلی‌اش جابه‌جا شد، دست‌هایش را روی پاهایش گذاشت و نگاهی خیره به شهاب انداخت که هنوز در حال نگاه‌کردن به جایی دورتر از ما بود.

بعد نگاهش را به امیر انداخت، با چشم‌هایی که چیزی میان نگرانی و امید در آن برق می‌زد. با صدایی نیمه‌بریده، آرام گفت:

– «اگه این بار هم تیمو عوض کنه، من دیگه نمی‌مونم. دیگه نمی‌تونم.»

لحنش نه تهدید بود، نه گلایه. بیشتر شبیه اعترافی صادقانه از زنی خسته بود؛ زنی که سال‌ها جنگیده، اما حالا فقط دلش آرامش می‌خواهد. دلش می‌خواست یک‌بار هم که شده، تصمیم شهاب بوی بلوغ بدهد، نه تکرار. بوی دیدن، نه حذف.

امیر لبخندی بی‌رمق زد:

– «نمی‌دونم... این‌بار فرق داشت. یه‌جورایی انگار برای اولین‌بار، خودش شنید.»

اما پشت آن لبخند، چیزی عمیق‌تر پنهان بود. امیر بیشتر از هر کس دیگری شهاب را می‌شناخت. او می‌دانست زیر نقاب رئیس‌بازی‌ها و تصمیم‌های ناگهانی‌اش، کودکی آسیب‌دیده نشسته؛ بچه‌ای که بارها طرد شده، تحقیر شده، شنیده نشده. سایه‌های آن دوران، هنوز در اتاق جلسه‌های امروز قدم می‌زدند.

شهاب گاهی لجباز بود، گاهی بی‌منطق، و گاهی چنان حق‌به‌جانب که آدم را خشمگین می‌کرد. ولی امیر همیشه در چشمانش رد زخمی قدیمی را می‌دید. می‌دانست الهام راست می‌گوید. می‌دانست مسیر درست چیست. اما خوب می‌دانست شهاب نه تنبل است، نه نادان؛ فقط هنوز شجاعت کافی برای روبه‌رو شدن با آن کودک زخمی را ندارد. و این ناتوانی، دردناک‌تر از هر اشتباهی بود.

الهام تا پایان روز به آن جمله فکر می‌کرد. جمله‌ای که شهاب شنید، اما خودش سال‌ها پیش حسش کرده بود.

عصر، وقتی همه رفته بودند، در نور کم‌رنگ اتاق شهاب ایستاد. او هنوز پشت میز بود، خیره به مانیتور خاموش. انگار می‌دانست الهام آمده، اما برنگشت. الهام اما تنها کسی بود که آن‌قدر نزدیک مانده بود تا عمقِ آسیب‌های شهاب را بداند. بارها، در شب‌های پراسترس قبلِ ارائه‌ها، در مکالمه‌های کوتاه بین دو جلسه، شهاب از روزهای تلخ کودکی‌اش گفته بود؛ از پدری که حضور داشت اما درکش نمی‌کرد—مردی خسته و خاموش که به‌جای پشتیبانی، فقط انتظار داشت. و مادری که بیشتر از مهر، نقش تأمین‌کننده‌ی نیازهای جسمی را بازی کرده بود—خوراک، پوشاک، نظافت؛ اما نه آغوش، نه درک، نه امنیت عاطفی.

خانه‌ای که در آن، شهاب یاد گرفت درد را پنهان کند، چون هیچ‌کس حوصله‌اش را نداشت. جایی که کودک درونش، نه نوازش که فقط دستور شنید. و همین کودک، حالا پشت میز مدیریت نشسته بود—با همان زخم‌های بی‌صدا.

الهام این‌ها را می‌دانست. نه از روی حدس، بلکه چون شهاب، بی‌دفاع‌ترین لایه‌های خودش را پیش او گشوده بود. بارها و بارها، با صدایی لرزان در

شب‌های خستگی و دلخوری، با نگاه‌هایی پر از اشتیاق و شرم، با جمله‌هایی که نیمه‌کاره رها می‌شدند اما حقیقت را فریاد می‌زدند—شهاب از درونش برای او گفته بود. اعتراف‌هایی خام، واقعی، بدون نقاب. الهام آن‌قدر شنیده بود که حالا نه‌تنها داستان، بلکه دردهای نانوشته‌ی او را هم از بر بود.

الهام می‌دانست پشت آن غرور، پشت آن سرعت، پشت آن میل عجیب به کنترل و نتیجه، کودکی نشسته که هنوز دنبال تأیید می‌گردد. برای همین، وقتی به اتاق آمد، نه فقط یک کارمند بود، نه فقط یک عاشق؛ بلکه کسی بود که «همه‌چیز را می‌دانست» و با این‌حال، هنوز مانده بود. این‌بار، آمده بود تا فقط بگوید: دیدمت. همون‌طور که هستی.

– «میشه یه چیزی بگم؟» صدای الهام آرام بود، ولی قاطع.

– «تو همیشه دنبال به‌روزرسانی همه‌چیزی. لوگو، تیم، برند، حتی میزهای شرکت... اما هیچ‌وقت به خودت نوبت ندادی.»

شهاب چیزی نگفت.

– «من نمی‌خوام باهات بجنگم، نمی‌خوام نصیحتت کنم. فقط... دلم می‌خواد بدونی، من همیشه اینجام. حتی وقتی بقیه رفتن. نه چون ضعیفم، چون باور دارم تو می‌تونی یه‌بارم که شده، وایسی و نگاه کنی. نه بیرون، نه توی جلسات. به خودت. به همون‌جایی که همیشه ازش فرار می‌کنی.»

شهاب، بی‌حرکت ماند. چند ثانیه طولانی گذشت. بعد آهسته سرش را بالا آورد. نگاه‌شان گره خورد. نگاه مردی که برای اولین‌بار، نه از موضع قدرت، که از جایی میان ترس و فهم، چشم در چشم عشق ایستاده بود.

هیچ‌کدام چیزی نگفتند. اما آن سکوت، بلندتر از تمام حرف‌های ناتمام گذشته بود.

ساعتی بعد، وقتی الهام رفته بود، شهاب هنوز همان‌جا نشسته بود. دیگر به مانیتور نگاه نمی‌کرد. دستش روی میز، بی‌حرکت مانده بود و افکارش مثل

توده‌ای خاکستری از خاطرات و تصمیمات، دور سرش می‌چرخیدند.

برای اولین‌بار، چیزی در درونش شکست. نه غرور، نه مدیریت، بلکه آن صدای همیشگی که همیشه می‌گفت: «تو حق داری، تو درست می‌گی.» حالا آن صدا ساکت شده بود.

با تردید بلند شد. به آینه‌ی کوچکِ کنج دفتر نگاهی انداخت. به چشم‌های خودش خیره شد. خسته، اما روشن.

بعد، به میز برگشت. لپ‌تاپ را باز کرد. نه برای ساخت یک برنامه‌ی جدید یا استخدام یک مدیر تازه؛ بلکه برای نوشتن یک ایمیل. موضوع: بازنگری در ساختار جلسات.

و در پاورقیِ آن ایمیل، تنها یک جمله نوشت:

«تغییر، از درون آغاز می‌شود. این‌بار از من.»

فردای آن روز، الهام مثل همیشه زودتر از همه وارد شرکت شد. اما این‌بار، فضا چیزی در خود داشت که پیش‌تر هرگز نداشت: حس تنفس در هوایی تازه. انگار سکوت راهروها از جنس دیگری بود. بوی ملایمی از قهوه و کاغذ نوساز در فضا پیچیده بود، و نور صبحگاهی، روی میزها می‌رقصید.

لیست جلسات به‌جای دستیار شهاب، با دست‌خط خودش روی برد نوشته شده بود. کمی نامنظم، کمی خجالتی، اما واقعی. چیدمان صندلی‌های جلسه عوض شده بود. انگار اتاق، دیگر برای نمایش نبود، برای گفت‌وگو طراحی شده بود.

اما مهم‌تر از همه، میز الهام بود. میز همیشه منظم او حالا با یک جزئیات تازه جان گرفته بود: یک گلدان شیشه‌ای کوچک با یک شاخه نرگس سفید و یک یادداشت تا شده که زیر آن آرام نشسته بود. کنار گلدان، یک کتاب کوچک بود—نه از جنس گزارش، که از جنس تأمل: «انسان در جستجوی معنا». همان‌کتابی که الهام روزی بی‌صدا روی میز شهاب گذاشته بود.

همه چیز، یک چیز می‌گفت: کسی دارد تغییر را نه نمایش، که زندگی می‌کند.

«می‌دونم همیشه ساکت شنیدی و صبور موندی. حالا نوبت منِ بی‌تابه که شنیدن رو یاد بگیره. از امروز نه فقط تیم، که منم آماده‌ی تغییرم.»

الهام یادداشت را برداشت. دستش کمی لرزید. چشمانش برق زد، نوری نرم و گرم در نگاهش دوید. انگار سال‌ها انتظار، یک‌باره در آن لحظه به پایان رسیده بود. قلبش تند می‌زد، اما نه از اضطراب؛ از نوعی شادی عمیق و خاموش، شبیه دیدن اولین نشانه‌ی بهار پس از زمستانی طولانی. او حس می‌کرد یک گره‌ی قدیمی باز شده، یک سکوت دیرینه پاسخ گرفته. احساسی از آرامش، شور، و حتی ناباوریِ شیرینی درونش پیچید—آن‌طور که فقط بعد از سال‌ها جنگیدن برای کسی، وقتی او بالاخره تصمیم به صلح با خودش می‌گیرد، حس می‌کنی.

لبخند زد؛ آرام، بی‌صدا. بعد به صندلی‌اش برگشت، اما نه با همان قدم‌های همیشگی. گویی پاهایش حالا بر زمینی نرم‌تر قدم می‌گذاشتند. نگاهی دوباره به گلدان انداخت، نفس عمیقی کشید و آرام زیر لب زمزمه کرد:

«بالاخره...»

صدایی آرام از پشت سرش آمد؛ صدایی که حالا کمتر از همیشه رنگِ قضاوت داشت:

– «الهام... می‌تونم چند لحظه وقتت رو بگیرم؟»

برگشت. شهاب بود. ایستاده با دستی که روی چارچوب در تکیه داشت، چهره‌ای کمی رنگ‌پریده اما بی‌نقاب. چشمانش خسته، اما بیدار.

الهام آرام سر تکان داد. شهاب جلو آمد، بی‌عجله، و روی لبه‌ی میز نشست. چند ثانیه سکوت بین‌شان ماند. سپس، او گفت:

– «نمی‌دونم این مسیری که دارم می‌رم، به کجا می‌رسه. فقط می‌دونم... از تکرار خسته‌ام. از خودم، همون‌جوری که بودم.»

الهام با نرمی پاسخ داد:

- «لازم نیست بدونی قراره چی بشی. فقط کافیه تصمیم بگیری دیگه اون آدم سابق نباشی.»

نگاهشان در هم گره خورد. شهاب آهی کشید، آرام، و برای اولین‌بار، نه در مقام مدیر، که در مقام انسانی ناتمام و مشتاق، گفت:

- «ممنون که موندی.»

الهام لبخندی زد؛ نه از جنس پیروزی، که از جنس درک. سپس با صدایی آرام گفت:

- «تو ارزشش رو داشتی... همیشه داشتی. فقط باید خودت هم اینو باور می‌کردی.»

و در سکوتی که پس از آن نشست، چیزی میان آن‌ها جابه‌جا شد. نه فقط کلمات، که یک جهان ناگفته. میان تمام روزهایی که نگذشته بودند، بالاخره چیزی آغاز شده بود—چیزی از جنس امید، از جنس بازسازی.

او لبخند زد، آروم، بی‌صدا، و برگشت پشت میزش.

اما این‌بار، حس کرد که نشستن پشت آن میز، یعنی ایستادن کنار مردی که بالاخره ایستاده.

چند دقیقه بعد، ندا وارد شد و متوجه تغییر چیدمان شد. زیر لب زمزمه کرد:

- «خودش نوشته؟... بالاخره!»

امیر که پشت سرش آمده بود، با نگاهی به تخته و چیدمان صندلی‌ها گفت:

- «این، دیگه شبیه ایمپالس نیست. این یه تصمیمه.»

الهام با لبخندی آرام از پشت میز گفت:

– «ما همیشه منتظر بودیم تیم عوض شه. شاید این‌بار، ما باید ببینیم اگه مدیر عوض شه، چی میشه.»

همه نگاهی رد و بدل کردند. فضای شرکت، برای اولین‌بار نه با ابهام، که با یک نوع کنجکاوی امیدوارانه پر شده بود.

شاید این‌بار، واقعاً فرق داشت.

نتیجه:

در هر تونلی، مهم‌ترین کشف، دیدن خودمان در آینه‌ی تکرار است.

این فصل، داستان مدیری بود که بارها دیگران را عوض کرد، ولی یک‌بار خودش را دید.

تونل تکرار با امید به تغییر، وقتی خطرناک می‌شود که لباس منطق به تن می‌کند؛ وقتی فکر می‌کنیم چون ساختار را عوض کرده‌ایم، نتیجه هم باید تغییر کند، بی‌آن‌که رفتاری تازه کرده باشیم.

اگر همیشه دیگران را مقصر می‌دانیم و خودمان را ثابت نگه می‌داریم، وقت آن است بپرسیم:

آیا من همان نقطه‌ی تکراری نیستم که جهان پیرامونم را به دور خود می‌چرخانم؟

به‌خاطر بسپار:

تغییر واقعی، با یک تصمیم آغاز نمی‌شود؛ با یک «دیدن» آغاز می‌شود.

و گاهی دیدن خودمان، شجاعانه‌ترین تغییر دنیاست.

تونل بیست و پنجم:
تفاوت آرزو، خواسته و باید

تونل بیست و پنجم: تفاوت آرزو، خواسته و باید

وقتی رویاها، دستورات، و خواسته‌ها جابه‌جا می‌شوند...

مقدمه

در درون هرکدام از ما، سه صدا هم‌زیستی می‌کنند.

نه مانند مشاور، نه شبیه قاضی—بلکه چون بازیگرانی که گاه نقش یکدیگر را می‌ربایند:

آرزو، زمزمه‌ای لطیف و فریبنده است؛ همان حس دل‌نشینی که هنگام عبور از ویترین مغازه‌ای پرنور در شب سرد زمستان، در دلت می‌پیچد. نگاهش می‌کنی، لبخند می‌زنی، اما جرئت نمی‌کنی وارد شوی.

خواسته، پاهای برهنه‌ای‌ست که روی آسفالت داغ، رو به سوی هدفی ناشناس، اما درونی و آشنا قدم برمی‌دارد. نه فقط شوق، بلکه حرکت؛ حتی با ترس، حتی

با عرق.

و باید؟ باید، صدای خشک و جدیِ مدیرِ همیشه بیدار درون ماست. با لیست وظایف، با اخم‌های همیشگی، و با این جمله‌ی آشنا: «اگر انجامش ندهی، کافی نیستی.» انجامش می‌دهی، اما نه برای رضایت، برای نجات از احساس گناه.

این بایدها، گاه از بیرون می‌آیند—از خانواده، از عرف، از فرهنگ. مثل مادری که با لحن آهنین می‌گوید: «باید دکتر بشی تا افتخارمون باشی.» یا پدری که پشت در اتاق نوجوانش می‌غرد: «مرد که شاعر نمی‌شه، باید نون دربیاره.» این‌ها مثل سنگ‌ریزه‌هایی‌اند در کفش: کوچک‌اند، اما زخم می‌زنند.

و گاه، از درون زاده می‌شوند. آن‌قدر زمزمه شده‌اند که تبدیل شده‌اند به آوای درونی ما. آن‌قدر تکرار شده‌اند که دیگر صداهای دیگر را خفه کرده‌اند. صدایی که صبح زود بیدارت می‌کند، نه برای رؤیا، برای تکلیف. و هولناک‌ترینشان، آن است که جای صدای خودت را گرفته باشد.

تونل زمانی آغاز می‌شود که این سه صدا را با هم اشتباه می‌گیریم.

آرزو را با خواسته یکی می‌دانیم، و سال‌ها در حسرت نرسیدن می‌سوزیم.

خواسته را نمی‌شنویم، چون زیر بار سنگین بایدها دفن شده است.

و باید را آن‌چنان جدی می‌گیریم، که حتی نمی‌پرسیم از کجا آمده، چرا هست، و آیا هنوز به آن نیاز داریم؟

این فصل، سفری‌ست به زندگی زنی که در هیاهوی این سه صدا، صدای خودش را گم کرده است. اما امشب، شاید برای نخستین‌بار، تصمیم دارد گوش بسپارد—نه به «باید»، نه به «نمایش»، بلکه به چیزی خاموش و صادق درون خودش.

داستان

هاله امشب زودتر از همیشه آمده بود. زنی در آستانه‌ی سی‌سالگی، با قامتی متوسط، صورتی بی‌نقاب، و نگاهی که به‌سادگی نمی‌شکست اما امشب چیزی در آن ترک برداشته بود. موهای قهوه‌ایِ موج‌دارش را شل بسته بود، بی‌توجه به فرم یا فشن، و پوست گندم‌گونش زیر نور مهتابی اتاق، کمی رنگ‌پریده‌تر از همیشه به‌نظر می‌رسید. همیشه لبخند می‌زد—از آن لبخندهایی که مخصوص دوربین‌اند، تمرین‌شده، نرم، بی‌حاشیه—اما امشب لب‌هایش بی‌حالت مانده بودند.

مانتوی کرم‌رنگ نازکی به تن داشت که تا زانو می‌رسید و شلوار جین جذب تیره‌ای که کمی در ناحیه‌ی زانو ساییده شده بود. هیچ‌چیز در ظاهرش فریاد نمی‌زد؛ همه‌چیز آرام، اما پر از معنای سرکوب‌شده بود. آمده بود که باشد، نه بدرخشد. آمده بود تا شاید کسی جرأت کند بپرسد: «واقعاً چی می‌خوای؟»

رویا چراغ‌های صحنه را خاموش کرده بود. زنی سی‌وچندساله با پوستی روشن و ته‌رنگی از خستگی در نگاهش؛ موهایی قهوه‌ای روشن که پشت سرش جمع کرده بود، عینک ظریفی با قاب باریک روی بینی‌اش، و شالی سرمه‌ای که روی شانه‌اش افتاده بود. پیراهنی نخی به رنگ خاکستری ملایم با شلواری مشکی ساده پوشیده بود؛ ظاهرش نه شلخته، نه آراسته—فقط واقعی. از آن زن‌هایی بود که انگار همیشه یک پله عقب‌تر ایستاده‌اند تا صحنه را بهتر ببینند، تا نبوغ دیگران را به تصویر بکشند.

اما امشب، نگاهش سنگین‌تر از همیشه بود. نه از خستگی کار، از تردیدی که مدت‌هاست در دلش خانه کرده. آمده بود فقط برای ضبط یک ویدئو، اما صدایی آرام درونش زمزمه می‌کرد: «شاید تو برای مصاحبه نیومدی... شاید اومدی که بفهمی. شاید اومدی که یاد بگیری صدای خودت چه شکلیه، وقتی همه‌جا پر از صدای دیگرانه.»

وایت‌برد هنوز روشن بود. روی آن با ماژیک قرمز نوشته بود: «هدف: محتوای

انگیزشی برای نسل Z». هاله به جمله زل زده بود، مثل کسی که نوشته‌ی روی سنگ قبر خودش را بخواند.

– «می‌دونی رویا؟ من همیشه نقاشی رو دوست داشتم. هنوزم شب‌ها خواب می‌بینم دارم آبرنگ می‌کشم. ولی... هیچ‌وقت دنبال‌ش نرفتم. مامانم همیشه می‌گفت: "دختر باید به درد آینده شوهرش بخوره. نقاشی نون نمی‌شه."»

او زنی بود که زندگی را با دو دست خالی، از میان اجاق و قسط و ترس، ساخته بود. برایش هنر، تفریحی لاکچری بود؛ نه چیزی که بشود با آن سقف نگه داشت و شکم سیر کرد. فکر نمی‌کرد من ناتوانم، فقط دنیا را جای امنی برای رؤیاها نمی‌دانست. نقاشی، در چشم او، تهدیدی بود برای امنیت. و شاید ترسی بود از تکرار رؤیاهای بر بادرفته‌ی خودش.

رویا چیزی نگفت. فقط گوشی‌اش را برداشت و عکس قدیمی را باز کرد؛ عکسی که سال‌ها پیش، در یکی از اولین همکاری‌هایشان گرفته بود. هاله در ۱۵ سالگی، کنار دیوار، با بوم نقاشی و چشم‌هایی که از اشتیاق می‌درخشیدند. رویا آن عکس را همیشه نگه داشته بود، نه فقط به‌عنوان یک تصویر، بلکه به‌عنوان یادآور خاموش رؤیایی که هیچ‌گاه مجال رشد نیافته بود. تصویری از دختری که می‌توانست هنرمند شود—اگر فقط کمی اجازه می‌داشت.

– «من اون موقع فقط یه خواسته داشتم. ولی گذاشتمش کنار. چون باید ازدواج می‌کردم، باید مستقل می‌شدم، باید قوی می‌بودم، باید...»

هاله ساکت شد. انگار چیزی در گلویش گیر کرده باشد. در ذهنش، تصویر اتاق کوچک خانه‌ی قدیمی‌شان جان گرفت. جایی که یک‌بار، وقتی یازده سالش بود، دفتر نقاشی‌اش را با شوق به مادرش نشان داده بود. مادری خسته، در لباس خانه، که فقط گفته بود: «برو کمک کن برنجو دم بذاریم. با این خط‌خطیا قراره به کجا برسی؟» و هاله همان شب، مداد رنگی‌هایش را ته کشوی کمد پنهان کرده بود.

نفسش سنگین شده بود. رویا آهسته گفت:

- «و حالا؟ حالا هنوز اون نقاشی‌ها رو می‌خوای؟»

- «آره. ولی حالا، فقط یه آرزو شدن. چیزی که از دور نگاهش می‌کنم، ولی دیگه جرأت ندارم برم سمتش.»

رویا به خودش فکر کرد. به آن روز سرد زمستانی که ۹ سالش بود و در اتاق کوچکشان پنهانی داستانی نوشته بود. با شوق نشانش داده بود به مادر، که فقط نگاهی به برگه‌ها کرد و گفت: «وقتِ قصه‌نوشتن نیست دخترم. باید بری بشقابارو بشوری.» و آن شب، اشک‌هایش را پنهان کرده بود پشت صدای شیر آب.

به آرزوی نویسندگی فکر کرد، به خواسته‌اش برای داشتن صدایی مستقل—صدایی که فقط برای خودش باشد، نه برای جلب رضایت کسی.

اما انگار آن خواسته، سال‌ها پشت دیوار بلندی از «باید»ها مانده بود. دیواری از وظایف نانوشته، از وظیفه‌مندی، از خوب بودن برای دیگران.

و حالا، در دل این شب بارانی، چیزی درونش آرام گفت: «می‌خوای بنویسی؟ بنویس. برای خودت. حتی اگه هیچ‌کس نخونه.»

سکوت سنگین شد. اما در دل این سکوت، صدایی نرم در ذهن رویا طنین انداخت: «شاید این گفت‌وگو برای ضبط نبود. شاید اصلاً این پروژه، این شب، همه‌ش فقط یه نقشه بود تا تو صدای خودتو بشنوی.»

او به خودش آمد. به سال‌هایی که تمام تصمیم‌هایش با واژه‌ی باید شروع می‌شد: باید کار پیدا کنم، باید درآمد داشته باشم، باید مادرم را راضی نگه دارم، باید مفید باشم... و هیچ‌وقت نپرسیده بود: «آیا این خواسته‌ی منه؟»

در آن لحظه، برای اولین‌بار فهمید چقدر بایدهای بیرونی، به‌تدریج تبدیل به صدای درونی‌اش شده بودند. و چقدر مهم است که آدم یک‌بار بنشیند و بپرسد: "این صدایی که داره دستور می‌ده، واقعاً منه؟"

و در دل همان شب، آرام اما قطعی، با خودش گفت: «از فردا، هر کاری می‌کنم، اول می‌پرسم: این خواسته‌ی منه یا فقط یه باید قدیمی؟»

هاله از جا بلند شد. رفت سمت پنجره. پرده را کنار زد. باران می‌بارید، نرم، بی‌صدا. انگار خودش هم بغضی قدیمی را زمین می‌ریخت.

– «می‌خوام دوباره بکشم.»

صدایش لرز نداشت. آرام بود، ولی محکم. مثل کسی که بالاخره صدای خواسته‌اش را از لابه‌لای تمام بایدها جدا کرده.

رویا لبخند زد. همان‌جا، کنار میز، نشست و لپ‌تاپش را بست. نور صفحه خاموش شد، ولی انگار اتاق روشن‌تر شد.

– «و من می‌خوام دوباره بنویسم. حتی اگه کسی نخونه.»

هاله برگشت. چشم‌هایش برق زد. نه از اشک، از تصمیم.

در آن شب بارانی، دو زن، با زندگی‌هایی پر از صدای دیگران، بالاخره صدای خودشان را شنیدند. و تصمیم گرفتند، حتی برای چند قدم، از آرزو به سمت خواسته بروند—بی‌اجازه، بی‌قضاوت، بی‌باید.

نتیجه:

اگر تو هم گاهی گیج شده‌ای که واقعاً چه می‌خواهی، نگران نباش. همه‌ی ما روزی این سه صدا را اشتباه گرفته‌ایم.

شاید در آرزویی زندگی می‌کنی که قرار نبوده زندگی‌اش کنی، فقط نگاهش کنی.

شاید خواسته‌ای داری که هنوز صدایش را نشنیده‌ای، چون «باید»ها فریاد می‌زنند.

و شاید تمام عمرت را صرف انجام بایدهایی کرده‌ای که حتی نپرسیده‌ای از کجا آمده‌اند.

وقت آن رسیده که این صداها را از هم تفکیک کنی.

بپرس: اینی که دارم انجام می‌دم، انتخاب خودمه یا فرمانی از ترس؟

آرزویی که دارم، صرفاً زیباست یا واقعاً می‌خوام دنبالش برم؟

و خواسته‌م، کجاست؟ زنده‌ست یا دفن شده زیر خاک بایدها؟

اگر حتی یکی از این سؤال‌ها درونت صدا کرد، تبریک می‌گم:

تو همین حالا، یک قدم از تونل بیرون زده‌ای.

تونل بیست و ششم:
کمال‌گرایی به جای کامل‌گرایی

تونل بیست و ششم: کمال‌گرایی به جای کامل‌گرایی

مقدمه: وسوسه‌ای به‌ظاهر نجیب، اما قاتل پیشرفت

در جهانی که همه‌چیز با یک اسکرول مقایسه می‌شود، جایی که تنها با یک لمسِ انگشت می‌توان خودت را در برابر صدها موفقیت ظاهری، بدن‌های بی‌نقص، خانه‌های مینیمال، و لبخندهای بی‌دلیل سنجید، فشار برای «بی‌نقص بودن» هر روز سنگین‌تر و خفه‌کننده‌تر می‌شود. در این عصر سرعت و ویترین، اشتباه‌کردن گناه تلقی می‌شود و ناتمام بودن، شکست. و همین است که «کمال‌گرایی» به‌جای آنکه فضیلتی الهام‌بخش باشد، به وسواس مزمنی تبدیل شده است که نه‌تنها کمکی نمی‌کند، بلکه اغلب مانعی‌ست برای آغاز، برای حرکت، و برای تجربه‌ی واقعی رشد.

باید تفاوتی کلیدی را درک کرد: «کمال‌گرایی» با «کامل‌گرایی» یکی نیست. این دو شبیه‌اند، اما تفاوت‌شان زندگی‌ساز یا زندگی‌سوز است.

کمال‌گرایی، اعتیاد به بی‌نقصی‌ست؛ دروغی دلنشین که وعده‌ی موفقیت می‌دهد اما تو را در اتاق انتظارِ حرکت حبس می‌کند. کامل‌گرایی اما، دوست دیرینه‌ی رشد است؛ صدایی که می‌گوید: «ناقص شروع کن، و در مسیر، کامل شو.»

کمال‌گرایی یا کامل‌گرایی؟

کدام یک همراه توست؟ و کدام یک تو را از حرکت بازداشته؟ اولی، ذهن را درگیر خیالِ بی‌نقصی می‌کند و تو را از آغاز بازمی‌دارد؛ دومی اما دعوتی‌ست به رشد مستمر و تدریجی. کمال‌گرایی می‌گوید: یا همه‌چیز باید عالی باشد یا اصلاً نباشد. اما کامل‌گرایی نجوا می‌کند: از همین‌جا شروع کن، هرچند ناقص، و در مسیر تکامل پیدا کن.

ذهن مدرن، در آتشِ تصاویر بی‌عیب، ایده‌آل‌های ساختگی، و پروژه‌های زیبایِ ناتمام می‌سوزد. اما این آتش، نه از بیرون، بلکه از درون شعله‌ور می‌شود—از همان‌جا که صدایی آرام اما وسواسی می‌گوید: «نه هنوز... باید بهتر باشه... هنوز نه...»

و این صدای «نه هنوز»، آرام و مخملی، اما مرگبار است؛ مثل زهری که در قهوه‌ی صبحگاهی حل شده باشد—بی‌بو، بی‌صدا، اما کشنده. این صدا پروژه‌ها را نمی‌کُشد، بلکه آن‌ها را در خواب نگه می‌دارد؛ در خوابی بی‌پایان. رویاها را از شوق زایش به کابوس انتظار بدل می‌کند، و حرکت را در برزخی حبس می‌کند که نه شروع است، نه پایان. فقط تعلیق... فقط پوسیدگی.

داستان: آقای کاظمی و پروژه‌ای که هیچ‌وقت «کامل» نبود

اتاق جلسه سرد و خاموش بود؛ سکوتی متراکم بر فضا چنبره زده بود، گویی هر صدای ناچیزی می‌توانست تعادلی پنهان را برهم بزند. دیوارها از شیشه و فلز بودند، با انعکاسی سرد و بی‌روح. نور سفید مهتابی از چراغ‌های سقفی می‌تابید، اما گرمایی نداشت؛ مثل نوری از یک اتاق عمل، دقیق و بی‌احساس. صندلی‌های خالی با چرم خاکستری، مانند شاهدانی خاموش، حلقه‌ای نامرئی از انتظاری سنگین ساخته بودند.

آقای کاظمی، مدیرعامل شرکت، مردی در حوالی پنجاه سالگی، با صورتی استخوانی، پیشانی بلند و خطوطی عمیق بر دو سوی دهانش بود—خطوطی که نه‌فقط از خنده، بلکه بیشتر از سال‌ها تصمیم‌های سخت، فشار زمان، و جلسات پرتنش مدیریتی شکل گرفته بودند. موهای جوگندمی‌اش مرتب و براق، همیشه آراسته و اتوکشیده، و نگاهش خسته اما سرشار از پرسش‌های درونی بود. او کسی بود که شرکتش را از دل یک بحران اقتصادی بیرون کشیده و با طراحی ساختارهای دقیق، سیستم‌های کنترل کیفیت، و شبکه‌های توزیع منظم، به یکی از شرکت‌های خوش‌نام صنعت فناوری تبدیل کرده بود. اما این نظم آهنین، هزینه‌ای سنگین داشت.

پروژه‌های بزرگ، درخشان، و موفق در کارنامه‌اش کم نبودند. سیستم CRM هوشمند شرکت، پلتفرم اتوماسیون داده‌ها، و نرم‌افزار تحلیل بازار که بارها جوایز داخلی و چند تقدیرنامه‌ی معتبر بین‌المللی را به خود اختصاص داده بودند، همگی نمونه‌هایی از دقت بی‌نظیر، برنامه‌ریزی موشکافانه و ذهن تحلیل‌گر او بودند. این‌ها ستون‌های شهرت شرکت بودند و او را در میان مدیران صنعت به عنوان الگویی از نظم و کیفیت معرفی کرده بودند. اما این شکوه، بهای سنگینی داشت—بهایی که در سکوت پرداخت می‌شد.

زیرا در سایه‌ی هر پروژه‌ی موفق، ده‌ها پروژه‌ی دیگر درون فایل‌های متوقف‌شده، خاک می‌خوردند—نه از سرِ بی‌کفایتی، بلکه تنها به این دلیل که «هنوز کامل نبودند». فرصت‌هایی که می‌توانستند بازار را متحول کنند، تیم را به چالش بکشند، یا حتی به فصل جدیدی از تاریخ شرکت تبدیل شوند، هرگز مجال تولد نیافتند. آن‌ها مثل جنین‌هایی در رحم تحلیل و بازبینی بی‌پایان، پیش از زایش خفه شدند؛ قربانی کمال‌گرایی مدیری که حاضر نبود چیزی کمتر از «بی‌نقص» را بپذیرد.

در مرکز میز بزرگ کنفرانس، نسخه‌ی اولیه‌ی محصول جدید بی‌صدا درخشید، همچون قطعه‌ای نیمه‌جان از آینده که در روشنایی سرد و بی‌روح اتاق جان می‌گرفت. سطح صیقلی آن، زیر نور مهتابی، هاله‌ای آبی‌گون به اطراف

می‌پراکند—نه آن‌قدر روشن که امید ببخشد، و نه آن‌قدر خاموش که به‌کلی فراموش شود. جسمی که نه مرده بود و نه زنده؛ منتظر یک اشاره، یک جسارت، یک تصمیم.

آقای کاظمی در آن لحظه، با حالتی متفکر و منجمد، به نسخه‌ی اولیه خیره مانده بود... چشمانش براق اما مردد، ترکیبی غریب از شوق و ترس را منعکس می‌کردند. در نگاهش، شوقِ تولد چیزی نو می‌درخشید؛ همان جرقه‌ای که سال‌ها پیش، شرکت را از خاک بحران بیرون کشیده بود. اما درست در کنار آن، هاله‌ای از ترس می‌لرزید—ترسی از ناقص بودن، از دیده شدن در حالِ ناتمام. ذهنش همچون صحنه‌ای تاریک بود که نورِ پروژه، سایه‌هایی بلندتر از خودش در آن انداخته بود. کمال‌گرایی در نگاهش فریاد نمی‌زد، اما زمزمه می‌کرد: «نه هنوز... هنوز جای کار داره...»

در این سکوت، از نگاه یاسر همه‌چیز حالتی غبارآلود و سنگین داشت. سقف بلند، چراغ‌های یکنواخت، و دیوارهای شیشه‌ای، گویی قصد داشتند خونسردی و بی‌طرفی فضا را حفظ کنند، اما همین بی‌روحی بود که اضطراب را تقویت می‌کرد. نگاهش روی چهره‌ها لغزید: مریم، با ابروهایی درهم‌رفته و قلمی که بی‌اختیار می‌چرخاند؛ مهرداد، خیره به نقطه‌ای نامعلوم، شاید در حال بازبینی هزارمین سناریوی ممکن؛ الهام، ساکت اما ناآرام، گوشه‌ی ناخن انگشت شَستَش را می‌جوید؛ و کاظمی، در سکونِ عمیق خود، مثل مجسمه‌ای از شک و اقتدار به گوشه‌ای خیره بود.

همه منتظر بودند. اما در نگاه یاسر، این انتظار نه به‌معنای آمادگی، بلکه به‌معنای خفقان بود.

او حس کرد اگر حالا چیزی نگوید، این فرصت هم مانند ده‌ها پروژهٔ دیگر در دل سکوت دفن خواهد شد. و پس، صدایی ضعیف اما محکم از سمت دیگر میز شنیده شد—صدایی که فضا را شکست، گرچه ملایم، اما تعیین‌کننده. نگاه‌ها چرخیدند. همه به یاسر نگاه کردند، گویی اولین‌بار است که او را می‌شنوند، یا شاید چون جرئتی را بیان کرده بود که خودشان در دل داشتند اما زبانشان

یاری نمی‌داد.

یاسر، متخصص تجربه کاربری و یکی از اعضای جوان و پرانرژی تیم، با چهره‌ای مشتاق و صدایی آرام گفت: «اگه این نسخه رو منتشر کنیم، بازخوردها خودش کاملش می‌کنه.»

یاسر بارها برای ایده‌هایی که با فلسفهٔ «شروع کن، بعد اصلاحش می‌کنیم» مطرح کرده بود، سرزنش یا بی‌توجهی دیده بود. او اهل آزمون، تجربه، و بازخورد گرفتن از بازار بود. اما در فرهنگ شرکت کاظمی، جایی برای آزمون و خطا نبود. پروژه باید پیش از اولین نمایش، بی‌نقص باشد.

کاظمی این بار چیزی نگفت. فقط خیره شد. اما نه به یاسر، بلکه به درون خودش. سکوت اتاق جلسه در برابر غوغایی که در ذهنش برپا شده بود، هیچ بود. ذهنش به‌سرعت در زمان سفر کرد؛ به روزگاری دور، به خانه‌ی پدری. او بارها و بارها این جمله را شنیده بود: «پسر من بی‌نقصه... هیچ‌وقت اشتباه نمی‌کنه.» صدایی که دیگران را شگفت‌زده می‌کرد، اما برای او همچون فرمانی قطعی بود؛ فرمانی که نمی‌شد زیر پا گذاشت.

در ذهنش تصویری روشن از چهره‌ی پدرش نقش بست—چشمانی سرد و نگاهی که در ظاهر پر از غرور بود، اما در اعماقش تهدیدی پنهان داشت. تحسینی که نه انگیزه، بلکه وظیفه می‌آورد؛ وظیفه‌ای که سال‌ها کاظمی را از تجربه، از اشتباه، از زندگی محروم کرده بود.

او نفرتی پنهان را در دلش حس کرد؛ نه نفرتی از جنس کینه، بلکه خشم تلخی از کودکی ربوده‌شده. از تمام آن سال‌هایی که به جای کنجکاوی، باید نقش یک مجسمه‌ی بی‌نقص را بازی می‌کرد. نقش کسی که هرگز نباید خطا کند. و این نقش، ذره‌ذره در او ته‌نشین شده بود؛ تا همین امروز، در همین اتاق جلسه، پشت همین میز، روبه‌روی نسخه‌ای که «هنوز کامل نبود».

ذهنش نه‌فقط با صدای پدر، بلکه با انبوه فرصت‌هایی که از دست داده بود، آشفته بود. پروژه‌هایی که فقط به جرم ناقص بودن، هرگز حتی نفس

نکشیدند. ناقوسی در سرش می‌کوبید؛ آمیخته‌ای از خشم، پشیمانی، و شاید اولین جرقه‌ی رهایی.

او یادش آمد که چطور این جمله، سال‌ها همانند زنجیری نامرئی دور اراده‌اش پیچیده بود. از کودکی، به جای تشویق برای یادگیری از اشتباه، در ذهنش این تصور کاشته شد که اشتباه یعنی شکست، یعنی خیانت به تصویر پدر. آن جمله تحسین‌آمیز، بذرِ کمال‌گرایی را در عمق ذهنش نشاند.

اکنون، در میانسالی، او می‌دید که این تونل چگونه بسیاری از رؤیاها و فرصت‌ها را بلعیده بود. پروژه‌هایی که می‌توانستند نام شرکتش را به سکوهای بالاتری برسانند، یکی پس از دیگری قربانی تعلل شده بودند. او به وضوح دید که در پسِ هر «منتظریم تا بهترش کنیم»، یک فصل نانوشته از تاریخ شرکت خاک خورده بود.

ناقوسی در ذهنش به صدا درآمد؛ تیز، بلند، مثل تلنگری از آینده‌ای که می‌توانست باشد و نبود. و شاید برای اولین بار، تصمیمی دیگر در دلش جوانه زد—آیا وقت آن نرسیده که قفس بی‌نقصی را باز کند؟

نتیجه‌گیری: قفسی که در را باز کرد

کاظمی آرام سرش را بلند کرد. به نگاه یاسر خیره شد. این‌بار، نه با تردید و نه با خشم، بلکه با مکثی پرمعنا و چشم‌هایی که گویی تازه از زیر خاکستر سال‌ها فراموشی بیرون آمده بودند. گویی نوری ضعیف، اما واقعی، از لابلای خرابه‌های ذهنی‌اش به بیرون راه می‌جُست.

درونش اما طوفانی در جریان بود. کودک درونش، همان پسرک بی‌صدا که سال‌ها در قالب مردی کامل دفن شده بود، حالا فریاد می‌کشید. سال‌ها خراش خورده بود؛ از پروژه‌هایی که نابود شده بودند، از آدم‌هایی که رفته بودند، از رؤیاهایی که هرگز جرئت بیرون آمدن نیافته بودند. هرکدام از آن زخم‌ها حالا انگار آمده بودند تا تابویی را بشکنند—تابوی کودکی بی‌نقص.

او به‌روشنی حس کرد که دیگر نمی‌خواهد این تونل را حمل کند. نفسش

سنگین شده بود از باری که متعلق به پدرش بود، نه به خودش. احساس گم‌شدگی همان‌قدر واقعی بود که نیاز به تغییر. و در دل آن آشفتگی، صدایی بلندتر از همیشه گفت: «اگر کامل نبودن خطر است، نرفتن مرگ است.»

او فهمیده بود که هیچ تصمیمی با «صبر برای بهترین زمان» کامل نمی‌شود—بلکه تنها با حرکت و بازخورد شکل می‌گیرد. کمال‌گرایی، آغازِ مسیر است؛ کمال‌گرایی، بن‌بست در لباس منطق.

نتیجه‌گیری: از وسواس تا وضوح

در پایان این مسیر درونی، کاظمی دریافت که وسواس بی‌نقص بودن، بیش از آن‌که او را بالا ببرد، او را در بند کشیده بود. او فهمید که بسیاری از فرصت‌ها نه از سر بی‌لیاقتی، بلکه از ترسِ آغاز، از بین رفته‌اند. کمال‌گرایی، این تونلِ طلایی، اگرچه با لباس منطق ظاهر می‌شود، اما در نهایت رشد را به تعویق می‌اندازد و رویاها را در مرحله‌ی تصور متوقف می‌کند.

کامل‌گرایی اما، در سکوت و سادگی رشد می‌کند؛ در پذیرش نقص و آغاز تدریجی. او فهمید که هر تحول بزرگ، با گامی کوچک و اغلب ناتمام آغاز می‌شود—و شاید بزرگ‌ترین آزادی، در پذیرش همین ناتمامی باشد.

و تو، خواننده‌ی این سطرها، حالا با پرسشی رها نمی‌شوی:

کمال‌گرایی یا کامل‌گرایی؟

کدام یک در تصمیم‌هایت پنهان شده؟ و کدام‌یک قرار است از این لحظه به بعد، همراهت باشد؟

تونل بیست و هفتم:
انکار معنا

تونل بیست و هفتم: انکار معنا

وقتی باور نمی‌کنی کسی هست که تو را بی‌قید و شرط دیده باشد...

مقدمه

بعضی‌ها خدا را گم نکرده‌اند، چون هرگز او را نداشته‌اند. نه به‌خاطر بی‌دینی، که از دل محرومیتی عمیق آمده‌اند؛ محروم از لمس آن لحظه‌ی آرام که باور کنی دستی فراتر از عقل، در کارِ هستی‌ست.

عده‌ای هرگز صدای دعا را نشنیده‌اند، نه چون گوش‌شان ناشنوا بود، بلکه چون جهان برایشان بیش از حد بی‌پاسخ مانده بود. نه فریاد زده‌اند، نه انکار کرده‌اند. فقط خسته شده‌اند. خسته از دویدن بی‌پشتوانه. خسته از حملِ بارِ زندگی بدون شانه‌ای نادیدنی.

گاهی خدا برایشان شبیه کوهی دوردست است، همیشه آن‌جاست، اما هیچ‌وقت

نزدیک نمی‌شود. و گاهی، شک، نه از بی‌ایمانی، که از اشتیاق سرکوب‌شده برای لمس دوباره‌ی معناست.

و تونل، درست همین‌جاست: وقتی همه‌چیز را می‌فهمی، اما هنوز چیزی کم است. وقتی موفقی، ولی نمی‌دانی چرا ته دلت خالی‌ست. وقتی شب، در دل تاریکی، دنبال نوری می‌گردی که از جنس منطق نیست.

داستان

دانیال، مردی پنجاه‌ساله با چهره‌ای استخوانی، پوست سپید و چشمانی تیره که گویی همیشه بیدارند، در صندلی گوشه‌ی کافه‌ای قدیمی نشسته بود. موهای خاکستری‌اش کوتاه و بی‌نظم، گویی سال‌هاست به آینه نگاه نکرده. ابروهای پرپشت و اخم‌کرده‌اش، سنگینی فکرهایی کهنه را فاش می‌کرد. ته‌ریشی سه‌روزه روی صورتش مثل دیواری نازک بود میان غرور گذشته و فروپاشی امروز.

لباسش، کت قهوه‌ای چرمی کهنه، شلواری خاکستری با خط اتوی محو، و پیراهنی کرم‌رنگ که از یقه کمی باز بود، بوی روزگاری را می‌داد که مردها برای فتح جهان از خانه بیرون می‌رفتند. اما حالا، بوی خاک باران‌خورده در فضای کافه بیشتر به او می‌آمد؛ خسته، خیس، و بی‌پناه.

کافه با شیشه‌های مات، دیوارهایی آجری، و چراغ‌هایی آویزان با نور کهربایی، مثل پناهگاهی بود که برای آدم‌های در حال فراموشی ساخته شده. شمع کوچکی روی میز، شعله‌اش گاه با نفس باران می‌لرزید و نورش بر چهره‌ی دنیل، خاطره‌ی امیدی گمشده را نقش می‌زد.

او روزگاری مردی صاحب‌نام در صنعت تکنولوژی بود. در سالن‌های بزرگ کنفرانس با کت‌های دوخته‌شده در ایتالیا قدم می‌زد. ساعتی طلایی، نشان افتخار روزهای طلایی‌اش، همیشه در مچ چپش برق می‌زد. اما حالا، آن ساعت در کشوی خانه بود، بی‌باطری و بی‌کاربرد، درست مثل خودش.

خانه‌اش، حالا فقط یک ساختمان بود. زمانی لاله، همسرش، با آن صدای گرم و نگاه مهربان، خانه را به بهشت بدل می‌کرد. لاله زنی بود با موهای بلند

قهوهای و چشمانی به رنگ خاک مرطوب. عاشق چای دارچین بود و همیشه شمع روشن میکرد هنگام خواندن کتاب. اما او رفت، نه با عصبانیت، بلکه با سکوت. پسرشان، مانی، هجدهساله، آخرین شب گفت: «بابا، تو همیشه اینجایی، ولی انگار نیستی.»

مانی شاعر بود. به جای اعداد و نمودار، با کلمات بازی میکرد. به جای مسابقه، با موسیقی نفس میکشید. اما دانیال، با نگاه سنگین و خاموشش، تمام آن شور را خاموش کرده بود. مانی رفت. آخرین عکس خانوادگیشان، قاب شده روی طاقچه، مثل شهادتی بود بر شکست بیصدا.

کارخانهای که روزی چون قلبی میتپید، حالا خاموش بود. اما این سکوت، ساده نبود. در دل آن دیوارهای بلند آجری، روزگاری نهچندان دور، هر صبح با صدای قدمهای دانیال آغاز میشد؛ با کفشهایی براق، کتوشلواری اتوکشیده، و نگاهی که تا انتهای سالنها را میکاوید. او وارد که میشد، کارگرها بیاراده بلند میشدند. صدایش که در سالن میپیچید، همه میایستادند.

روی میز شیشهای دفترش، همیشه دو مانیتور روشن بود؛ یکی برای بازار جهانی، یکی برای کنترل تولید. کافهی عصرگاهیاش همیشه با قهوهی ترک و یک گزارش مالی همراه بود. حتی راه رفتنش با حساب بود. گویی نفس کشیدن هم از جنس برنامه بود.

اما حالا... همهچیز ساکت بود. آن اتاق، که روزی پُر بود از صدای تایپ و زنگ تماس و گفتوگوی طراحان و مهندسان، حالا فقط سکوت داشت. ولی این سکوت، گویی تهماندهی یک مراسم تدفین بود. صداهایی که زمانی فضا را زنده میکردند، حالا به شکل پژواکهایی مبهم در دیوارها جا مانده بودند؛ مثل ارواحی خسته، که هنوز در گوشههای دفتر پرسه میزدند.

گاهی اگر خوب گوش میدادی، میتوانستی خیال کنی صدای خشخش قدمها یا خندهای پنهان از پشت قفسهها میآید. گویی سایههایی از مهندسان، با دستهایی نامرئی، هنوز روی نقشهها خم شدهاند. اما نه با اشتیاق گذشته،

بلکه با تکرار مرگبار یک خاطره‌ی خالی.

همان میز شیشه‌ای، حالا خراش‌خورده بود و مانیتورها خاموش. روی زمین، جعبه‌هایی پُر از کاغذهایی که دیگر قرار نبود خوانده شوند. برگه‌هایی که شاید هنوز رد انگشتان مرده‌ای را در خود حفظ کرده‌اند.

دانیال آنجا می‌نشست، گاهی ساعت‌ها. بی‌آن‌که حتی چراغ را روشن کند. در تاریکی نیمه‌جان غروب، از لابه‌لای پنجره‌های خاک‌گرفته، نوری مرده بر چهره‌اش می‌افتاد و چشمانش را به دو دریاچه‌ی متروک تبدیل می‌کرد؛ بی‌موج، بی‌انعکاس، و تهی از زندگی. چشمانی که نه اشک داشت، نه برق، فقط یک چیز: استیصال.

در آن نگاه، نه التماس بود، نه امید، بلکه چیزی شبیه به پذیرفتن شکستِ بی‌صدای جهان. چشمان دنیل دیگر نمی‌جستند، فقط می‌ماندند. مثل نگاه مردی که روزی در میان هزار تصمیم ایستاد و اکنون، حتی برای نگاه‌کردن هم دلیل ندارد.

دانیال، با شانه‌هایی افتاده و نگاهی کهنه، در گوشه‌ی کافه‌ای نمور نشسته بود. مردی که روزگاری با اقتدار در تالارهای سرمایه‌گذاری قدم می‌زد، حالا مانند سایه‌ای از گذشته‌ی خود به نظر می‌رسید. چشمانش، آن‌زمان برق می‌زدند؛ نگاهی نافذ که رقبایش را از میدان به در می‌کرد. صدایش آرام اما مطمئن بود، هر واژه‌اش فرمان، هر تصمیمش بی‌چون‌وچرا. در جلسات، وقتی حرف می‌زد، سکوت حکم می‌کرد. تصمیم‌هایش سهام بالا می‌برد، تیم‌ها را به حرکت درمی‌آورد، و دل سرمایه‌گذاران را گرم می‌کرد.

اما حالا؟ چشمانش خسته بودند. نه از بی‌خوابی، بلکه از بی‌جهتی. برقی که در گذشته در نگاهش بود، حالا فقط بازتاب شعله‌ی کوچک شمعی بود که بر گونه‌اش می‌لرزید. لب‌هایش دیگر فرمان نمی‌دادند، بیشتر زمزمه می‌کردند؛ و آن صدای محکم، حالا فقط در حد یک مکالمه‌ی خسته، در پس‌زمینه‌ی باران.

دانیال با نگاهی مات به پیرمردی خیره شد که روبه‌رویش ایستاده بود؛ گویی

از دل مهِ باران آمده باشد. لباسی ساده و تیره بر تن داشت، چهره‌اش سپید و شفاف، انگار تمام عمر در سکوت باران زندگی کرده باشد. چشمانش در تاریکی می‌درخشیدند، نه از نور، بلکه از آگاهی‌ای کهن؛ شبیه به کسی که قرن‌هاست حقیقت را می‌داند اما فقط زمانی ظاهر می‌شود که سکوت آدمی، فریاد کمک باشد.

هیچ‌کس ندید که از در کافه وارد شده باشد. صدای پاهایش به گوش نرسید. حتی میز کناری هم متوجه حضورش نشد. فقط دنیل بود که ناگهان فهمید روبه‌رویش ایستاده. جایی در انتهای کافه، جایی که نور شمع کمرنگ‌تر و صدای باران واضح‌تر بود.

پیرمرد بوی خاک نم‌خورده می‌داد. مثل بوی خاطرات دفن‌شده در شب‌های بی‌خواب. هیچ‌چیز در او مدرن نبود، اما هیچ‌چیز هم قدیمی نبود. زمان در او جریان نداشت. صدا و حضورش، شبیه ندایی بود که گاهی از عمق دل بلند می‌شود؛ همان لحظه‌ای که دیگر هیچ‌چیز کافی نیست، و دل دنبال چیزی ورای عقل می‌گردد.

پیرمرد گفت: «چیزی رو گم کردی، نه؟»

لحنش نه پرسشی بود، نه خبری، بیشتر شبیه طنین اندیشه‌ای بود که پیش از آن‌که به زبان بیاید، سال‌ها در دل دنیل زمزمه شده بود. صدایش آهسته بود، اما مطمئن؛ نرم، اما نافذ. گویی آن واژه‌ها، نه از دهان پیرمرد، که از عمق قلب دنیل بلند شده بودند.

دانیال جا خورد. انگار در آن سکوت نم‌زده‌ی کافه، کسی صدای فکرهای نیمه‌کاره‌اش را شنیده باشد. قطره‌ای از باران از لبه‌ی پنجره پایین چکید و درست در لحظه‌ی مکث او، روی طاقچه افتاد—مثل علامتی برای پذیرفتن آن سوال.

برای لحظه‌ای، حتی صدای باران هم عقب نشست، و فقط نفس دنیل و نفس پیرمرد بود که فضا را زنده نگه می‌داشت. این یک مکالمه نبود؛ یک بیداری بود. برخورد دو جهان: یکی فروپاشیده در منطق، دیگری برخاسته از سکوت. و میان

آن دو، جمله‌ای که مانند کلیدی زنگ‌زده، در قفلِ کهنه‌ی دل دانیال چرخید. او با لبخندی تلخ گفت: «شاید یه چیزی که اسمش رو هیچ‌وقت بلد نبودم.»

پیرمرد مکث کرد. انگار واژه‌ها را از جایی دور، از میان زمان‌ها و خاطراتی که گفته نشده بودند، بیرون می‌کشید. نگاهش، آرام و عمیق، در چشمان دانیال نشست. و بعد با صدایی که :نه نصیحت بود و نه شکوه، فقط مثل حقیقتی بی‌ادعا جاری می‌شد، گفت: «وقتی به همه‌چیز تکیه می‌کنی جز آسمون، زمین زودتر خسته‌ت می‌کنه. زمین برای رفتن خوبه، نه موندن. اگه پُشتت چیزی نباشه که از دیدنت خوشحال بشه، حتی رسیدن هم بی‌معنا می‌شه.»

سکوتی افتاد. از آن سکوت‌هایی که نه تهی‌اند، بلکه لبریز از حضور. دانیال احساس کرد که چیزی درونش نرم شده، چیزی که سال‌ها مثل سنگ در قلبش مانده بود. احساس کرد انگار کسی دارد او را نه قضاوت، که تماشا می‌کند. بی‌کلام، بی‌نیاز به دلیل.

پیرمرد ادامه داد: «ما از جنس صدا هستیم، نه از جنس تصویر. گاهی باید چشم‌هامون رو ببندیم تا بتونیم بشنویم. چون بعضی حضورها، دیده نمی‌شن... فقط شنیده می‌شن.»

در دل دانیال، سکوتی آغاز شد. اما این‌بار، از جنس تحلیل نبود. شبیه لحظه‌ای بود که انگشتِ ناپیدایی، قفلی زنگ‌زده را آرام می‌چرخاند؛ قفلی که سال‌ها از ترس گشودن، نادیده گرفته شده بود. چیزی نرم و ناشناخته درونش حرکت کرد، مثل اشکی که هنوز نریخته، اما چشم را گرم می‌کند. لب‌هایش اندکی لرزیدند. شانه‌هایش کمی سبک‌تر شدند.

«اگر کسی هست... حتی اگر باور نداشتم... آیا می‌شنود؟»

دانیال بی‌آن‌که تصمیمی گرفته باشد، دستش را بالا آورد و با انگشتان لرزان، شمع روی میز را اندکی به سمت خودش کشید. شعله‌ی شمع، گویی پاسخ داده باشد، بی‌حرکت ماند، اما نوری گرم‌تر از پیش بر چهره‌اش انداخت. چشم‌هایش آرام‌تر شدند، نه از حل شدن مسأله، بلکه از کنار گذاشتنِ نیاز به حل کردن.

او برای اولین‌بار در مدت‌ها، به اطرافش نگاه کرد. به شیشه‌های مه‌گرفته، به برگِ خیس درختی پشت پنجره، به پیرمردی که حالا دیگر نمی‌دانست کی آمده و آیا هنوز هست. حتی فنجان قهوه‌ای که در تمام مدت دستنخورده مانده بود را برداشت و جرعه‌ای نوشید. طعم قهوه تلخ بود، اما زنده. همین کافی بود تا دانیال، فقط برای یک لحظه، نه در آینده و نه در گذشته، بلکه همین‌جا، در این کافه‌ی کوچک و بارانی، احساس حضور کند و پرسید : «اگر کسی هست... حتی اگر باور نداشتم... آیا می‌شنود؟»

نتیجه:

شاید تو هم مثل دانیال، سال‌ها فقط روی خودت حساب کرده‌ای. شاید گمان کرده‌ای که معنای جهان را باید تنهایی کشف کنی، تنهایی حل کنی، و تنهایی هم تحملش کنی.

اما یک‌جایی در راه، خستگی‌ات دیگر از جنس جسم نبود، از جنس روح بود؛ انگار تمام تکه‌های پازل در هم‌اند، اما تصویر نهایی ندارد. اینجا همان‌جاست که نبودِ معنا، از نبودِ انگیزه خطرناک‌تر می‌شود.

باور به یک قدرت برتر، الزاماً دین نیست، مذهب نیست، نه حتی معادله‌ای ریاضی. گاهی فقط یک دلگرمی‌ست: اینکه شاید دستی در کار است، نامرئی، اما ناظر. شاید چشمی هست که نه از بالای آسمان، که از عمق جان، تو را می‌بیند.

معنا، همیشه از جنس منطق نمی‌آید. گاهی در لرزش یک برگ، در لبخند یک غریبه، در بوی قهوه‌ای که صبح زود تنها می‌نوشی، یا در صدای قطره‌ای باران، زمزمه می‌شود: «تو تنها نیستی.»

شاید کافی باشد لحظه‌ای بایستی، گوش بسپری، و بپرسی: «اگر کسی هست... آیا می‌شنود؟» و همین پرسیدن، شاید خودِ ایمان باشد.

«نکنه تنها نیستم... حتی اگه سال‌ها فکر می‌کردم هستم.»

تونـل بیست و هشتم:
نداشتن زمان

تونل بیست و هشتم: نداشتن زمان

مقدمه

ما همیشه در حال دویدنیم.

نه به‌خاطر مقصد، بلکه انگار از چیزی ناپیدا، چیزی درونمان فرار می‌کنیم. مثل مسافری که بدون بلیت، سوار قطاری شده که هرگز توقف ندارد.

از احساس عقب‌ماندن می‌ترسیم، از فشاری که تقویم‌ها و ساعت‌ها مثل دست‌بند بر مچمان بسته‌اند. هر زنگ هشدار، انگار نه یک یادآوری ساده، بلکه ضربه‌ی چکش اضطراب است.

زمان، که باید هم‌پیمان ما باشد، حالا شبیه زندانی‌ست که کلیدش را خودمان قورت داده‌ایم. ما نمی‌گوییم «انتخابم چیز دیگری بود»، بلکه می‌گوییم: «وقت

ندارم.» و این، نیرنگی‌ست که ذهن به خرج می‌دهد تا ما را از روبه‌رو شدن با حقیقت نجات دهد.

ما زمان را نداریم، چون هنوز نخواسته‌ایم به چیزی "نه" بگوییم. هنوز جرئت نکرده‌ایم بپذیریم که هر انتخابی، بهایش، چشم‌پوشی از صد انتخاب دیگر است.

در این تونل، مشکل نداشتن زمان نیست، بلکه ندیدن این واقعیت است که اولویت نداشتن، همان انتخاب نکردن است. و حالا، همراه من بیا به دل مترو...

جایی که شلوغی شهر، نمی‌تواند صدای ذهن مردی را خاموش کند؛ جایی که اگر خوب گوش بدهی، شاید صدای ذهن خودت را هم بشنوی...

داستان: ایستگاه‌های بی‌قرار

مترو شلوغ بود. آن‌قدر شلوغ که حتی فکر کردن هم انگار ممنوع شده بود. هر حرکت، هر تنفس، به مبارزه‌ای با فضا تبدیل شده بود. بوی عرق آدم‌ها در گرمای فشرده واگن پیچیده بود. صدای تق‌تق کفش‌ها، صدای کوبیدن بی‌وقفه قطار روی ریل‌ها، هشدار درهای در حال بسته شدن، و همهمه‌ای که از موبایل‌ها، هدفون‌ها و نفس‌های بریده بالا می‌رفت.

لرزش ممتد واگن، مثل نبض تندی بود که قطع نمی‌شد. آدم‌ها با چهره‌هایی بی‌رمق، بی‌صدا و بی‌قرار، فقط به جلو خیره بودند—بی‌آن‌که بدانند به کجا.

نور فلورسنت سقف، بی‌احساس و سفید، مثل لایه‌ای از سرما روی همه‌چیز نشسته بود. همه‌چیز رنگ‌پریده و مصنوعی به‌نظر می‌رسید. چهره‌ها بی‌روح بودند، نگاه‌ها خیره اما خالی. هیچ حرارتی در این جمع نبود—نه از نوع فیزیکی، نه از نوع انسانی. لبخندها در این فضا ممنوع شده بودند، و صداها، اگر هم شنیده می‌شدند، بیشتر شبیه فرکانسی بی‌احساس بودند تا کلام. هر کس در دنیای خودش گیر کرده بود؛ دنیایی بی‌پنجره، بی‌هوا، بی‌نور. فقط حرکت بود، فقط فشار، فقط شتاب—انگار قطار نه در دل شهر، که از میان ذهن‌هایی یخ‌زده عبور می‌کرد.

مردی با قامتی متوسط و شانه‌هایی خمیده، در میان دریای بی‌نام جمعیت ایستاده بود—کاوه. لباسش ساده، اما چروک‌خورده بود، مثل ذهنی آشفته که فرصتی برای نظم ندارد. در نگاهش، چیزی میان خستگی و بی‌اعتنایی بود؛ گویی از جهان دل‌کنده، اما هنوز به آن آویزان مانده. در آن میان، ایستاده بود نه چون جایی برای رفتن نداشت، بلکه چون نمی‌دانست کدام سمت را انتخاب کند. قامتش کشیده بود، اما شانه‌هایش افتاده، انگار وزنی پنهان همیشه بر پشتش سنگینی می‌کرد. پوستش کمی تیره، با خطوطی خفیف از خستگی و بی‌خوابی زیر چشم‌ها. ته‌ریشی رهاشده، موهایی نیمه‌شانه‌خورده، و لب‌هایی که انگار مدت‌هاست به خنده نچرخیده‌اند.

یک دستش روی میله بود، انگار آخرین نقطه‌ی تعادل در دنیایی پر از لغزش. دست دیگرش در کیف، بی‌هدف، بی‌رمق. چشمانش خیره به نقطه‌ای نامعلوم، نه در مترو، که در گذشته‌ای نزدیک، یا آینده‌ای نامعلوم. گوشی‌اش هر چند ثانیه یک‌بار می‌لرزید، اما او حتی حوصله نگاه‌کردن نداشت؛ گویی می‌دانست هیچ پیامی، خبری از رهایی نمی‌آورد.

نفس‌هایش کوتاه بود، اما سنگین. هر دمی شبیه بالا آوردن خاطراتی بود که ترجیح می‌داد فراموش‌شان کند؛ پروژه‌هایی که نیمه‌کاره رها شده، رابطه‌هایی که فرصت گفت‌وگو نیافته، رویاهایی که سال‌ها در پوشه‌های بایگانی ذهن خاک خورده بودند. احساس می‌کرد ذهنش مثل اتاقی به‌هم‌ریخته است؛ با انبوهی از "نرسیده‌ام‌ها"، "نکرده‌ام‌ها" و "کاش‌ها" که روی هم تل‌نبار شده‌اند و راه رفتن در آن ممکن نیست. از درون، متورم از سرخوردگی، بی‌باوری به خودش، و خستگی مزمنی که نه از جسم، بلکه از جان ریشه گرفته بود.

‫– باید جواب اون ایمیل رو می‌دادم...‬

‫– امروز هنوز لیست کارهام رو ننوشتم...‬

‫– فردا جلسه دارم، آماده نیستم...‬

‫– تمرینم مونده...‬

‫– فلان پروژه عقب افتاده...‬

- تماس با مادرم رو از هفته پیش عقب انداختم...
- هنوز مقاله‌ای که قول داده بودم رو نخوندم...
- حتی تولد دوستم رو هم یادم رفت...
- کاش می‌شد فقط برای چند ساعت همه‌چیز رو متوقف کنم...
- همه‌چیز از دستم در رفته، انگار زمان، تکه‌تکه شده مال من نیست...
- اصلاً آخرین باری که یه کتاب فقط برای دل خودم خوندم کی بود؟
- کی آخرین‌بار پیاده‌روی رفتم بدون اینکه به جلسه بعدی فکر کنم؟
- من واقعاً چی رو دوست دارم؟
- اصلاً الان کاری که دارم می‌کنم، همونه که یه روزی آرزوشو داشتم؟
- یا فقط دارم خودمو سرگرم نگه می‌دارم که نفهمم دارم از چی فرار می‌کنم؟

زیر لب زمزمه کرد:

- وقت ندارم... اصلاً هیچ‌وقت وقت ندارم...

صدا درونش پیچید. شبیه تکراری قدیمی، اما این‌بار با لحنی سنگین‌تر، انگار ناقوسی در دل معبدی خاموش، ناگهان نواخته شده باشد؛ صدایی که از اعماق می‌آید، نه برای هشدار، بلکه برای بیداری. شبیه طنین اندوهی که سال‌ها در گوشش زمزمه شده و حالا شمشیری در تاریکی شده بود. نه فریاد بود، نه نجوا—بلکه چیزی میان این دو: حضوری درونی، آشنا، بی‌رحم و صادق. انگار ذهنش، برای لحظه‌ای، خودش را به شکل صدایی درآورده بود تا از پشت پرده‌ی انکار عبور کند.

کاوه یکه خورد. مثل کسی که ناگهان از خوابی در بیداری پریده باشد. لرز خفیفی در ستون فقراتش نشست. نفسش برای لحظه‌ای در سینه‌اش حبس شد. اطراف را با نگاهی آشفته و هراسان پایید. کسی چیزی نگفته بود. هیچ‌کس حتی نگاهش نکرده بود. همه در همان بی‌تفاوتی سرد خودشان مانده بودند. اما صدا واضح بود.

نه در فضا، بلکه در جایی عمیق‌تر از گوش—درست در نقطه‌ای میان قلب و

ذهن، جایی که هیچ‌کس جز خودش راهی به آن نداشت. موجی از غافلگیری، ترس، و چیزی شبیه شرم درونش را گرفت. انگار خودش، در دل ازدحام، برملا شده باشد. و برای اولین‌بار، دیگر نمی‌توانست از خودش پنهان شود.

- وقت نداری یا جرئت نکردی براش وقت بذاری؟
- وقت نداری یا تصمیم نگرفتی که چی مهم‌تره؟
- کی برای آخرین بار کاری رو فقط برای دل خودت انجام دادی؟
- چند بار گفتی «نمی‌تونم» وقتی در واقع «نمی‌خوام» بود؟
- از چی فرار می‌کنی وقتی سرتو با هزار کار گرم می‌کنی؟
- چند تا از این کارا واقعاً ارزش دارن؟ یا فقط پُرکننده‌ان؟
- چند بار خودتو قانع کردی که وقت نداری، تا مجبور نشی انتخاب کنی؟
- واقعاً چند درصد از این شلوغی، ضروریه؟ و چند درصدش ترس از ساکت شدنه؟

و کاوه، برای اولین‌بار، نشست.

نه فقط روی صندلی—روی تصمیمی که مثل باری هزار کیلویی، سال‌ها روی شانه‌هایش جا خوش کرده بود. عضلاتش سست شده بودند، نه از خستگی راه، از خستگی فرار.

لحظه‌ای چشم بست. انگار با پایین آوردن وزن بدن، باری هم از ذهنش سبک شد. بغضی ناپیدا در گلویش جمع شد، نه از اندوه، از رهایی. حس کرد سکو زیر پایش واقعی‌تر از تمام مسیرهایی‌ست که دویده، و هوای اطرافش، برای اولین‌بار، نه فقط اکسیژن که «فهم» دارد.

در آن صندلی کوچک و ساکت، چیزی در دلش آرام گرفت؛ شبیه آشتی کردن با خودی که سال‌ها نادیده‌اش گرفته بود.

قطار حرکت کرد. اما چیزی درون او، از حرکت ایستاد—انگار ذهنش، بعد از سال‌ها دویدن، برای نخستین‌بار در اتاقی آرام ایستاده بود. صدای افکارش که همیشه مانند رگبار بر شیشه‌ی جانش می‌کوبیدند، ناگهان خاموش شدند.

سکوتی نرم اما پرمعنا در دلش نشست؛ سکوتی شبیه باز شدن گرهای دیرینه، یا نور کمرنگی که از شکافی در دیوار دل‌تنگی‌ها می‌تابد. سکوتی لطیف در ذهنش نشست، شبیه آرامش بعد از یک گریه بی‌صدا. نفسش را عمیق کشید. گوشی‌اش هنوز در دستش بود، ولی نگاهش دیگر به آن نبود. نگاهش، به درون برگشته بود.

برای اولین‌بار، ایستگاه رسید. اما نه ایستگاه شهری، نه جایی در نقشه؛ ایستگاهی در جانش. جایی که یک سکون کوتاه، تبدیل شد به انفجار درون. لحظه‌ای که نه تنها توقف کرد، بلکه دید—واقعاً دید. خودش را. زندگی‌اش را. و شکافی میان گذشته و آینده در ذهنش باز شد؛ شکافی که از دلش نوری عبور کرد: تصمیم.

تصمیمی که مثل برق از رگ‌هایش گذشت و گفت:

«دیگه نمی‌دوم، چون حالا می‌دونم برای چی باید راه برم. دیگه بهانه نمی‌سازم، چون حالا می‌دونم من مسئولم. دیگه فرار نمی‌کنم، چون بالاخره پذیرفتم که اگر من تغییر نکنم، هیچی تغییر نمی‌کنه. و این را با تمام سلول‌هایم حس می‌کنم؛ حس سبکی کسی که بالاخره سکان کشتی‌اش را خودش گرفته، حتی اگر هنوز در دل طوفان باشد.»

نتیجه:

نداشتن زمان، توهمی‌ست که ذهن برای فرار از انتخاب، خلق می‌کند.

هر جا گفتی «نمی‌رسم»، از خودت بپرس:

آیا واقعاً نرسیدی؟ یا فقط نخواستی اولویت را جابجا کنی؟

بیشتر اوقات، ما زمان را نداریم چون نمی‌دانیم برای چه چیزی حاضریم چیز دیگری را رها کنیم.

و این، دقیقاً تعریف انتخاب است.

زمان همیشه هست. این توجه ماست که جایش را بلد نیست.

تونل بیست و نهم:
ترس از شکست،
به‌جای درس از شکست

تونل بیست و نهم: ترس از شکست، به جای درس از شکست

«سکوتی پیش از شروع»

مقدمه

ترس، همیشه فریاد نمی‌زند.

گاهی شبیه قطره‌ای‌ست که شبانه، آرام‌آرام، سقف خانه را می‌فرساید.

گاهی مثل بادی‌ست بی‌صدا، اما آن‌قدر سرد که چراغ امید را خاموش می‌کند.

گاهی هم مثل پرنده‌ای‌ست که می‌داند بال دارد، اما آن‌قدر به قفس عادت کرده که دیگر پر زدن یادش نیست.

ترس از شکست، همین است.

قفسی که به‌جای میله، از تردید ساخته شده. قفسی که درش باز است، اما کسی بیرون نمی‌آید، چون تصور می‌کند آزادی، جای امنی نیست.

و این ترس، نه تنها مانع شکست است، بلکه مانع زندگی‌ست. نه از آن جنس هیولاهایی که در خواب می‌بینیم، بلکه سایه‌ای نامرئی که روی شانه‌ها می‌نشیند و هر بار که می‌خواهی پرواز کنی، در گوشت زمزمه می‌کند:

«اگه افتادی چی؟ اگه ضایع شدی؟ اگه همه دیدن؟»

ما آدم‌ها، با رؤیا متولد می‌شویم. اما در مسیر، بعضی‌هامان یاد می‌گیریم که امن‌ترین راه، راه نرفتن است.

بعضی‌ها مسیر زندگی‌شان را با پاک‌کن طراحی می‌کنند: هیچ خطی، هیچ اشتباهی، هیچ شروعی. نه اینکه نخواهند، فقط می‌ترسند.

و این ترس، نه تنها آن‌ها را از شکست حفظ نمی‌کند، بلکه از زیستن نیز بازمی‌دارد. همین ترس، قصه‌ی زندگی آرمان بود.

داستان: آرمان و ترانه‌ای که هرگز نواخته نشد

آرمان ۳۶ ساله بود. قدی متوسط داشت، نه آن‌قدر بلند که در جمع دیده شود، نه آن‌قدر کوتاه که نادیده بماند. موهایش همیشه کمی ژولیده بود؛ نه از بی‌نظمی، بلکه از حواس‌پرتی. چشمانش خاکستری، خسته، اما پر از فکرهایی که هنوز نگفته باقی مانده بودند.

لباس‌هایش ساده، تمیز، با رنگ‌های خنثی. نه جلب توجه، نه بی‌تفاوت. فقط در تلاش برای محو بودن. او مهندس نرم‌افزار بود، اما ذهنش شبیه یک آهنگ‌ساز بود در دل کد. با دقتی وسواسی، برای هر خط برنامه، ریتمی در ذهنش می‌ساخت؛ انگار که هر قطعه کد، بخشی از یک سمفونی ناتمام بود.

اما آن‌چه در ظاهر «منظم» و «حساب‌شده» به‌نظر می‌رسید، در واقع دیواری بود پشت آن پنهان شده بود. دیواری از دقت، وسواس، سکوت؛ و در پسِ آن، مردی با قلبی پر از لرزش ایستاده بود.

ترسش از خود شکست نبود، از پیامدش بود. از افتادن نه، از دیده‌شدن در لحظه‌ی افتادن. از لحظه‌ای که دیگران بفهمند او «کامل» نیست.

ترسش از قضاوت بود، از نگاهی که او را نه یک تلاش‌گر، که یک شکست‌خورده ببیند. نه فقط خودش را، که تمام تصویری را که سال‌ها با وسواس و احتیاط ساخته بود، در خطر می‌دید.

او به‌جای اینکه با شکست روبه‌رو شود و از دلش چیزی بیاموزد، ترجیح می‌داد اصلاً قدم نگذارد. چون برایش مهم نبود که چه چیزی یاد می‌گیرد؛ مهم بود که مبادا چیزی از دست بدهد.

پشت هر بهانه‌اش، پشت هر سکوتش، فقط یک چیز بود: ترس.

ترس از چه؟

از دیده‌شدن؟

از قضاوت؟

از نابود شدن؟

از برچسب «شکست‌خورده» خوردن؟

از دست دادن تصویری که سال‌ها با وسواس ساخته شده بود؟

ترسی که آن‌قدر با آن خو گرفته بود، که حالا دیگر خودش هم باور داشت دلیل حرکت نکردنش «منطق» است، نه «هراس».

مثل کودکی که پتویش را تا زیر چانه بالا کشیده و تصور می‌کند هیولاها ناپدید می‌شوند، آرمان هم در دل تاریکی‌های ذهنش، پشت ترسش قایم شده بود.

او پتوی خودش را داشت: بی‌عملی، تعلل، تحلیل‌های بی‌پایان.

نه برای اینکه نمی‌دانست چه باید بکند، بلکه برای اینکه می‌ترسید با روشن‌کردن چراغ، با مواجهه، با «حرکت»، هیولاهایی را ببیند که همیشه تصورشان می‌کرد.

او خیال می‌کرد اگر بی‌صدا باشد، اگر خطایی نکند، اگر در حاشیه بماند، هیچ‌کس سراغش نمی‌آید. اما نمی‌دانست که زندگی، سراغ آن‌هایی می‌رود که در دل تاریکی، ایستاده‌اند و لرزان اما بیدار، منتظرند تا نور را پیدا کنند.

اما این پناهگاه، آرام‌آرام به زندانی تبدیل شده بود. و او هنوز جرئت نکرده بود قفلش را باز کند.

او از آن آدم‌هایی بود که اگر سکوت می‌کرد، نه از بی‌حرفی بود، بلکه از هراسِ شنیده‌شدن. اگر عقب می‌کشید، نه از بی‌علاقگی، بلکه از زخمی که از کودکی در جانش جا مانده بود: ترس از دیده‌شدن در لحظه‌ی اشتباه.

و همه چیز، پشت پوشه‌ای مانده بود به نام: «روزی که شروع می‌کنم». پوشه‌ای که بیشتر شبیه پناهگاه بود تا برنامه. آرمان، باهوش بود، توانمند بود، اما آسیب‌پذیر. و این آسیب‌پذیری، مثل پرده‌ای نازک، او را از جهان جدا کرده بود؛ پرده‌ای که از پشت آن، همه چیز را می‌دید، اما خودش هرگز قدم به میدان نمی‌گذاشت.

محیط کارش شیشه‌ای و مدرن بود. صدای آرام تایپ، نور نرمی که از شیشه‌های مات می‌تابید، و میز کاری که به‌دقت مرتب بود؛ با دو مانیتور براق، یک ماگ سفید ساده، و گیاه کوچکی که تنها نشانه‌ی زندگی در آن سکوت مهندسی‌شده بود.

روی دیوار روبه‌رو، کاغذی چسبیده بود:

«Later is the enemy of Now»

که معنی اش میشه :

«به تعویق انداختن، دشمنِ لحظهٔ اکنونه.»

اما حالا دیگر فقط تزئینی شده بود؛ نه باور، نه هشدار. شعاری که سال‌هاست دیگر حتی خودش به آن نگاه نمی‌کرد.

او بارها خودش را در نقش مؤسس دیده بود. در جلسه‌های خیالی، با تیم رؤیایی‌اش، در دفتر خودش... اما هر بار صدایی در ذهنش طنین می‌انداخت:

«اگه شکست بخورم چی؟ اگه بقیه ببینن؟ اگه خندیدن؟ اگه همه بفهمن که نتونستم؟ اگه فقط من فکر می‌کردم ایده‌ام خوبه؟»

و بعد، موج دیگری از افکار می‌آمد:

«اگه سرمایه‌گذار بگه این احمقانه‌ست؟ اگه حتی تیمم به من اعتماد نکنه؟ اگه بعدش دیگه هیچ‌کس منو جدی نگیره؟»

صدای ذهنش گاهی شبیه خودش بود، گاهی شبیه صدای پدرش که با نگاهی آرام می‌گفت:

«آدم باید کاری رو شروع کنه که مطمئنه موفق میشه.»

گاهی صدای معلمی که روزی نمره‌اش را جلوی جمع فریاد زده بود. گاهی صدای خودش در آینه، وقتی با لبخندی تلخ می‌پرسید:

«آرمان، تو واقعاً فکر می‌کنی به دردش می‌خوری؟»

و باز می‌رسید به همان سکوت همیشگی؛ سکوتی که بلندتر از هر فریادی، او را از عمل بازمی‌داشت.

و هر بار، آرمان عقب می‌کشید؛ نه از بی‌علاقگی، بلکه از اینکه دردِ شکست را واقعی‌تر از درسش می‌دید. او نمی‌توانست باور کند که از دل فروپاشی، ساختنی پدید آید.

شکست، برایش نه یک مرحله، که یک برچسب همیشگی بود؛ مثل لکه‌ای که حتی اگر پاک هم بشود، دیگر آن لباس، لباسِ قبل نمی‌شود. تا اینکه...

نتیجه

تو هم شاید مثل آرمان، سال‌هاست که پوشه‌ای در ذهنت داری؛ پر از ایده، پر از آرزو، پر از "روزی که..."

اما هنوز آن روز نیامده.

شاید چون فکر می‌کنی وقتش نرسیده.

شاید چون می‌ترسی.

ترس، شبیه پرده‌ای نازک است؛ آن‌قدر شفاف که فکر می‌کنی می‌توانی از آن عبور کنی، اما هر بار که نزدیک می‌شوی، درهم می‌پیچی و عقب می‌روی. یا شبیه مه غلیظی در صبح‌های سرد، که راه را نمی‌بندد، اما دل را می‌لرزاند. یا حتی مثل آینه‌ای قدی، که تصویر را کج و مبهم نشان می‌دهد و تو را وادار می‌کند از همان تصویری که از خودت داری، هم بترسی.

اما همان‌طور که آرمان فهمید، راه عبور از ترس، پنهان شدن نیست. راهش، رد شدن از میان همان مه است. با چشم‌هایی که هنوز می‌ترسند، اما قدم‌هایی که می‌دانند: هیچ نوری پشت دیوار نایستادن نیست.

- اگر امروز قدم برنداری، فردا هم همین ترس‌ها را خواهی داشت. هیچ‌وقت لحظه‌ای نمی‌رسد که بدون تردید و ترس باشی.

- اما اگر با همین تردید، همین دل‌لرزه، همین دست‌های خیس، شروع کنی—همین، تو را زنده می‌کند.

- شکست بخور. زمین بخور. بخند. گریه کن. اما زندگی کن.

چون بدترین نوع شکست،

آن است که حتی به خودت فرصت باختن نداده باشی.

زندگی منتظرِ "شروعی با ترس" است، نه خیالِ "کمال بی‌نقص".

تونل سی ام:
از دست دادن برای به‌دست آوردن

تونل سی‌ام: از دست دادن برای به‌دست آوردن

مقدمه

بعضی پروازها با بال شروع نمی‌شوند؛ با دل کندن شروع می‌شوند.

باید چیزی را زمین بگذاری تا سبک شوی، باید جایی را ترک کنی تا به جایی برسی.

اما ما، آدم‌های جمع‌کردن‌ایم؛ جمع می‌کنیم خاطره، جمع می‌کنیم امنیت، جمع می‌کنیم «اگر»، جمع می‌کنیم «کاش»...

و هرچه بیشتر جمع کنیم، کمتر می‌توانیم برویم.

آری، تونل از دست دادن برای به‌دست آوردن، یعنی وقتی نمی‌خواهی ببازی، و برای همین، هیچ‌وقت نمی‌بری.

داستان: «مهدی و مرزهای ناپیدا»

مهدی چهل ساله بود. مردی دقیق و محتاط، با ذهنی ساختارمند و قلبی که همیشه دنبال تأیید و اطمینان می‌گشت. در جلسات کاری، همه به تحلیل‌های منظم و عمیقش اعتماد داشتند، اما کمتر کسی می‌دانست در خلوتش، با وسواس به جملات نیمه‌کاره‌اش فکر می‌کرد. آدمی بود که اشتباه را نه یک تجربه، که یک ننگ می‌دید؛ کمال‌گرا، با خط‌کش ذهنی‌ای که حتی خودش هم نمی‌توانست همیشه با آن هم‌راستا بماند.

درونش کودکی زنده بود که هنوز تشنه‌ی دیده‌شدن بود، نگرانِ طرد شدن، حساس به نگاه دیگران. مهدی در ظاهر، مدیر موفق و فردی مستقل به‌نظر می‌رسید، اما در باطن، هربار که کسی از او انتقادی می‌کرد یا دعوتی را رد می‌کرد، در دلش تَرَکی می‌افتاد.

او تمام زندگی‌اش را صرف ساختن کرده بود—بدون ریسک، بدون ماجراجویی، بی‌آنکه چیزی را رها کند. انگار همیشه فکر می‌کرد چیزی را که داری، نباید به امید چیز نادیده‌ای از دست بدهی. حتی وقتی امیدی تازه جلوه می‌کرد، ترجیح می‌داد در امنیت نیم‌بند بماند.

یک پیشنهاد کاری از یک شرکت کانادایی معتبر، روی میزش بود؛ در پاکتی که بارها باز شده، ولی هنوز هیچ تصمیمی درباره‌اش گرفته نشده بود. چون تصمیم، یعنی خطرِ اشتباه؛ و اشتباه، برای مهدی یعنی قضاوت و بی‌ارزشی.

او فکر می‌کرد با نرفتن، چیزی را حفظ می‌کند؛ اما حقیقت این بود که ترسش، نه از ازدست‌دادن وطن، بلکه از مواجهه با شکست بود.

ذهنش مدام صحنه‌هایی را مرور می‌کرد که در آن، ناتوان می‌شد، قضاوت می‌شد، شکست می‌خورد. بیشتر از آنکه از دل‌کندن بترسد، از بی‌کفایت جلوه‌کردن می‌ترسید. از اینکه همه چیز را از نو شروع کند و ناتوان باشد. از اینکه آن‌جا هم نتواند بدرخشد. از اینکه تلاش کند و کافی نباشد.

و برای همین، هرگز جرئت نمی‌کرد چیزی را از دست بدهد تا چیز تازه‌ای به‌دست آورد.

درحالی‌که داشت خودش را از دست می‌داد.

ترس از باخت، مانع از بردش شده بود.

و بالاخره، شبی در کافه‌ای نیمه‌تاریک، روبه‌روی نیما، دوستی قدیمی از سال‌های دانشگاه، چیزی درونش شکست. نیما، مردی صریح و بی‌پرده بود با نگاهی نافذ، ته‌ریشی چندروزه، و صدایی که انگار همیشه میان طعنه و مهربانی معلق بود. سال‌ها پیش مهاجرت کرده بود، تجربه‌ی ترک وطن را چشیده بود، و حالا آمده بود تا مهدی را ببیند.

فنجان قهوه‌ی تلخش هنوز بخار می‌کرد، ولی دل مهدی یخ کرده بود. وقتی نیما با صدایی آرام، اما قاطع گفت: «مهدی... گاهی برای داشتن یه زندگی تازه، باید از یه زندگی آشنا دل بکنی. شاید حتی از خودِ قدیمی‌ات»، چیزی در دلش لرزید. نه از حرف، بلکه از اینکه این جمله را پیش‌تر در دلش شنیده بود، اما هیچ‌وقت جدی‌اش نگرفته بود.

آن شب، بعد از خداحافظی، دیرتر از همیشه به خانه رسید. کلید را آرام در قفل چرخاند. لیو، سگ وفادار و سال‌خورده‌ی مهدی، طبق عادت همیشگی، آمد کنار در. نژادی ترکیبی از ژرمن شپرد و لابرادور، با چشمانی عسلی و دمی که همیشه با دیدن مهدی به جنب‌وجوش می‌افتاد. سال‌ها بود که همراه همیشگی‌اش بود؛ از روزهای خستگی گرفته تا شب‌های تنهایی. با آن نگاهی که انگار زبان سکوت را بهتر از هر انسانی می‌فهمید.

اما آن شب، مهدی او را بغل نکرد. فقط دستی گذرا بر سرش کشید و بی‌کلام، رفت کنار پنجره نشست. به کوچه‌ی تاریک زل زد. کوچه، مثل همیشه، ساکت و خالی بود؛ با چراغ‌قدی زردرنگی که نورش روی آسفالت نم‌خورده پخش می‌شد. نه صدایی بود، نه حرکتی. خانه‌ها با پنجره‌های خاموششان، مثل شاهدانی بی‌حرف، ایستاده بودند. انگار زمان در این کوچه ایستاده بود، یا

شاید هیچ‌وقت حرکت نمی‌کرد. هرچیز در جای خودش مانده بود، مثل زندگی مهدی، مثل تصمیمی که هنوز نگرفته بود. سکون، مثل مه نرمی در هوا پیچیده بود و کوچه، به‌جای راه، شبیه قابی شده بود که هیچ تغییری در آن نمی‌افتاد.

لیو گیج شده بود. نگاهش پر از سؤال بود: چرا امروز مثل همیشه نیستی؟ چرا بوی آشنایت این‌قدر سنگین شده؟ حس می‌کرد چیزی در هوا تغییر کرده. نه فقط سکوت مهدی، بلکه بوی ترس، بوی جدایی، بوی تردید.

او آرام به سمت مهدی خزید، مثل همیشه، اما این‌بار پاهایش کندتر بود. نگاهش را از مهدی برنمی‌داشت. دلش می‌خواست خودش را به آغوش صاحبش برساند، اما حس می‌کرد مهدی در دنیای دیگری‌ست؛ جایی دور، جایی پر از سؤال.

سکوت خانه، مثل لحاف سنگینی روی شانه‌های هر دو افتاده بود. و نفس‌های آرام لیو، تنها موسیقی آن شب بود.

دلش می‌خواست فرار کند. نه از وطن، بلکه از خودش. از ذهنی که هیچ‌گاه ساکت نمی‌شد، از قلبی که دائم دنبال چراغ سبز دیگران می‌گشت. از دست‌هایش که فقط کار می‌کردند، اما نمی‌ساختند. از لبخندهای مصنوعی در جلسات، از سکوت‌های بعد از تحسین. از این‌همه فکر نکرده، از این‌همه دل‌خوشی ترس‌خورده، از این‌همه زندگی نکرده. دلش می‌خواست فقط یک‌بار، بدون فکر به قضاوت، بدون وسواس به نتیجه، فقط «باشد». نه درست، نه کامل؛ فقط واقعی.

برای اولین‌بار، گریه‌اش گرفت. گریه‌ای بی‌صدا، شبیه بارانی که فقط خاک را آرام‌تر می‌کند، اما در دل زمین، چیزهایی را بیدار. قطره‌هایی که بی‌ادعا می‌آمدند، اما ردشان می‌ماند—بر گونه، بر دل، بر تصمیم. نه از غم، از درک تازه‌ای از خودش. اینکه ترس، سایه‌ای‌ست که وقتی پشت به نور بایستی، بزرگ می‌شود. و حالا، قطره‌قطره، چیزی درونش آب می‌شد؛ مثل یخی که در آفتاب آرام آرام می‌ریزد، بی‌صدا، اما برگشت‌ناپذیر. شاید بخشی از ترس،

شاید پوسته‌ای از گذشته، شاید مقاومت بی‌فایده‌ای که دیگر جایی نداشت. گریه‌اش، نه فقط پایانِ تردید، که آغازِ چیزی تازه بود.

صبح روز بعد، با چشم‌هایی نیمه‌خواب، چمدانی آورد. خاک‌گرفته بود. لیو هم آمد کنارش، همان‌طور که همیشه، در لحظه‌های مهم زندگی، بی‌صدا حاضر می‌شد. اما این‌بار، پاهایش مردد بود. چشم‌هایش دیگر فقط دنبال محبت نبود، دنبال پاسخ بودند. بویی در هوا بود که لیو را ناآرام می‌کرد؛ بوی رفتن، بوی تغییر، بوی پایانی که نمی‌توانست به زبان بیاورد.

لیو کنار چمدان ایستاد، سرش را پایین آورد، و مدتی همان‌جا ماند. نگاهی عمیق و سنگین به مهدی انداخت. انگار می‌خواست چیزی بپرسد، یا چیزی را نگه دارد. حتی دمش را هم تکان نمی‌داد. با آن نگاه پرسش‌گر و خسته، شبیه کسی بود که می‌فهمد قرار است تنها بماند.

دلش گرفته بود. از آن دل‌گرفتگی‌هایی که فقط حیوان‌ها بلدند بی‌صدا و صبور نشان دهند؛ اما سنگینی‌اش، تمام فضا را پر کرده بود.

مهدی زانو زد، دستی لرزان اما مهربان روی سر لیو کشید. برای چند لحظه، نه حرفی بود، نه تصمیمی قطعی؛ فقط دو نگاه. لیو، با چشمانی که ترکیبی از پرسش و دل‌نگرانی بود، به وسایلی که یکی‌یکی در چمدان گذاشته می‌شدند خیره شد.

آورد و همان‌جا نشست؛ ساکت، سنگین، اما کنار مهدی. مثل همیشه.

مهدی کتابی را گذاشت که همیشه از آن الهام می‌گرفت. جلد چرمی، کمی فرسوده، با صفحاتی که گوشه‌هایشان تا خورده بودند از بس بارها و بارها ورق خورده بود. نامش را کسی نمی‌دانست، اما برای مهدی، مثل فانوس دریایی در طوفان بود؛ پُر از جمله‌هایی که کنارش علامت زده بود، زیرشان خط کشیده بود، یا تاریخ زده بود کنارشان. جملاتی که هرکدامشان زمانی تصمیمی را روشن کرده بودند، یا تردیدی را آرام.

بعد، شالی را گذاشت که مادرش بافته بود؛ با نخهایی نازک و صبور که هر

تارشان انگار تکه‌ای از آغوش مادر را در خود نگه داشته بود. نخهایی که بوی خانه می‌دادند، بوی نان تازه، بوی دست‌های پینه‌بسته، بوی صدایی که همیشه می‌گفت «نگران نباش، من اینجام».

شال را وقتی نوجوان بود، مادرش برایش بافته بود، تا زمستان‌های سخت تهران، تا شب‌های امتحان، تا وقت‌هایی که دلش می‌گرفت. هر گره‌اش شبیه یک دعا بود، یک نجوای مادرانه در دل نخ. حالا شال، در میان وسایل سفر، نه فقط تکه‌ای پارچه، که سندی از تعلق بود.

و قاب عکسی که حالا دیگر، فقط خاطره نبود؛ نمادی بود از «ریشه‌ای» که حالا وقتش بود به «بال» تبدیل شود. تصویر مهدی در کنار مادرش، در حیاط کوچک خانه‌ی قدیمی‌شان، با آن درخت نارنج و ایوان پر از گلدان‌های شمعدانی، حالا چیزی فراتر از یادآوری بود—این قاب، تجسمِ تمام آن چیزهایی بود که او را ساخته بودند؛ سنت، امنیت، ریشه‌ها...

اما حالا، در این سفر، این قاب آمده بود تا بگوید: «با خودت ببر، اما نمان.» نماد این بود که می‌توان ریشه داشت، و در عین حال، پرواز کرد.

لیو دوباره خودش را کنار چمدان پهن کرد، انگار می‌خواست بگوید: «اگه می‌ری، منم حساب کن.» اما این‌بار، در چشمانش برق همیشگی نبود؛ جای آن، نوری کدر از نگرانی نشسته بود. سرش را به‌آهستگی روی زمین گذاشت، نفس‌هایش عمیق‌تر و سنگین‌تر شده بود، و دمش بی‌حرکت مانده بود.

او همه‌چیز را می‌فهمید. نه با منطق، که با دل حیوانی‌اش که تغییر را از هزار فرسنگ دورتر حس می‌کرد. دلش نمی‌خواست بپذیرد، اما نگاه‌های مهدی، بستن چمدان، قاب عکس، شال مادر... همه‌چیز می‌گفت که وقت رفتن است. لیو، با تمام عشق و دلبستگی‌اش، داشت یاد می‌گرفت رها کند. چون گاهی، حتی برای دوست‌داشتن هم باید چیزی را از دست بدهی.

و مهدی؟ او تصمیمش را گرفته بود. با دلی سنگین، اما قدم‌هایی مصمم. ترس هنوز با او بود، اما این‌بار، پشتش قایم نشده بود. به لیو نگاه کرد؛ سگی که

سال‌ها برایش فقط یک حیوان خانگی نبود، بلکه آینه‌ی لحظه‌های تنهایی‌اش بود—همراه وفاداری که هیچ‌وقت قضاوت نکرده بود، فقط مانده بود.

دید که لیو چطور آرام، بی‌صدا کنار چمدان نشسته، اما در دلش آشوبی بی‌نام دارد. دمش بی‌حرکت، نفس‌هایش سنگین، و چشمانش پر از آن نگاه خاصی که فقط جدایی را می‌فهمد. انگار با هر دم و بازدم، تلاش می‌کرد اضطرابش را فروبخورد و رفتن را بپذیرد.

مهدی جلو رفت. نه مثل همیشه، با گام‌های مردد، بلکه با سنگینی تصمیمی که دیگر نمی‌شد عقبش انداخت.

زانو زد؛ جلوی لیو، نه فقط به‌خاطر قدش، بلکه برای اینکه دلش را به چشم‌های او نزدیک‌تر کند. در آن لحظه، تمام اتاق انگار ایستاد. صدای ساعت قطع شد، بوی صبح هنوز نیامده بود، و همه‌چیز فقط همان نگاه بود.

پیشانی‌اش را به آرامی به پیشانی لیو چسباند؛ آن تماس کوچک، اما پُر از واژه‌های نگفته. گرمایی آرام بینشان رد و بدل شد، نه از جنس بدن، از جنس سال‌ها باهم بودن. از جنس تمام شب‌هایی که لیو پاورچین پاورچین آمده بود و کنار مهدی نشسته بود، بی‌آنکه بخواهد چیزی بگوید، فقط برای بودن.

اشک در چشم‌های مهدی چرخید. نجوایی در دلش پیچید، اما این‌بار نه فقط کلمات، بلکه بغضی بود که خودش را میان حروف پنهان کرده بود:

«ببخش که نمی‌تونم ببَرمَت... اما باید برم. باید برم، چون اگه نرم، خودم رو گم می‌کنم. باید برم، چون شاید این‌بار، فقط شاید، پیدا شم.»

لیو چشم‌هایش را بست. نه از تسلیم، از درک. او می‌دانست. با غریزه‌ای که حتی آدم‌ها هم ندارند، فهمید. و در آن لحظه، مهدی یاد گرفت:

برای به‌دست آوردن، باید چیزی را از دست داد.

برای ساختن فردا، باید امروز را، با احترام، اما با شهامت، پشت سر گذاشت.

روی پاکت پذیرش نوشت:

«ترس با من میاد. اما فرمان دست منه. من با ترس می‌رم، نه برای اینکه نباشه، برای اینکه دیگه نذاره جام بمونم. ترس از چی؟ از دیده‌شدن؟ از قضاوت؟ از نابود شدن؟ نه... از ایستادن.»

و برای اولین‌بار، نه سبک شده بود، نه مطمئن. فقط آماده بود.

نتیجه:

شاید تو هم مثل مهدی، مدتی‌ست کنار پنجره‌ای ایستاده‌ای؛ با چمدانی که هنوز نبسته‌ای، و دلی که بین ماندن و رفتن پاره شده.

اما بگذار روشن بگویم:

هیچ پرنده‌ای، با چنگ زدن به شاخه، پرواز را یاد نگرفت.

هیچ شکوفه‌ای، بدون ترک خوردن، به دنیا نیامد.

و هیچ دریایی، بی‌آنکه موجی بر آن بتازد، زندگی نیافرید.

گاهی، برای ساختنِ آینده، باید با گذشته‌ات خداحافظی کنی، نه با نفرت، با احترام.

گاهی، برای رسیدن به خودت، باید بخشی از خودت را پشت‌سر بگذاری.

حتی اگر صدایت بلرزد، حرفت را بزن.

حتی اگر دلت بلرزد، راهت را برو.

چون دنیا، جای کسانی‌ست که با دل لرزان، اما قدم‌های واقعی برمی‌دارند.

و تو...

هنوز فرصت داری که شروع کنی.

اما نه فردا، نه وقتی همه‌چیز معلوم شد، نه وقتی ترس‌ها رفتند.

همین امروز، همین‌جا، با همین ترس‌ها، همین دل لرزان.

چون نور، همیشه بعد از تاریک‌ترین لحظه می‌تابد.

و شاید این بار، پرواز تو، آغاز روشنایی باشد.

هنوز فرصت داری که سبک شوی.

هنوز فرصت داری که بپری.

از میان تاریکی، تا خودِ من

من مهدی سروریان‌ام.

اما آن‌چه مرا معنا می‌بخشد، تنها نامی نیست که بر زبان‌هاست، و نه حتی پیشینه‌ای طلایی در صنعتی که برقش چشم‌ها را می‌رباید.

آن‌چه مرا شکل داده، همان تونل‌هایی‌ست که با پای برهنه، از دل تاریکی‌شان عبور کرده‌ام؛ مسیرهایی پیچیده، بدون نقشه، بی‌چراغ، بی‌قول. من بودم و تاریکی؛ گاه با دلی لرزان، گاه با نَفَسی گرفته، اما همیشه در حال رفتن.

کودکی‌ام قصه نبود؛ تمرین بقا بود. آن‌گاه که کودکان در کوچه بازی می‌کردند، من از آغوش بی‌پایان کودکی بیرون کشیده شدم. نه به نرمی، که با تلنگری هولناک؛ مثل پرت‌شدن از خوابی گرم، به سرمایی بی‌امان.

خانه، آن مأمن خیال‌انگیز، خیلی زود برایم محو شد در آینه‌ی خاطرات. جایی که باید لبخند مادر و بوی نان باشد، پر شد از زمزمه‌های دوری و غروب‌هایی بی‌پناه. نبودن مادر، مثل گم‌کردن ستاره‌ی شمال در شبی مه‌آلود بود. و پدر؟ سایه‌ای خاموش در دشت‌های بی‌باران.

دنیایی که روبه‌رویم قد کشیده بود، بی‌رحم و بی‌ملاحظه با من چون مردی رفتار می‌کرد. از من می‌خواست بفهمم، تصمیم بگیرم، تحمل کنم، و کودکِ درونم را ساکت. جایی میان دیوارهایی بی‌عاطفه، ناگهان خودم را در تونلی دیدم بی‌نام، بی‌چراغ، بی‌انتها.

غم غربت، مثل بوی کهنه‌ی لباسی قدیمی، همراهم بود. من، کودکِ بی‌پناهِ بی‌نقشه، شروع کردم به چیدن سنگ‌ها زیر پایم، تنها با صدای قلبی که زمزمه می‌کرد: برو.

طلوع‌ها بوی غم می‌دادند؛ غمی کهنه، مثل عطری مانده بر لباس فصلی فراموش‌شده. شب‌ها، صدای قلبی تنها با گریه درآمیخته، در دیوارهایی که پژواک نداشت، گم می‌شد. اما همان‌جا، در خاموشی، جرقه‌ای متولد شد. نوری کوچک، ضعیف، اما مصمم—از جنس "می‌خواهم".

تونل‌هایم هرکدام رنگی داشتند. تنگ، طویل، بی‌هوا، سنگلاخ. آن زمان نمی‌دانستم این‌ها تونل‌اند. فقط می‌دانستم نباید بایستم، نباید بترسم، نباید جا بمانم. نمی‌فهمیدم که دارم عبور می‌کنم، فقط زندگی می‌کردم، فقط ادامه می‌دادم.

هر تونل، امتحانی بود بی‌سؤال، بی‌جواب، بی‌نمره؛ فقط رو در رو با "خود". گذشت زمان مرا آگاه کرد: آن مسیرها، فقط مشکلات نبودند، تکه‌هایی از نادانی‌ام بودند که باید صیقل می‌خوردند، تا آگاهی بدرخشد. قهرمانی‌ام نه از انتخاب، که از اجبار بود؛ چاره‌ای جز رفتن نداشتم.

کارم را از جایی شروع کردم که هیچ تابلو افتخاری برایش نصب نمی‌شود. نه پشت میز، که در دل آهن و آفتاب، در سکوت‌هایی که صدایت را نمی‌بلعیدند، فقط می‌نگریستند.

من کارگر نبودم، اما بار کارگاهی را بر دوش کشیدم که مهندسانش مرا به دیده‌ی تردید می‌نگریستند.

دانشی نداشتم، اما دلی داشتم که نمی‌خواست بشکند. ذهنم نه از کتاب، که از افتادن و برخاستن آموخت.

جهل، آجر اول بود. شهامت، سیمانی که آن را کنار هم نگاه داشت. و ترس؟ سقفی که می‌لرزید، اما فرو نمی‌ریخت.

صدای اولین درآمد، مثل جیغ نوزادی در تاریکی بود. اولین تحقیر، پتکی بر دیوار اعتماد. اما من، با هر شکستن، ابزاری ساختم برای ایستادن دوباره.

و هر تجربه، پلی شد به سوی فردا؛ پلی باریک، لرزان، اما زنده. مهاجرت، تاریک‌ترین تونل بود—شهری که بارانش صدا نداشت اما تا استخوانت نفوذ

می‌کرد. لبخندها سرد، کوچه‌ها ساکت، واژه‌ها بی‌معنا. من باید ستون می‌شدم، در مه، برای خانواده‌ای که به من تکیه داده بودند.

بازار، خیابانی که صدایت را نمی‌شنود، اما باید در آن شنیده شوی.

خیابان، قدم‌هایی بی‌پایان برای جا نماندن.

مهاجرت، دیواری از زبان، سقفی از باران.

طلا و جواهر، زبان من شدند. نه فقط برای زیبایی، که برای معنا. طراحی‌هایم، بازسازی تکه‌های خودم بودند. تراش هر سنگ، مرهمی برای زخمی قدیمی.

من نخواستم فقط طراح باشم؛ خواستم معمار روشنی باشم. نگاه را دگرگون کنم، نه فقط شکل را. ذهن را روشن کنم، نه فقط ویترین را.

من در مسیر، نه فقط از تونل‌های خود گذشتم، که کوشیدم فانوسی باشم در دستان دیگران. کسانی که دل سپردند، اعتماد کردند و همراه شدند.

راه من، از جنس طلا نبود،از جنس تجربه بود، همراهی، دانایی. اگر جایگاهی آمد، اگر ثروتی رسید، از برکت بود و هدایت خدا. اما آنچه ماند، نور آگاهی بود.

و بگذار راست بگویم: من بی‌خطا نبودم. که اگر باشم، این همه راه برای چه رفته‌ام؟ خطا کردم، بسیار؛ اما نه از جنس دروغ یا کجراهی. خطاهایم از ندانستن بود، از نپرسیدن، از دیر فهمیدن. ولی هرگز نادانی را نپذیرفتم. پ یا پرسیدم، یا جُستم، یا زانو زدم پیش خرد.

با همه‌ی افتادن‌ها، ایستادم. نه برای برتری، که برای روشنی. راهی که گاه سنگین بود، گاه بی‌انتها، اما همیشه رو به نور.

این کتاب، خاطره‌ی عبور من است. روایت آن تونل‌هایی‌ست که پیمودم. نه

همه را، که بی‌شمارند.

اما همه یک فصل مشترک دارند: جنس‌شان جهل است، تاریکی، ندانستن. و عبور، فقط با آگاهی ممکن می‌شود.

و شاید، همین حالا هم در تونلی باشم. بعضی تونل‌ها، بی‌صدا آغاز می‌شوند. آرام، بی‌هشدار. شاید هنوز نفهمیده‌ام در کجای مسیرم.

اما اگر چیزی هست که به آن باور دارم، این است:

نور همیشه هست. فقط باید بخواهی. فقط باید ادامه بدهی.

این کتاب، فانوس من است؛ شاید فانوس تو هم باشد.

اگر خواستی، راه بیفت. این تونل، پایانش با توست.

در دلِ شب، بی‌چراغ و بی‌صدا،
رفتم از راهی که نامش را نمی‌دانستم.

نه مقصدی در دست، نه نقشه‌ای در دل،
فقط صدای قلبی تنها، که می‌گفت: «برو».

سنگی زیر پا، اشکی روی گونه،
دستانم بی‌پناه، چشم‌هایم بی‌افق.

و هر دیوار، حرفی ناگفته بود،
و هر پیچ، سؤالی بی‌پاسخ.

من نیامده‌ام تا راه را نشان دهم،
که خود هنوز در جست‌وجویم.

من تنها فانوسی‌ام لرزان،
در دستی که می‌لرزد، اما روشن است.

این کتاب، نه پایان من است، نه افسانه‌ای قهرمانانه،
بلکه تکه‌تکه‌ای از خودم است؛

از خطا، از جهل، از ندانستن،
و از عبوری که هنوز تمام نشده.

اگر روزی دیدی‌ام در تونلی دیگر،
مرا قضاوت مکن؛

شاید آن‌جا، هنوز نوری نیافته‌ام
و همچنان می‌جویم.

مهدی سروریان

آثار دیگر نویسنده:

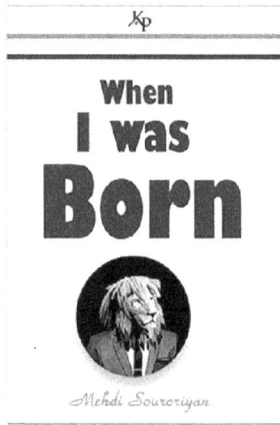

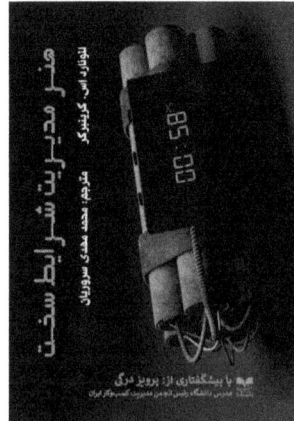